T0110049

Printed in the United States
By Bookmasters

الأعلام والمجتمع

أطفال في ظروف صعبة

ووسائل إعلام .. مؤثرة

الإعـــلام والمجتمع

أطفال فى ظروف صعبة
ووسائل إعلام .. مؤثرة

إعداد

د/ أمانى عمر الحسينى حافظ

٢٠٠٥

عـــالـم الكتب

نشر . توزيع . طباعة

❖ الإدارة :

16 شارع جواد حسنى ـ القاهرة

تليفون : 3924626

فاكس : 002023939027

❖ المكتبة :

38 شارع عبد الخالق ثروت ـ القاهرة

تليفون : 3926401 ـ 3959534

ص . ب 66 محمد فريد

الرمز البريدى : 11518

❖ الطبعة الأولى

1426 هـ -- 2005 م

❖ رقم الإيداع 5970 / 2005

❖ الترقيم الدولى I.S.B.N

977- 232—451 ـ2

❖ الموقع على الإنترنت : WWW.alamalkotob.com

❖ البريد الإلكترونى : info@alamalkotob.com

الشركة الدولية للطباعة

المنطقة الصناعية الثانية ـ قطعة ١٣٩ ـ شارع ٣٩ ـ مدينة ٦ أكتوبر

☎ : ٨٣٣٨٢٤٠ ـ ٨٣٣٨٢٤٢ ـ ٨٣٣٨٢٤٤

e-mail: pic@6oct.ie-eg.com

بسم الـلـه الرحمن الرحيم

﴿ قَالُوا سُبْحَانَكَ لَا عِلْمَ لَنَآ إِلَّا مَا عَلَّمْتَنَآ ۖ إِنَّكَ أَنتَ ٱلْعَلِيمُ ٱلْحَكِيمُ ﴾

صدق الـلـه العظيم

"سورة البقرة - الآية ٣٢"

إهــــداء

إلى أبى وأمى

حفظهما اللـه لى...
رمزا للعطاء
ونورا على الطريق

فهرس المحتويات

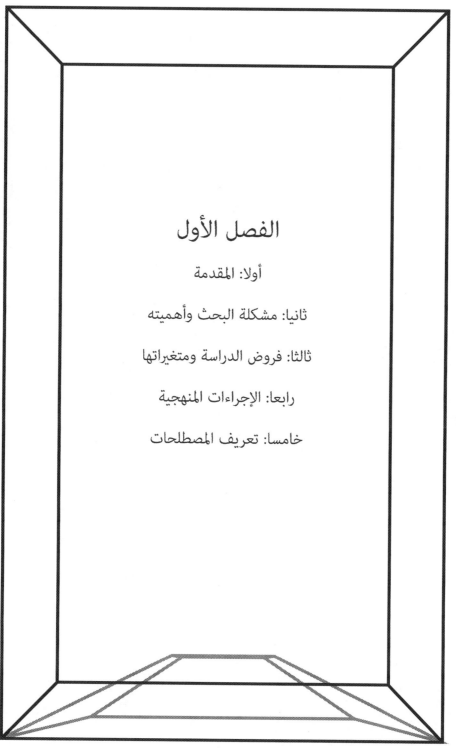

الفصل الأول

أولا: المقدمة

ثانيا: مشكلة البحث وأهميته

ثالثا: فروض الدراسة ومتغيراتها

رابعا: الإجراءات المنهجية

خامسا: تعريف المصطلحات

أولا: المقدمـة

شهدت الفترة الأخيرة اهتمام بالطفل على المستويين العالمى والمحلى، حيث أعلنت الفترة من ١٩٨٩ - ١٩٩٩ عقدا للطفل ، ذلك أن الطفولة مرحلة ترتبط بمستقبل الوطن كله، ولقد وقعت مصر على الاتفاقية التى أصدرتها الأمم المتحدة عام ١٩٨٩ وأصبحت ملتزمة بالبنود الواردة بها، والتى تنص ـ بوجه عام ـ على حماية حقوق الطفل المدنية والاقتصادية والاجتماعية والثقافية والسياسية. والغرض من تدعيم هذه الحقوق هو كفالة الاحتياجات الأساسية للطفل لتحقيق مبدأ الطفل أولا. هذا المبدأ الذى يتدخل فى القرارات والإجراءات المختلفة لأى دولة، وأيضا فى التخطيط الإنمائى الوطنى لها.

وإذا نظرنا إلى مصر نجد أنه فى ظل سياسة الخصخصة ـ انعكست آثار الظروف الاقتصادية والاجتماعية التى تتعرض لها فى الآونة الأخيرة على أطفال الأسر المصرية من ذوى الدخول المنخفضة ولقد أفرزت فئات جديدة من الأطفال المحرومين، وأضيفت إليهم أشكال جديدة لم تكن موجودة من قبل، مثل : أطفال الشوارع والأطفال العاملين دون السن القانونية، والمعرضين للإدمان والانحراف،والمحرومين من الرعاية الأسرية ومن الفرص التعليمية والثقافية وتوضح الإحصائيات ارتفاع عدد هذه الفئات بما ينذر ويهدد بحدوث نتائج جسيمة على مستقبل الجيل القادم، وعلى استقرار الدولة.

ولقد تصدت الدولة لهذه المشكلة بشتى الطرق حتى لا تستفحل، ومن منطلق رعاية الطفولة كان القرار الجمهورى رقم ٥٤ لسنة ١٩٨٨ الخاص بإنشاء المجلس القومى للطفولة والأمومة، اعتبارا من ٢٩

يونيو سنة ١٩٨٩. ولقد جاء تشكيل هذا المجلس تدعيما للطفل المصرى الذى يعد قوة أساسية فى المجتمع يجب الإرتقاء بها، ومن منطلق سعى الدولة ـ أيضا ـ للنهوض بأوضاع الطفل وتلبية احتياجاته، أصبح هناك مكون للطفولة فى إطار الخطة الخمسية لها. ومن مهام هذا المجلس الأساسية وضع مشروع خطة قومية شاملة للطفولة والأمومة تستهدف حمايتهم فى مختلف نواحى الحياة ولتنفيذ هذه الخطة يقوم المجلس بإشراك جميع فئات الأجهزة المعنية بالطفولة، بالإضافة إلى الإستعانة بالخبرات المميزة لأعضاء اللجنة الفنية للمجلس فى رسم مشروع خطة الطفولة المطلوبة، ولقد تشكلت ثلاث مجموعات للعمل، الأولى من خبراء اللجنة الفنية الاستشارية للمجلس، والتى شملت خبرات فى مجال التخطيط عموما وتخطيط الطفولة والأمومة بشكل خاص، والمجموعة الثانية من ممثلين من الوزارات المعنية كضباط الإتصال بين المجلس والوزارات المختلفة، أما المجموعة الثالثة فتضم مجموعة من المفكرين والخبراء من المعنين بالطفولة.[١]

ولقد حقق المجلس القومى للطفولة والأمومة فى عام ١٩٩٥ ـ ١٩٩٦ كثيرا من الإنجازات، وقد كللت جهوده بصدور القانون رقم ١٢ لسنة ١٩٩٦ لحقوق الطفل المصرى، فى مارس ١٩٩٦ فيما يختص برعايته الصحية والاجتماعية وحقه فى التعليم ويضع (مشروع قانون الطفل) التشريع المصرى فى حالة اتفاق تام مع اتفاقية حقوق الطفل الدولية، ومن بنوده: عدم إخضاع الطفل لأى نوع من أنواع العقوبات البدنية ، وعدم جواز توقيع العقوبات المقررة للبالغين على الأطفال مرتكبى الجرائم وخاصة عقوبات الإعدام والأشغال الشاقة المؤبدة،

(١) وثيقة استراتيجية تنمية الطفولة والأمومة فى مصر، القاهرة: المجلس القومى للطفولة والأمومة، ١٩٩١، ص ٥ ـ ٦.

بجانب ذلك إقرار إلزامية التعليم فى مراحله الأولى، وتوفير الرعاية الصحة للأطفال، وقانونية العمل الذى يقومون به وتحديد السن القانونية لهم، وتوفير فرصة التدريب والتعليم للأطفال المعوقين [٢]. ولقد كانت مصر من أول الدول التى طالبت بحقوق الطفل، وترجمت ذلك إلى إصدار وثيقة عقد الطفل لحمايته ورعايته.

وتهدف هذه الدراسة إلى الربط بين ثلاث فئات من الأطفال ذوى الظروف الصعبة، وهم: أطفال الشوارع، والأطفال العاملون، والمنحرفون وثلاثة من وسائل الاتصال هى: التليفزيون والفيديو والسينما، من حيث كيفية تأثيرها على إدراك هؤلاء الأطفال لواقعهم الاجتماعى والذى من شأنه أن يؤثر على كيفية استجاباتهم للمؤثرات المحيطة بهم وعلى سلوكهم. وتكمن أهمية المشكلة فى أن هؤلاء الأطفال بالذات يعيشون فى بيئة خصبة للوقوع فى الخطأ والجريمة، فإذا كان لكل الوسائل تأثير فى فهمهم للواقع الحقيقى بطريقة خاطئة, مما يؤدى إلى مزجهم بين الواقع الذى يعيشونه والواقع الخيالى الذى يتعرضون له من خلال تلك الوسائل، فحينئذ تتفجر المخاطرة حيث يمكن أن تكون ردود أفعالهم مدمرة لأنفسهم ولمن حولهم.

وخدمة لأغراض البحث تمت مقارنة بين المجموعات الثلاث وعدد مساو من الأطفال العاديين من المدارس الحكومية، مع تثبيت متغير المستوى الاقتصادى، وقد استعانت الباحثة بأداتين من أدوات البيانات، أحداهما أداة كمية وهى المسح الميدانى بالعينة، فتم إعداد استمارة بحث اشتملت على عناصر الدراسة المختلفة وتم تطبيقها على عينة قوامها ٤٠٠ مفردة، نصفها موزع على الأطفال ذوى الظروف الصعبة والنصف الآخر على أطفال المدارس الحكومية وكل هؤلاء الأطفال لا

(٢) الطفــولة والأمومة، القاهرة، المجلس القومى للطفولة والأمومة، العدد السابع عشر، ديسمبر، ١٩٩٤، ص١

تزيد أعمارهم عن الخامسة عشر. أما أداة البحث الثانية التى استعانت بها الباحثة فكانت كيفية وهى مجموعات النقاش المركزة Focus Group Discussions نظرا لاحتياج الدراسة للتعمق والوصف، فتم إجراء ثماني جلسات نصفها لذوى الظروف الصعبة ونصفها الآخر للأطفال العاديين.

وتأمل الباحثة أن تكون نتائج هذه الدراسة بمثابة ضوء مرشد للمسئولين والعاملين فى مجال تخطيط وإنتاج البرامج, والعاملين فى مجال الطفولة لمخاطبة الأطفال ذوى الظروف الصعبة بلغة مفهومة وبصيغة مفيدة، تهدف إلى تحسين الظروف التى يعيشون فيها، والى الترفيه الموظف ـ علميا ـ بشكل يمدهم بالثقافة والمعلومات والفضائل التى حرموا منها فى المدرسة والأسرة.

وإذا كانت رسالة البحث العلمى هى إرشاد البشر إلى كيفية دفع حياتهم لما هو أمثل وأكمل، فما أمس حاجة هؤلاء الأطفال عن غيرهم لمن يأخذ بيدهم لينتشل عقولهم وسلوكهم من الدونية إلى الفضيلة. فهم جزء لا يتجزأ من المجتمع, وتداعى هذه الجزء ينذر بوهن وانحلالا داخل كيان هذه المجمع كله، و من ثم فلا نستطيع أن نتجاهل وجود الأطفال ذوى الظروف العصبة فى مجتمعنا، وأنما لابد من القاء الضوء على مشكلاتهم ومحاولة أصلاح أحوالهم، ليكونوا أفرادا صالحين ونافعين لمجتمعهم.

ثانيا: مشكلة البحث وأهميتها

تكمن مشكلة هذا البحث فى أن الأطفال ذوى الظروف الصعبة بجانب حاجتهم للرعاية الصحية والاجتماعية فهم فى أشد الحاجة ـ أيضا ـ للرعاية الثقافية والإعلامية، التى ترسم لهم المسار الصحيح لحياتهم وتعوضهم عن غياب الرعاية الأسرية وانتظامهم فى السلم

التعليمى، ولن يتم ذلك إلا عن طريق كيفية الوصول إليهم ومتى ومن خلال أية نوعية من البرامج، كذلك من المتوقع أن تكون وسائل الاتصال، وخاصة التليفزيون من أهم ما يشكل إدراك هؤلاء الأطفال لواقعهم الإجتماعى، على عكس الأطفال الذن يعيشون حياة عادية وفى ظروف طبيعية، محاطين بنصح الأسرة والأهل، متمتعين بتوجيه وإرشاد المدرسة، متدخلين فى تشكيل إدراك الواقع الاجتماعى الذى سيختلف حتما عن ذلك الذى يكونه الأطفال ذوو الظروف الصعبة. وإذا كان معظم ما يشاهدونه فى التليفزيون والسينما والفيديو هى أفلام العنف والصراعات والأذى والانتقام، فحينئذ تصبح هذه الدراسة ذات أهمية قصوى، لأن الإدراك المشوه للواقع الاجتماعى، وظروف معيشة هؤلاء الأطفال تؤهلهم للجريمة والعنف وتجعلهم قنابل موقوته تهدد أمن واقتصاد وسلامة وأخلاقيات المجتمع كله.

وترى الباحثة أن لهذا البحث بجانب أهمية المشكلة العريضة التى يتناولها أهمية خاصة للأسباب الآتية:

أولا: أن الأطفال ذوى الظروف الصعبة ليسوا مجموعة صغيرة متناثرة من الأطفال هنا وهناك ينعدم دورهم فى المجتمع، بل أنهم يمثلون شريحة عريضة من تعداد الأطفال المصريين اليوم ثم جزءا لا يستهان به من شباب الغد(*).

تشير إحصائيات منظمة العمل الدولية إلى أن عدد الأطفال العاملين فى مصر، والذين لا تتجاوز اعمارهم الرابعة عشر يزيد عن المليون ونصف ولكن الجدير بالذكر أن أعداد الأطفال العاملين غير المسجلين تتجاوز هذه الرقم. فهناك تضارب فى الأرقام بسبب الإختلافات

(*) ونظرا للظروف العشوائية التى يعيشها ويعمل فيها الكثير من هؤلاء الأطفال فليست هناك سجلات محددة لحصر أعدادهم ولكن الشئ الأكيد هو أن الإحصائيات الموجودة تشير إلى كبر حجم الظاهرة.

الموجودة حول تعريف الطفل العامل وفئاته العمرية. بجانب أن هناك أطفالا يعملون عمالة موسمية، أو يعملون فى المنازل. ويضاف إلى هؤلاء أعداد غفيرة من الأطفال غير المسجلين كعاملين بسبب خوف أصحاب الورش من الإدلاء بأسمائهم، لعدم مشروعية عمالتهم، ولذا ينكرون أن هناك أطفالا يعملون لديهم، أو يذكرون أعدادا أقل بكثير من أعدادهم الحقيقية.[١]

ووفقا لاحصاءات الجهاز المركزى للتعبئة العامة والإحصاء فى عام ١٩٨٤ بلغ مجموع عدد المشتغلين فى السن من ٦ سنوات حتى ١٥ سنة ١,٤٧٣,٦٠٠ طفلا، يمثلون ١٠,٣% من إجمالى عدد العاملين فى مصر. كذلك وجد أن ٧١% من اجمالى الأطفال أقل من ١٢ سنة فى تعداد ١٩٨٦ يعملون فى المناطق الريفية.[٢]

وفى إحصائيات مسح العمالة بالعينة عام ١٩٨٨ وجد أن نسبة عمل الذكور ترتفع فى العينة العمرية من ٦ إلى ١١ سنة، حيث بلغت ٥١,٤% علما بأن السن القانونية المسموح بالعمل فيها فى ذلك الوقت كانت ١٢ عاما. وأشارت هذه الإحصائيات نفسها إلى إرتفاع عمالة الإناث فى الريف لتصل إلى ٥٣,٢% للفتيات أقل من ١٢ عام فى الزراعة. وفى عام ١٩٩٣ قام الجهاز المركزى بمسح العمالة بالعينة فى عام ١٩٩٣ والذى أوضح أن جملة الأطفال العاملين بالقطاعين الزراعى والحضرى يتوزعون بنسبة ٦٩% من الذكور، فى حين ترتفع هذه النسبة بين الإناث لتصل إلى ٨٧%.[١]

---

(١) ابتسام الجندى، "المعالجة الإذاعية والتليفزيونية لعمالة الأطفال فى ضوء نظرية وضع الأجندة"، **مؤتمر حق الطفل فى الرعاية والتنمية**، القاهرة، وزارة الشئون الاجتماعية، الادارة العامة للأسرة والطفولة، يونيو، ١٩٩٦، ص٤.

(٢) دلال العطوى، **"أطفال فى محن"**، الأهرام، ٢٤ يونيو، ١٩٩٧، ص٣.

(١) نفس المرجع السابق، ص ٣.

أما عن حجم مشكلة أطفال الشوارع فهناك صعوبة لرصد هذه الظاهرة من خلال الشارع، وإنما يتم التعرف عليها من خلال الحملات التى تشنها الشرطة، وتشير الإحصائيات إلى تزايد أعداد الأطفال المعروضين للإنحراف بإستمرار. وطبقا لإحصائيات الأمن العام إتضح أنه لا يوجد حصر للأحداث المعرضين للإنحراف بإستمرار. وطبقا لإحصاءات الأمن العام إتضح أنه لا يوجد حصر للإحداث المعرضين للإنحراف منذ عام ١٩٩٢. وفى إحدى جداول الأمن العام حول صور التعرض للإنحراف منذ عام ١٩٨٧ حتى عام ١٩٩١ تبين أن التسول بلغ ٣,٢٦٥ حالة، بينما وصلت حالات التعرض للإنحراف فى مخالطة المشبوهين إلى ٤,٥٩٥ حالة. ولقد قررت إحدى الإحصائيات لعام ١٩٩٤ أن عدد الأطفال المشردين بالشوارع يبلغ حوالى ٤٠٠٠٠ (أربعون ألف طفلا وطفلة) على مستوى الجمهورية. وهناك إحصائيات أخرى تساعد فى الكشف عن حجم الظاهرة بشكل غير مباشر، وهى الإحصائيات الخاصة بالتخلف عن التعليم. فقد دلت الإحصائيات أنه فى عام ١٩٩٤/١٩٩٣ تعدى التخلف الكلى عن التعليم الأساسى نسبة ٥١,١% و هذا يعنى تخلف حوالى ٦٢١,٧٧١ طفلا عن التعليم. (٢)

والسؤال هنا: أين تذهب أعداد الأطفال ممن لا يلتحقون أساسا بالتعليم، وهؤلاء الذين يتسربون أثناء المراحل المختلفة؟ وهناك فى الغالب طريقان إما العمل، أو التواجد بالشارع. وبذلك تكون الإحصائيات الخاصة بالتخلف عن المدرسة مؤشرا إلى ضخامة عدد الأطفال ذوى الظروف الصعبة.

ثانيا: وترجع أهمية هذا البحث ـ أيضا ـ إلى أن المشكلات التى يتعرض لها هذا الجزء الكبير من الأطفال المصريين ليست منعزلة عن مشاكل الأسرة الصغيرة أو المجتمع الكبير بل هناك تفاعل مع

---

(٢) نفس المرجع السابق، ص٣.

المشكلات الاقتصادية والاجتماعية للدولة، وهذا التفاعل متبادل. وهناك عوامل اقتصادية تجعل مشكلات الطفولة أمرا صعبا وهى فى نفس الوقت من أسباب ظهورها. وإذا ذكرت أهم هذه الأسباب فسيأتى الفقر فى مقدمتها.

ويعتبر الفقر من العقبات الأساسية التى تواجه عددا كبيرا من الأطفال وتتسبب بشكل مباشر فى عدم قدرة كثيرين على الالتحاق بالتعليم أو مواصلته. وبالتالى يؤدى الفقر إلى مزيد من الأمية، مما يؤدى بدوره إلى ضعف فرص الحصول على عمل ذى دخل معقول، مما يعود ثانية بالفقر، كذلك يؤدى الفقر إلى سوء التغذية وعدم القدرة على العلاج، وبالتالى إلى ازدياد الأمراض، ومن الممكن أيضا ربط الفقر بظاهرة التحاق الفقراء بالقطاع غير المنتظم أو بأعمال تتسم بالموسمية مما يعنى عدم انتظام الدخل، كذلك يؤدى الفقر إلى ضعف العدالة فى توزيع الدخل بين الريف والحضر، مما يؤدى إلى الهجرة من الريف إلى الحضر، وذلك يؤدى بدوره إلى ظهور العشوائيات, ومشكلات عديدة بالمدن. ويرتبط الفقر ـ أيضا ـ بظهور أطفال الشوارع لارتباطه بالتفكك الأسرى مما يدفع الأطفال للشارع. وتقرر الإحصائيات أن هناك ٢٠% من الأسر فى مصر تعولها النساء غير المؤهلات للقيام بهذا الدور، بجانب ضعف القدرة الاقتصادية للمرأة بوجه عام[(١)].

ومن المشكلات الاقتصادية الأخرى التى تواجهها الطفولة فى مصر قصور الخدمات الاجتماعية المتاحة مجانا أو بأسعار مخفضة لمحدودى الدخل، خاصة التعليم والعلاج.

---

(١) كريمة كريم، "الطفولة والنواحى الاقتصادية" ، القاهرة، **الندوة المصرية الفرنسية**: "الطفل ، الشارع ، العمل" ، رئاسة مجلس الوزراء والمجلس القومى للطفولة والأمومة، ٢٥ ، ٢٦ أكتوبر ١٩٩٥، ص٥١ .

ويؤدى ذلك بدوره إلى إنخفاض مستوى الأسرة ولا يخفى هنا عدم وجود عدالة فى توزيع الفرص المتساوية بين الحضر والريف[٢].

ثالثا: من أهمية هذه الدراسة أيضا أنه يمكن أن تضم جزءا كبيرا من أعضاء المجتمع إلى تيار التنمية الاجتماعية، وقد يفيد فى هذا الصدد تعريف" روجرز للتنمية كعملية مشاركة وشاملة فى التغيير الاجتماعى بهدف إحداث تقدم مادى واجتماعى، بما فى ذلك تحقيق المساواة والحرية وغيرهما من الحقوق لغالبية الشعب فى المجتمع، من خلال التحكم فى البيئة بشكل أفضل. ويعد الإنسان المحور الأساسى فى السياسات التنموية، وتبدأ تنمية الإنسان بتنمية الطفولة، وما يحدث هو أن الأطفال ذوى الظروف الصعبة فى ظل الفقر, والجهل, والحرمان يمثلون ضعفا اجتماعيا, فهم غير قادرين على المساهمة فى إحداث التقدم المادى والاجتماعى، وبذلك يكونون عقبة فى طريق تنمية المجتمع، ومن منطلق أن تنمية الطفولة لابد من النظر إليها كأحدى المقومات الرئيسية للتنمية الشاملة ذات الاجل الطويل والمدخل الرئيسى فى التنمية الإنسانية [١]. وبمساعدة نتائج هذه الدراسة من الممكن توجيه معدى البرامج ومخرجيها إلى الطريق الصحيح لمد هؤلاء الأطفال برسائل توضح لهم كيفية تحسن أوضاعهم والحياة الكريمة ومدهم بأصول نظام من القيم السليمة لكى يتبعوها. حينئذ من الممكن أن يكونوا أعضاء مشاركين ومنتجين فى المجتمع.

وهناك بحوث علمية لا حصر لها تؤكد أن السنوات الأولى من حياة الطفل حاسمة فى إعداده للمستقبل ليكون عضوا منتجا, وفعالا فى المجتمع, والظروف المختلفة التى يعيش فيها الطفل تتدخل بشكل قوى

---

(٢) نفس المرجع السابق، ص ٥١ ـ ٥٢ .

(١) فرج محمد الكامل، "**تأثير وسائل الاتصال: الاسس النفسية والاجتماعية**"، القاهرة، دار الفكر العربى، ١٩٨٥، ص ١٤٧ ـ ١٤٨.

فى تحديد ما إذا كان سيتحول إلى شخص سوى، يعيش حياة طبيعية أم يتحول لشخص غير سوى أو منحرف يشكل خطورة على من حوله وعلى نفسه. ذلك أن مرحلة الطفولة وما يحدث فيها مرحلة هامة تشكل سلوك وشخصية وتفكير الطفل طوال حياته.

وترى الكتابة أن كل طفل فى بداية حياته يطلب إشباعا مباشرا لحواسه البدائية بدون أى إعتبار للعالم المحيط به، فهو حينئذ إنسان غير اجتماعى, ودور تربية الطفل يكمن فى تحويل هذا الطفل إلى إنسان إجتماعى يتفاعل مع العالم من حوله، ولكن لا يمكن أن يتم ذلك إلا عن طريق النمو العقلى, وتطور الروابط الإنسانية بينه وبين الآخرين, وتطور علاقاته بالأشياء من حوله، مما يجعله يسير فى الطريق الطبيعى للنمو والنضوج، ومن اجل البقاء تعلم الإنسان أشياء كثيرة منها:

كيفية تحمل الألم وتأجيل بعض الإشباعات وتطويع بعض الغرائز البدائية إلى سلوك مقبول اجتماعيا. ويتسم ذوو المستويات الثقافية الدنيا أو البدائية بعدم التحكم فى الإشباع الفورى للغرائز والإحتياجات كما يتميزون بالعنف. وتحت ضغط ما قد يلاقيه الطفل من تجارب مؤلمة فإنه يتعلم بالتدريج كيف يتحكم فى تصرفاته، وأن يتقبل ما يمليه عليه المجتمع بدون حدوث صراعات بداخله وهكذا يصبح الطفل عضوا اجتماعيا.

والطفولة هى مرحلة عبور الطفل من مرحلة العالم غير الحقيقى الذى يحقق فيه رغباته الأولية إلى العالم الحقيقى، وعن طريق الوراثة تنتقل للطفل خبرات عن السلوك من الأجداد، ولكن تلك الخبرات وحدها لا تكفى للتأقلم مع المجتمع الذى يجد الطفل نفسه فيه، ولكن يجب تدعيمها بالتعليم والخبرة. أى أن الإنسان يصبح إنسانا اجتماعيا من خلال التجربة والتدريب، وتضطره الحياة أن يتأقلم مع الواقع، على حين أن التعليم يكسبه الثقافة. وهذه العملية تتطلب تكرارا مستمرا.

ومنتظما على مدى فترة من الزمن, ولابد أن نأخذ فى الاعتبار عدة عوامل يعيش فيها الطفل منها العوامل: البيولوجية, والنفسية, والاجتماعية, والثقافية [1].

إن تكوين شخص سوى اجتماعيا لا يمكن أن يحدث إذا كانت الفترة الحيوية فى حياة هذا الشخص وهى الطفولة مفتقدة للرعاية والحب والحوافز، وإذا كانت الروابط الإنسانية ضعيفة وعلاقته بالأشياء محرفة. وهذا ما يمكن أن نتوقعه فى حالة الأطفال ذوى الظروف الصعبة. فهم فى هذه الفترة الحاسمة من العمر يتعرضون لقصور فى العليم وحرمان من الحب والرعاية، وتكون العلاقات الأسرية فى غالبية الأحيان مفككة وممزقة، مما قد يجعل نمو هؤلاء الأطفال غير طبيعى، وبذلك كان لابد من تناول هذه الفترة الحرجة من الطفولة فى هذه الدراسة لأهميتها فى تكوين إنسان سوى وطبيعى أو إنسان منحرف ومجرم تتحكم فيه غرائزه ولا ينمو نموا طبيعيا يجعله يترفع بغرائزه عن الخطأ والخطيئة هذه الفترة من العمر. أيضا تحدد قيام الطفل بالسلوك العدوانى ضد المجتمع، حيث يتأثر الطفل أولا بأسرته قبل أن يستطيع الأصدقاء والأصحاب أن يكون لديهم تأثير عليه، بعد ذلك يسير التأثيران معا جنبا إلى جنب فإذا كانت تأثيرات الأصدقاء ورفاق السوء أكبر من تأثير الأسرة حينئذ يسهل على الطفل تعلم السلوك العدوانى ضد المجتمع.

فالطفل الذى يعانى الإهمال والعلاقات القاهرة من قبل أهله يزيد من توطيد علاقاته وارتباطه برفاق السوء، ويبدأ إرتباطه بهم بعيدا عن أسرته ويصبح الهدف الأساسى له إشـباع الغرائز. وبذلك فالأطـفال ذوو الظروف الصعبة يكونون عرضة لهذا أكثر من غيرهم، حيث إن

---

[1] Laurence A. Stone, "Violence, An Epidemic" **International Child Health**, Volume VII, number3, California, July 1996, p. 53 - 55.

عددا كبيرا منهم موجود بالشارع, أو فى العمل طوال ساعات اليوم خارج المنزل، ويمكن بسهولة أن يقعوا تحت تأثير رفاق السوء، فهم يعانون من تفكك مبكر فى علاقاتهم الأسرية مما يصيبهم أيضا بالشعور بالانعزال والاغتراب، فى هذه الحالة ينظرون للعالم على أنه مكان خطير, وفى محاولة الهروب من مخاطره يصبح هؤلاء الأطفال خطرا على المجتمع وعلى أنفسهم.

رابعا: ترجع أهمية هذا البحث ـ أيضا ـ إلى أنها تتناول علاقة الأطفال ذوى الظروف الصعبة بالتليفزيون والفيديو والسينما، وتأثير هذه الوسائل على إدراكهم للواقع الاجتماعى، ذلك التأثير الذى أثبتته العديد من الدراسات وأكدت الدور الفعال الذى تلعبه وسائل الاتصال فى حياة الأطفال. وللأسف فإن هذا الدور فى غالبية الأحيان سلبى, ومشجع على الانحراف واقتراف الأفعال التى من شأنها تهديد أمن المجتمع بأكمله. ويحاول دائما مخرجو السينما تحقيق هدف الإنتشار الواسع لأفلامهم سواء على المستوى المحلى أو المستوى العالمى فتتسم الأفلام بالتكرار والسطحية وفى نفس الوقت بالإثارة والعنف والوحشية، وانتشرت أفلام العنف والحركة بما تحويه من قتل ودماء وتعذيب فى دور السينما.

ويشير الدكتور أحمد المجدوب، (الخبير بالمركز القومى للبحوث الاجتماعية والجنائية) إلى أن التليفزيون يشكل الخطر الأكبر على الأطفال، وتأثيره فى مصر يفوق تأثيره على الأطفال فى الدول الغربية لأن عدد ساعات المشاهدة فيها تفوق ساعات المشاهدة فى الدول الغربية . ويضيف أن التليفزيون له تأثير كبير على زيادة معدلات العزلة, والفردية, والتفكك الإجتماعى خاصة مع أفلام العنف مثل "دائرة الإنتقام" الذى يحمل فيه البطل سلاحا آليا ليقضى على خصومه ثم يحذف اسمائهم من القائمة كلما قتل أحدهم على الرغم من أن هذه الإفعال الدموية غير

موجودة فى الواقع المصرى بتاتا. ويضيف الدكتور أحمد المجدوب أن القتل قد إتخذ صورا أكثر عنفا فى السنوات العشرين الماضية مع ظهور الفيديو وأطباق استقبال الفضائية فى نفس الوقت مم رفع من معدلات الجريمة والإغتصاب ولقد أحست بريطانيا بالخطر منذ ثلاث سنوات وحاولت إصدار تشريع لمنع أفلام العنف والإثارة ولكن نظرا لصعوبة ذلك فقد إكتفت بأن طلبت من القائمين على صناعة السينما والتليفزيون أن ينتقوا عمالهم الدرامية من العنف والدماء. قد قلت الجريمة والإثارة بنسبة حوالى ٥٠% فى هذه الأعمال مما يؤكد الدور الذى يلعبه العنف التليفزيونى وانعكاسه على المجتمع[(١)].

ومن أخطر ما يحدث أن أفلام الفيديو والسينما تقدم نموذجا جذابا لأبطال مجرمين ومدمنين وقتلة. فالأطفال الذين إرتكبوا جرائم قالوا إنهم يحبون مشاهدة أفلام "رامبو"، جاكى شان"، "شوارزنيجر" ويتصورون أنفسهم فى مكان هؤلاء الأبطال حتى تحدث عملية التوحد، فمثلا نشرت إحدى الصحف خبر القبض على الطفل أحمد "خمس سنوات" حين إستطاع أن يقوم بسرقة ٧٠ ألف جنيه من شقة تاجر فى بولاق الدكرور بمساعدة صديقه شريف "١٠ سنوات" بل الغريب أنه خدع صديقه وإستولى على المبلغ بمفرده، وقال أحمد إنه يريد أن يصبح مثل رامبو وهو جان[(*)] حين يكبر وأنه يشاهد التليفزيون الذى تقتنيه جدته وأنه يستطيع تشغيله بجانب مشاهدته لأفلام فيديو لفان دام ووركى. وعن شعوره وقت إرتكاب السرقة قال أحمد أنه أحس أنه رامبو وأنه أراد أن يكسر الباب مثله ولكنه لم يستطع، أما بالنسبة للص الكبير شريف فإنه

---

(١) أحمد المجدوب، "الدراما تتقدم بالمجتمع فى طريق خاطئ" **أخبار اليوم**، ٦أبريل، ١٩٩٦، ص١٥.

(*) شخصيات من الأفلام تتميز بالعنف والقوة والشراسة.

يعمل فى ورشة لإطارات الكاوتش وقال أنه يشعر أنه مثل هؤلاء الأبطال. ولا يستطيع أحمد ابن الخامسة أن يميز بين الخيال والواقع.[١]

وبالنظر إلى إحدى مجموعات الأطفال ذوى الظروف الصعبة، وهم الأطفال المنحرفون نجد أن للتليفزيون علاقة وثيقة بهم إذ أنهم لا يتعلمون منه فقط سلوكهم الإجرامى، ولكنه بالنسبة لهم أيضا الملجأ بسبب إفتقارهم للعلاقات الاجتماعية فى الحياة الحقيقية حيث تصلهم صور محدودة عن أنفسهم من الأفراد المحدودين من حولهم وغالبا ما تكون هذه الصور مشوشة ومتضاربة، وبذلك لا يحصلون على صورة واضحة ومشبعة عن أنفسهم ممن حولهم، وفى هذه الحالة يلجأ الأطفال المنحرفون إلى وسائل الاتصال، وخاصة التليفزيون، من أجل إيجاد أشخاص آخرين من شخصيات الدراما التى يتعاملون معها[٢] وإذا أخذنا فى المقابل الأطفال الموجودين فى القرى ندد أنهم قد يلجأون إلى أعمامهم أو أقاربهم للحصول على أى تعويض عن أى قصور فى العلاقات الإجتماعية.

ولقد وجدت إحدى الدراسات أن الأطفال المنحرفين يندمجون فى مشاهدة التليفزيون أكثر من الأطفال العاديين، وتم قياس مدى الإندماج عن طريق سؤال المجموعتين عما إذا كان العنف الموجود بالدراما حقيقيا أم لا فكانت إجابات المنحرفين أكثر من المجموعة الأخرى إلى أن العنف حقيقى[٣].

وهناك دراسة لهالوران، وبراون، وشانى **Halloran, Brown and Chaney** وقد قاموا فيها بمقارنة عينة مكونة من ٢٨١ من المنحرفين

---

(١) نفس المرجع السابق، ص ١٢

(٢)Grant Nobl, "**Children in Front of the Small Screen**", United Kingfom, Constable and Company, Ltd, ١٩٧٥, PP. ١٥٧ - ١٦١

(٣) Ibid, PP. ١٦٠ - ١٦١.

والمنحرفات، وكان سنهم من عشرة إلى عشرين سنة مع عينة أخرى من الأولاد والبنات العاديين من الطبقة العاملة، وكان الغرض من الدراسة إكتشاف ما إذا كان هناك تأثير لمشاهدة التليفزيون على التحول إلى شخص منحرف. ومن ضمن الاختلافات التى لوحظت بين المجموعتين: أن استخدام المنحرفين لمشاهدة التليفزيون كمادة للنقاش والحوار الإجتماعى مع الآخرين أقل بكثير من حالة العينة الأخرى من الأشخاص العاديين. وبالطبع فى حالة المنحرفين فإن القصور فى العلاقات مع الأهل تمنع الحديث عما يشاهدونه فى شاشة التليفزيون. ولقد إستنتج هالوران أو الأولاد المنحرفين لديهم قصور عقلى بالنسبة لما يشاهدونه فى التليفزيون، وبذلك فإن إعجاب المنحرفين بأبطال التليفزيون ذوى القوة سوف يطفو على الحياة الحقيقية. وهذا ما أكتشفه بايلين (١٩٥٩) **Bailyn** الذى قرر أن الأولاد المتمردين المتحررين يميلون نحو البرامج التى احتوت على أبطال يتميزوا بالشراسة والعنف.

وكذلك إكتشف لوفيبوند (١٩٦٧) **Lovibond** أن تفضيل الأولاد الذين يبلغون إحدى عشر إلى إثنى عشر عاما لأفلام الجريمة والعنف فى إستراليا قد أنذر بإتجاه خطير إلى العنف بين الشباب بسبب حب هؤلاء الأولاد لأفلام الجريمة والعنف فى إستراليا قد أنذر بإتجاه خطير إلى العنف بين الشباب بسبب حب هؤلاء الأولاد لأفلام الشراسة واستغلال الضعفاء[1].

ويتفق شرام. أيضا مع هالوران فى أن المنحرفين ذوو قصور عقلى ولا يستطيعون الابتعاد ببرامج التليفزيون التى يشاهدونها عن العالم الحقيقى، فيقول: إن هؤلاء الأطفال يخلطون بين العالم الحقيقى وينقلون العنف من التليفزيون إلى الحياة الواقعية[2]

(1) Ibid, PP. 161 - 162

(2) Ibid, PP. 161 - 162

وهناك أيضا وجهة نظر جديرة بالذكر هنا، ويتلخص مضمونها فى أن الأطفال ذوى الظروف الصعبة ذوو سمات شخصية ونفسية معينة تجعلهم أكثر تأثرا ببرامج التليفزيون عن غيرهم ممن يعيشون حياة عادية [٣]، حيث أن الآخرين فى هذه الحالة لا يتقاسمون معهم هذه السمات التى سيتم عرضها فيما يلى: ـ

إتفق العديد من الباحثين على ان الأطفال المحرومين يعانون من اكتئاب وتعاسة وانعدام الكفاءة الاجتماعية وهم أقل تقديرا لذاتهم وبهذا فهم أكثر تأثرا بما يشاهدونه، وقد وجد كل من الباحثين جانيس وفيلد أن الإستعداد المرتفع للإقتناع يرتبط بسوء فكرة الفرد عن نفسه أو عدم تقديره لذاته. كذلك يتصل ذلك بشعوره بعدم الكفاءة, والإكتئاب, والخوف الإجتماعى. ذلك أن الأفراد الذين يكون تقديرهم لأنفسهم عاليا أميل إلى الثقة فى أحكامهم وأفكارهم وأقل تعرضا للقلق بسبب تلك الأحكام والأراء. ويستسلم الأفراد الأقل ثقة بأنفسهم للقلق على عكس ذلك، حينما يضطرون إلى تكوين رأى عما يشاهدونه أو يسمعونه. ويقرر كوهين أن الأشخاص الذين يكون تقديرهم لذاتهم منخفضا وقليلى الثقة بالنفس تكون لديهم طرق دفاع تعبيرية معينة تجعلهم أكثر حساسية وإستجابة للمنبهات التى تطرأ فى الظروف الإجتماعية التى يعيشون بها، وتجعلهم أكثر تعرضا لتأثير الأحداث الخارجية، على حين أن الأشخاص ذوى الثقة بالنفس والتقدير العالى لذاتهم يستخدمون التجنب للدفاع عن أنفسهم وبإستطاعتهم كبت وتجاهل وإنكار التجارب الموجودة فيما يشاهدونه, أو يسمعونه. وبهذا يحافظون على رأيهم وتصورهم الذاتى أوصورتهم الذاتية إلى حد كبير[١]. كذلك يحصل الطفل فى كثير من الأحيان على معلومات عن الأعمال والأدوار المختلفة الموجودة فى المجتمع من خلال التليفزيون، على

---

(٣) جيهان أحمد رشتى، "الأسس العلمية لنظريات الإعلام"، الطبعة الثانية، القاهرة، دار الفكر العربى، ١٩٨٥، ص ص ٤٨٨ ـ ٤٩١

(١) نفس المرجع السابق، ص ص ٤٨٨ ـ ٤٩١.

عكس المناطق الريفية حيث نطاق الأعمال والأدوار محدودة فيتعلمها الأطفال من خلال الأقارب والأهل, أى من خلال قنوات الاتصال الشخصى على حين أن مشكلات الناس بالمدن معقدة وكثيرة لدرجة أنها تتعدى نطاق الاتصال الشخصى وبذلك فإن الصور والأفكار التى يكتسبها الطفل من خلال التليفزيون عن المهن والعاملين بالمهن المختلفة تمثل عنده الصور للحقيقة وبالتالى فإن التليفزيون يشكل توقع الأطفال لسلوك الأفراد فى المهن المختلفة [٢].

ويعتقد بوجارت أنه من الصعوبة البحث فى تأثير وسائل الاتصال بدون الأخذ فى الاعتبار الظروف والتأثيرات الاجتماعية ذلك أن هناك تأثيرات "غير مرئية" وكامنة داخل الأشخاص وهى تتراكم كلما تعرضوا للعنف التليفزيونى حتى تترك أثرا تراكميا قد يؤدى "مع الوقت" إلى تغيير ثقافة المجتمع. ويضيف بوجارت أن خطورة الموقف وأهميته تتعدى التأثير المؤقت للعنف المعروض بالتليفزيون على السلوك العدوانى إلى التأثير ذى المدى البعيد على الشخصية الوطنية للمجتمع والتنشئة الإجتماعية[١].

وهناك طريقتان تؤثر بهما وسائل الاتصال على المراهقين والشباب وهما:

١ـ إستمالة شديدة للمراهقين عن طريق عرض مشاهد للجنس والجريمة مما يخالف تقاليد ومفاهيم المجتمع الصحيحة.

٢ـ تشجيع السلوك المنحرف، عن طريق تقليد الأطفال للسلوك الإجرامى لأبطال التليفزيون[٢]

---

(2) Noble, Op. cit, pp. 161 - 162.

(1) Charles R. Wright, "**Mass Communication, A Sociological Perspective**", Scond Edition, New York, Random House, Inc., 1975, pp. 140 -141.

(2) Ibid, 140 - 141.

ولا يمكن أن نضع كل اللوم على التليفزيون والفيديو والسينما كأسباب لأنحراف الصغار، فهناك بالطبع عوامل أخرى كثيرة تؤدى لذلك منها: تفكك الأسرة وضعف العلاقات الأسرية والإضطرابات النفسية وعدم الشعور بالأمان.

ثالثا: فروض الدراسة ومتغيراتها:

أ ــ فروض الدراسة :

١ ــ تعرض الأطفال ذوى الظروف الصعبة للتليفزيون وأفلام الفيديو والسينما يكون أكثر كثافة عنه بين الأطفال العاديين.

٢ ــ تختلف أنماط التعرض لدى الأطفال ذوى الظروف العصبة للتليفزيون وأفلام الفيديو والسينما عن مثيلتها لدى الأطفال العاديين من حيث مكان المشاهدة ودرجة الاندماج فيها ووسيلة ونوعية المضمون المفضل.

٣ ــ تختلف دوافع استخدامات الأطفال ذوى الظروف الصعبة للتليفزيون وأفلام الفيديو والسينما يكون أكثر كثافة عنه بين الأطفال العاديين.

٤ ــ تختلف الإشباعات المتحققة لدى الأطفال ذوى الظروف الصعبة من مشاهدة التليفزيون وأفلام الفيديو والسينما عن مثيلتها لدى الأطفال العاديين

٥ ــ يكون إدراك الواقع الاجتماعى لدى الأطفال ذوى الظروف الصعبة محرفا ومختلفا عنه لدى الأطفال العاديين.

٦ ــ الأطفال ذوى الظروف الصعبة أكثر ميلا للتوحد مع الشخصيات التى تقدم فى الدراما وخاصة الأبطال والأقوياء عن الأطفال العاديين.

٧ ــ يتأثر سلوك الأطفال ذوى الظروف الصعبة بنوع مضمون التليفزيون وأفلام الفيديو والسينما أكثر منه فى حالة الأطفال العاديين لعدة أسباب منها غياب توجيه الأبوين أثناء المشاهدة.

٨ ـ كلما زاد دخل وسن الأطفال ذوى الظروف الصعبة تزداد فرصة مشاهدتهم للتليفزيون وأفلام الفيديو والسينما.

ب ـ متغيرات الدراسة:

وفى ضوء الفروض السابقة يمكن تلخيص المتغيرات من خلال الجدول التالى:

جدول (١)

متغيرات الدراسة

المتغيرات المستقلة	المتغيرات الوسيطة	المتغيرات التابعة
١ ـ كثافة مشاهدة برامج التليفزيون وأفلام الفيديو والسينما ٢ ـ كثافة المشاهدة (عدد ساعات المشاهدة اليومية) ٣ ـ ظروف المشاهدة: جماعية أم فردية وتوجيه الأبوين ٤ ـ دوافع المشاهدة (طقوسية ـ نفعية ـ مجرد شغل لأوقات الفراغ).	١ ـ المتغيرات الديموجرافية (السن ـ النوع ـ الدخل سواء كان يوميا أو أسبوعيا أو عشوائيا ـ المستوى الاجتماعى الإقتصادى) ٢ ـ البدائل المتاحة لإشباع أوقات الفراغ	١ ـ الحصول على المعلومات المختلفة عن الحياة والأحداث. ٢ ـ إدراك الطفل لمدى واقعية ما يشاهده فى البرامج والأفلام و حدوث عملية التوحد ٣ ـ فكرة الطفل عن نفسه وعمن حوله ٤ ـ إكتساب السلوك العدوانى

وكما يتضح من الشكل السابق فإن المتغير المستقل هو مدى كثافة مشاهدة برامج التليفزيون وأفلام الفيديو والسينما والمتغير التابع هو اكتساب المعلومات المختلفة وتكوين فكرة عن الذات والعالم المحيط، واكتساب سلوكيات نتيجة للمشاهدة، إلا أن هذا التأثير لا يحدث بمعزل

عن المتغيرات الوسيطة مثل المتغيرات الديموجرافية وبدائل إشباع أوقات الفراغ.

رابعا: الإجراءات المنهجية

تستعرض الباحثة فيما يلى الإجراءات والأساليب البحثية التى اتبعتها فى دراستها الميدانية وفى مجموعات النقاش المركزة وصولا إلى رؤية موضوعية للمشكلة البحثية ونتائج يمكن الاعتماد عليها لشرح القضية المطروحة.

١ ـ تحديد المشكلة البحثية:

فى ضوء تزايد عدد الأطفال الذين يعيشون فى ظروف صعبة فى مصر، وفى ضوء نتائج الدراسات التى أظهرت تأثير وسائل الإعلام على هؤلاء الأطفال، وكذلك الحوداث التى إرتكبها كثير منهم ضد غيرهم أو ضد أنفسهم بسبب ما شاهدوه من أفلام تعرض بالفيديو أو بالتليفزيون أو بالسينما تسعى هذه الدراسة إلى إختبار تأثير تعرض ثلاث شرائح من ا"لفال ذوى الظروف الصعبة وهم: الأطفال العاملون، أطفال الشوارع والمنحرفون للتليفزيون والفيديو والسينما على إدراكهم للواقع الإجتماعى الذي يعيشونه، مع دراسة المتغيرات والعوامل التى يمكن أن تتدخل فى العلاقة بين هذين المتغيرين.

٢ ـ منهج الدراسة:

تعتمد هذه الدراسة على الإجراءات المنهجية التالية:

أ ـ منهج المسح بالعينة للوصول على نتائج إحصائية كمية.

ب ـ مجموعات النقاش المركزة.

ج ـ وصف لمضمون أفلام التليفزيون العربية والأجنبية وأفلام الفيديو والسينما من خلال متابعتها لمدة ثلاثة أشهر من أول سبتمبر ١٩٩٧ وحتى آخر نوفمبر ١٩٩٧.

أ ـ المسح الميدانى:

وتعتمد هذه الدراسة على منهج المسح بالعينة، وذلك لصعوبة إجراء الحصر الشامل لجميع مفردات مجتمع الدراسة والغرض منه الوصول على نتائج إحصائية كمية وفيما يلى عرض تفاصيل ما تم:

عينة المسح:

تم إجراء هذه الدراسة على عينة عشوائية عدد مفراداتها (٤٠٠) مفردة لا يتعدى عمر الأطفال بها الخمسة عشر عاما، نصفها أى ٢٠٠ كم الأطفال ذوى الظروف الصعبة والنصف الآخر من الأطفال العاديين ونعنى بالأطفال العاديين الأطفال الملتحقين بالمدارس الحكومية ولا يعانون من مشاكل العمل فى سن صغيرة ولهم مأوى حيث يعيشون مع ذويهم حياة طبيعية ولقد اختارت الباحثة المدارس الحكومية حتى تكون خلفية المستوى الإجتماعى الاقتصادى لمجموعتى البحث الرئيسيتين متشابهة فلا يصبح العامل الاقتصادي متغيرا يتدخل فى النتائج. وقسمت جميع مفردات العينة بالتساوى بين محافظتى القاهرة والجيزة كمجال جغرافى للدراسة.

ولقد تم استبعاد المعاقين جسديا وذهنيا، وذلك لأن أسلوب حياتهم وخبراتهم اليومية يختلف عن الأطفال من الفئات الأخرى المدرجة بالدراسة، وبذلك تصعب المقارنة بينهم ومن الصعوبات التى تواجه الباحثين فى مجال الأطفال ذوى الظروف العصبة عدم القدرة على حصر أو تحديد أعداد هؤلاء الأطفال حيث يعيش أطفال الشوارع فى أماكن عشوائية ومتفرقة يصعب الوصول إليها. وهم دائمو التنقل من مكان لآخر. كذلك لا توجد سجلات بأسماء الأطفال العاملين والأطفال الذين تخلفوا عن التعليم ولذلك إختارت الباحثة عينة عشوائية حيث يستحيل عمل حصر بعدد جميع أفراد المجتمع الطبيعى.

وتم تقسيم مجموعات الأطفال ذوى الظروف الصعبة على النحو التالى:

ـ الأطفال العاملون : ٨٠ مفردة

(٤٠ تم اختيارهم عشوائيا من محافظة القاهرة من المناطق التالية: وكالة البلح، السيدة زينب ـ المنيرة والزمالك و ٤٠ مفردة من الجيزة فى الأحياء التالية: ميت عقبة ـ الهرم ـ الدقى)

ـ أطفال الشوارع : ٤٠ مفردة

(٤٠ تم اختيارهم عشوائيا من محافظة القاهرة من المناطق التالية: العتبة ـ المنيل ـ حلمية الزيتون ـ باب الشعرية ولاظوغلى، أما محافظة الجيزة فتم اختيار مفردات العينة من ميت عقبة وأرض اللواء والهرم).

ـ الأطفال المنحرفون : ٨٠ مفردة

(٤٠ تم اختيارهم عشوائيا من مركز التصنيف والتوجيه التابع للإدارة العامة للدفاع الإجتماعى وللجمعية المصرية العامة للدفاع الاجتماعى، حيث يستقبل حالات من الأطفال المنحرفين من شرطة أحداث القاهرة ومديرية أمن الجيزة ولقد تم إختيار ٤٠ مفردة بمحافظة القاهرة و ٤٠ مفردة بمحافظة الجيزة)

وقد اختارت الباحثة مركز التصنيف والتوجيه لأنه المكان الذى يستقبل مرتكبى الإجرام من محافظتى القاهرة والجيزة، حيث يمكثون به مؤقتا حتى يتم نقلهم إلى مقرهم الدائم فيما بعد، حيث لم تؤثر الحياة داخل دور الأحداث على سلوكهم وإدراكهم للواقع الإجتماعى بعد، وما يزالون يحتفظون فى خبراتهم من خارج الدور بكل تأثيرات البيئة التى يعيشون فيها، ومنها التعرض لمواد التليفزيون والسينما والفيديو، قبل أن يمكثوا فترة طويلة فى هذا الدور فتؤثر إقامتهم على إدراكاتهم وسلوكهم.

ـ أما بالنسبة لعينة الأطفال العاديين، فقد تم اختيار عينة قوامها ٢٠٠ طفل من المدارس الحكومية الابتدائية والاعدادية فى كل من محافظتي القاهرة والجيزة بالتساوى ولم يتعد عمر الأطفال الخامسة عشر أيضا. ولقد وقع الاختيار على مدرسة الأشراف الابتدائية المشتركة بالمنيل ومدرسة عمرو ابن العاص الاعداية للبنين بمصر القديمة ليمثلوا مدارس القاهرة أما محافظة الجيزة فتم اختيار مدرسة شجرة الدر الابتدائية المشتركة بمنطقة المنيب ومدرسة مصطفى كامل الإعدادية للبنين ببولاق الدكرور

خصائص عينة الدراسة:

لقد قامت الباحثة بتحديد خصائص العينة من حيث: النوع, والسن, والمرحلة التعليمية ومنطقة السكن. بالنسبة للنوع فكانت نسبة الذكور للإناث ٩٥% إلى ٥% لذوى الظروف الصعبة ثم ٩٣% إلى ٧% للأطفال العاديين أما بخصوص سن أفراد العينة فلقد تم تقسيمه لثلاث مجموعات : من ٧ : ٩ سنوات، من ١٠ ـ ١٢ سنوات، ومن ١٣ ـ ١٥ سنوات. وجاء توزيع عينة ذوى الظروف الصعبة على تلك المجموعات العمرية كما يلى على التوالى: ٤,٥% ، ٢٥,٥% ، ٧٠% بالنسبة الأطفال العاديين : ١٠,٥%، ٤٥%، ٤٤,٥% بالنسبة للتعليم فلقد تم توزيع العينة على مرحلتى الابتدائية والاعدادية وغير الملتحقين بالتعليم (سواء متسربين من المدارس أو الذين لم يلتحقوا بها منذ بداية حياتهم) وجاءت نسب ذوى الظروف الصعبة على التوالى كما يلى ٥٧% ، ٢٠,٥%، ٢٢,٥% ، أما بالنسبة إلى الأطفال العاديين فكان توزيعهم على المرحلتين الابتدائية والإعدادية كما يلى: ٥٠,٥% و ٤٩,٥. واخيرا بالنسبة لمناطق السكن فتم تقسيمها إلى أربعة مستويات بداية من مناطق متوسطة ثم منخفضة, ثم منخفضة جدا فى المستوى

الإقتصادى, وأخيرا مناطق مجهولة وغير محددة. وجاء توزيع نسب ذوى الظروف الصعبة على تلك المناطق كما يلى على التوالى: ٤٠٫٥ %، ٢٧٫٥%، ٣٠% وكان هناك ٢% منهم يسكنون بالشوارع ويناموا على الأرصفة أما الأطفال العاديين فكانت نسبتهم : ٥٨٫٥%، ٢٤٫٥ %، ١٧ %

طريقة جمع بيانات الدراسة الميدانية :

ــ تم جمع البيانات فى هذه الدراسة من خلال إستمارة إستبيان تضمنت ٤٥ سؤالا لاختبار فروض الدراسة (*).

ــ تم ملء إستمارات الإستبيان من خلال المقابلة الشخصية مع المبحوثين ولقد إختارت الباحثة أسلوب المقابلة الشخصية لأنه الأسلوب الأفضل عن غيره للحصول على معلومات أكثر دقة من أفراد العينة .. ولقد فضلت الباحثة هذه الطريقة لجمع البيانات أكثر من غيرها نظرا لأنها توفر للباحث التعامل المباشر مع الطفل وتعطيه الفرصة أن يؤكد له أن اجاباته لن تخضع للتقييم وأنها لمجرد البحث العلمى. ومن مزايا المقابلة الشخصية خاصة مع مفردات عينة الأطفال ذوى الظروف الصعبة هى أنها تعطى فرصة إكتساب الباحث لثقة الأطفال مما يجعل أجاباتهم حقيقية وصادقة خاصا وأن هؤلاء الأطفال بالذات يعانون من الشك فيمن حولهم.

ــ عرضت الباحثة الإستمارة على عدد من السادة الأساتذة والعاملين فى مجال الطفولة وفى ضوء الملاحظات التى أبداها المحكمون تم تعديل الإستمارة للوصول إلى أفضل صيغة ومضمون وشكل للإستمارة (*). وكان من بين ما تم تعديله بناء على التحكيم ما يلى : تلقت الباحثة

(*) ساعد الباحثة فى جمع بيانات هذه الدراسة كل من: إيمان على غنيم ــ أمانى محمد الغرورى ــ شاكر محمد الكامل ــ منال حسين أبو السعود ــ هدى عثمان عبد العزيز ــ أمان أبو الفتوح.

(*) المحكمون: أ. د . ماجى حلوانى حسن، وكيل كلية الإعلام ــ أ.د . إبتهاج طلبة، وكيل كلية رياض الأطفال ــ أ. د. منى الحديدى، رئيس قسم الإذاعة ــ أ. د. فرج الكامل، الاستاذ بقسم

اقتراح بإضافة سؤال اسقاطى عن السلوك الذى قد يقوم به الطفل فى حالة تعرضه للعنف للوصول لإجابة صادقة ودقيقة أكثر مما لو كان السؤال مباشرا. وكذلك قامت الباحثة بتأجيل الاسئلة الخاصة بخلفية الطفل إلى نهاية الاستمارة لعدم ملاءمتها فى بداية الاستمارة فى حالة الأطفال ذوى الظروف الصعبة لأن معظمها أسئلة شخصية وكان من الممكن أن تؤثر على صراحة المبحوث. ولقد تم أيضا بناءا على التحكيم إضافة مقدمة تمهيدية للمقابلة بحيث تم توحيدها فى جميع المقابلات حتى لا تكون هناك اختلافات ناتجة عن اختلاف التمهيد للمقابلة بين الباحثين والمبحوثين. كذلك تلقت الباحثة اقتراحات خاصة بشكل الإستمارة مثل تقسيم الإسئلة إلى أربع مجموعات مع إضافة عنوان مميز لكل قسم.

ـ تم إجراء إختبار قبلى للإستمارة Pretesting على عينة مكونة من حوالى ٢٠ مفردة من أطفال الشوارع والأطفال العاملين، وذلك لإختبار مدى فهمهم للأسئلة. وقد أسفر الإختبار عن وضوح الأسئلة لدى المبحوثين وقدرتهم على الإجابة عنها.

ـ ولقد تضمنت استمارة البحث مجموعات من الأسئلة للتعرف على ما يلى:

١. أنماط التعرض والوسائل والمواد المفضلة.

٢. كيفية فهم الأطفال وإدراك الواقع الذى يعيشونه وتأثير التليفزيون فى ذلك.

٣. مدى التوحد مع الشخصيات المقدمة فى الدراما التليفزيونية والسينمائية.

الإذاعة ـ أد . د. حسن عماد مكاوى، الأستاذ بقسم الإذاعة ـ أ. د. عدلى رضا، الأستاذ بقسم إذاعة ـ أ. د. سامى الشريف، الأستاذ بقسم إذاعة ـ د. إبتسام الجندى، الأستاذ المساعد بقسم إذاعة ـ د. هبة السمرى، المدرس بقسم الإذاعة ـ

د. هشام مصباح، المدرس بقسم الإذاعة. كذلك قام بالتحكيم على الإستمارة من مركز دراسات الاجتماعية ـ أ. مى صبرى، باحثة بقسم علم نفس ـ أ. زينب على أحمد، باحثة بقسم الاجتماع.

٤. الخلفية الديموجرافية للمبحوثين.

ـ تم جمع بيانات الدراسة على مدى ستة أشهر بداية من شهر يونيو حتى ديسمبر ١٩٩٧ وذلك على النحو التالى:

يونيو ـ يوليو   أطفال الشوارع

يوليو ـ أغسطس الأطفال العاملون

أغسطس ـ أكتوبر الأطفال المنحرفون

أكتوبر ـ نوفمبر   المدارس الابتدائية والاعدادية لمحافظة القاهرة

نوفمبر ـ ديسمبر   المدارس الابتدائية والاعدادية لمحافظة الجيزة

نقاط حول المسح الميدانى:

ولضمان الحصول على إجابات صادقة تم اتباع ما يلى:

١. حرصت الباحثة أو من عاونوها من الباحثين والباحثات فى جمع البيانات أن يكونوا قريبين بقدر الامكان من المبحوثين حتى يطمئنوا ولا يشعروا بالخوف عند ادلائهم بالمعلومات المطلوبة

٢. أن يقوم الباحثون والباحثات بإلقاء الأسئلة بنفس ترتيبها فى الاستمارة وبنفس اللغة المكتوبة بها.

٣. التأكد من أن الطفل قد سمع السؤال بوضوح.

٤. ضمان تسجيل الإجابات بدقة.

٥. إعادة إلقاء السؤال أكثر من مرة فى حالة عدم إستيعابه.

ـ٢ مجموعات النقاش المركزة : Focus Group Discussions

وهو طريقة كيفية وليست كمية للتعرف بشكل متعمق على جوانب تفيد هذه الدراسة وتختلف المقابلة فى أبحاث المجموعات المستهدفة عنها فى المسوح الاجتماعية حيث يقوم الباحث فى الأخيرة بإجراء مقابلة مع فرد واحد فى كل مرة بإستخدام

إستمارة إستقصاء بها أسئلة محددة، أما بالنسبة لمجموعات النقاش المستهدفة فلقد قامت الباحثة بمقابلة ستة أطفال فى وقت واحد فى كل جلسة مع إستخدام دليل لمحاور النقاش، مع تسجيل كل دقيقة منذ بدء المناقشات بالكاسيت، بالنسبة للأطفال العاديين تم إجراء أربع مقابلات بالمدارس التالية: مدرسة الأشراف الإبتدائية المشتركة بالمنيل، مدرسة الزمالك الإعدادية بنين بالزمالك, مدرسة عمرو بن العاص الإعدادية بنين بمصر القديمة, ثم مدرسة مصطفى كامل الإعدادية بنين ببولاق الدكرور.

أما بالنسبة لمجموعة الأطفال ذوى الظروف الصعبة فلقد أجريت أربع مقابلات أولا مع مجموعة من أطفال الشوارع بمنطقة ميت عقبة. ثانيا مع مجموعة من الأطفال العاملين فى منطقة وكالة البلح, ثالثا: مجموعة من المنحرفين المقبوض عليهم فى محافظة القاهرة, ورابعا : مجموعة من المنحرفين أيضا تم القبض عليهم فى محافظة الجيزة.

وقد تضمن دليل المناقشة العناصر الأساسية التى تركزت حولها المناقشة كما يلى:

محاور النقاش

١ ـ مدى الشبه بين موضوعات تعرض بالتليفزيون وأفلام الفيديو والسينما من ناحية، والموضوعات الهامة فى الحياة من ناحية أخرى.

أ ـ "تفتكروا إيه الحاجات اللى لما بتشوفوها فى التليفزيون أو فى الفيديو تقولوا: و اللـه دى زى الحقيقة بالضبط وأيه الحاجات اللى بتقولوا عليها : لا ده شغل أفلام ومش ممكن يحصل فى الحقيقة؟"

٢ ـ مدى إقتراب الأفلام والمسلسلات من مشاكل الأطفال وطريقة حلها.

أ ـ عاوزاكوا تقولولى أيه أكبر مشكلة بتقابلوها فى سنكم ده طيب أنتوا بتلجأوا لمين علشان يناقشكم فيها ويحاول يحلها معاكم؟"

ب ـ " طيب الأفلام أو المسلسلات بتناقش مشاكلكم ولا لأ؟ تفتكروا الطريقة اللى عرضوا بيها المشاكل دى نفس الطريقة الموجودة فى الحقيقة؟ وطريقة حلها عجبتكم وموافقين عليها ولا لأ؟"

٣ ـ استخدام الأطفال للتليفزيون وأفلام الفيديو والسينما.

أ ـ "أيه أكتر فايدة بتعود عليكم لما بتتفرجوا على التليفزيون؟"

ب. " طيب أيه تانى؟"

٤ ـ الإشباع الذى يحصل عليه الطفل من مشاهدة الأفلام والمسلسلات.

أ. "أيه أهم سبب بيخليكوا أنكوا تشوفوا التليفزيون أو الفيديو أو تروحوا   السينما؟"

ب. "بعد ما بتتفرج على حاجة حلوة عجبتك، مسلسل مثلا أو فيلم أو برنامج بتحبه, ده بيشجعك أنك تبقى مبسوط وتعمل شغلك كويس أو تذاكر كويس؟"

ج. "طيب وبتفكروا بعد كده فى الحاجة اللى إتفرجتوا عليها ولا تنسوها؟"

٥ ـ مدى إمكانية إستخدام الأفلام للحصول على معلومات عن الحياة وكيفية التعامل مع الآخرين.

أ ـ " تفتكروا كل الحاجات اللى بتحصل فى الأفلام ممكن أننا نستفيد منها فى حياتنا وناخذ منها معلومات عن الطريقة اللى نعيش بيها فى حياتنا ونتعامل مع اللى حوالينا؟

ب ـ " طب إزاى؟"

٦ ـ مدى تشابه قيم الأطفال مع القيم الموجودة فى الأفلام بخصوص الشجاعة والقوة"

تفتكروا علشان الواحد يثبت قوته وشجاعته فى وسط الناس لازم يكون عنيف ويضرب

ده ويشتم ده ولا ممكن يثبت شجاعته بأخلاقه الكويسة وشخصيته القوية ؟"

"طيب تفتكروا بقى أبطال السينما والتليفزيون بياخوا أنهى طريق من الطريقين؟"

٧ ـ مدى تطابق فكرة الطفل عن الأدوار الإجتماعية فى الحقيقة مع ما يجدها فى الأفلام

والمسلسلات.

"تفتكروا المسئوليات والشغل اللى بيقوم بيه كل من الأب والأم فى الأفلام تشبه

مسئوليات وتصرفات وشغل الأبهات والأمهات فى الحقيقة؟"

٨ ـ الخلط بين إدراك الشخصيات فى الحقيقة وشخصيات الأفلام.

"تفتكر فيه شخصيات بتلاقيها فى الأفلام والمسلسلات زى شخصيات تعرفها فعلا فى حياتك

وبيتصرفوا زى بعض؟

٩ ـ مدى تقمص وتقليد شخصية أبطال السينما والفيديو.

أ ـ "حد منكم حصله مرة أنه بعد ما شاف فيلم وكان مركز فيه حس أنه زى البطل

ويقدر يعمل زيه؟"

ب ـ "لو حد منكم جت له الفرصة أنه يغير نفسه تحب تكون مين من شخصيات أبطال

الأفلام والمسلسلات؟"

وفيما يلى بيان شرح لما تم:

بالنسبة للمدارس تم إجراء المناقشات المركزة فى مكتب مديرى المدارس فى عدم

وجودهم حتى يستطيع الأطفال التركيز والتحدث بصراحة وبلا خوف. بالنسبة لأطفال

الشوارع فكان من الصعب إقناعهم الذهاب إلى أى مكان لإجراء المقابلة ولذلك تمت

بمنطقة ميت

عقبة بالقرب من أحد ورش السيارات. أما المنحرفين فلقد تم النقاش فى حجرة الكمبيوتر بمركز التصنيف والتوجيه حيث توفرت الخصوصية والراحة أما الأطفال العاملون فقد تمت المناقشة فى إحدى الورش بوكالة البلح بعيداً عن أى تشتيت من الشارع.

واختارت الباحثة أن تتضمن مجموعة النقاش ستة أطفال لأنه إذا قل العدد إلى ثلاثة أو أربعة أطفال فإن عنصر الخجل قد يمنع البعض من الحديث بطلاقة. كذلك قد يصبح من السهل على أحد أفراد المجموعة أن يسيطر على آراء بقية أفراد المجموعة، أما إذا زاد العدد عن عشرة أطفال فإن فرصة كل طفل من أطفال المجموعة فى الاشتراك فى الحوار تقل إلى درجة كبيرة.

أما بالنسبة للمدة الزمنية لمجموعات النقاش فتراوحت جميعها ما بين نصف ساعة وخمس وأربعون دقيقة. ولم تشأ الباحثة الإطالة عن ذلك حتى لا يمل الأطفال المشتركون وحينئذ لا يمكن الاعتماد كثيرا على ما يقولونه وهم فى حالة من الملل.

وبالنسبة لطريقة الجلوس فقد حرصت الباحثة على جلوس المشتركين فى شبه دائرة بحيث يستطيع كل منهم أن يرى بقية المشاركين بسهولة مما يزيد من فرصة الحوار فيما بينهم.

اتبعت الباحثة ثلاث مراحل لإتمام الحوارات داخل مجموعات النقاش المركزة وهى:

أولا: المقدمة ثانيا: الحوار ثالثا: التلخيص والختام.

المقدمة:طلبت الباحثة فى بدء الحوار مع الأطفال المشتركين التعريف بأسمائهم، ثم قامت بعد ذلك بتعريفهم بموضوع الحوار، ودعوة الأطفال للإشتراك فى الحديث مع التأكد من وضوح الأصوات لتجنب الأحاديث الجانبية وللتمكن من تسجيل المناقشة بوضوح.

الحوار: غطى الحوار جميع النقاط الضرورية مع الإلتزام بالتسلسل المحدد لمحاور النقاش خاصة وأن الباحثة لمست أن ذلك كان فى صالح التدفق الطبيعى للمناقشة، مع تشجيع جميع الأطفال المشاركين على الإستطراد فى المناقشة بدون مقاطعة أو الوقوف موقف الدفاع عن النفس ضد رأى معين لأحدهم. وقامت منسقة الجلسة بإتاحة الفرصة للجميع للتحدث والإنتقال بالمناقشة إلى موضوع جديد عندما تتم تغطية الجوانب الضرورية لأحد المحاور.

تلخيص وختام الجلسة:

وبعد أن تأكدت الباحثة من تغطية جميع نقاط موضوع الجلسات قامت بتلخيص النقاط الأساسية مثل عرض المحاور الأساسية، ثم أشركت أفراد المجموعة فى تلخيص ما تمت مناقشته ثم توجهت بالشكر إلى أطفال المجموعة على مشاركتهم الإيجابية.

ج ـ الجزء الخاص بالمضمون:

إذا كانت الباحثة تدرس تأثير مشاهدة الأطفال ذوى الظروف الصعبة والأطفال العاديين للتليفزيون والفيديو والسينما على إدراكهم للواقع الإجتماعى فإن هذا يستوجب شرح ووصف وتصنيف هذا المضمون عما نتحدث لذا قامت الباحثة بمتابعة أفلام التليفزيون والفيديو والسينما العربية والأجنبية خلال ثلاثة أشهر بدءا من سبتمبر ١٩٩٧ وحتى نهاية نوفمبر ١٩٩٧ وهى الفترة التى تمت فيها لقاءات البحث الميدانى ومجموعات النقاش المركزة.

متابعة مضمون التليفزيون:

ولقد قامت الباحثة بمتابعة وتدوين الأفلام التى أذيعت بالتليفزيون بالقناتين الأولى والثانية فى تلك الفترة والسبب فى إختيار القناتين الأولى والثانية هو أنهما أقدم قناتين وأكثر انتشارا بين الناس، حيث

مازال كثير من المنازل لا تستقبل القنوات الإقليمية الجديدة مثل القناة الخامسة بالإسكندرية والقناة الثامنة بأسوان وغيرها.

متابعة أفلام الفيديو العربية والأجنبية :

تمت متابعة الأفلام الموجودة فى نوادى الفيديو الأكثر تفضيلا لدى الأطفال الأقل من ١٥ سنة سواء العربية أو الأجنبية خلال نفس فترة متابعة التليفزيون. وتم ذلك بسؤال أصحاب نوادى الفيديو والعاملين بها عن أكثر الأفلام التى يقوم الأطفال بتأجيرها سواء من الأطفال العاديين أو الأطفال ذوى الظروف الصعبة وكانت كالتالى :

ا ـ الأفلام العربية:

أـ فيلم"الغجر"

ويتسم بالعنف وحركات الكاراتيه

٢ـ فيلم "أجدع ناس"

يتسم بالشراسة ومناظر العنف والضرب ويلهب المشاعر الوطنية.

٣ـ فيلم "الزمن والكلاب"

ويتسم بالعنف والضرب وملىء بمناظر الدماء ويدور حول فكرة الانتقام.

٤ـ فيلم "بخيت وعديلة (٢)"

وهو فيلم إجتماعى يحكى عن طموحات الشباب وليس به إلا منظر عنف جسدى واحد.

٥ ـ فيلم "ميت فل"

وهو فيلم إجتماعى كوميدى وليس به أى عنف, إلا أنه يتضمن مشاهد خليعة ومخلة بالآداب.

٦ـ فيلم "حسن اللول"

وهو ملئ بالضرب والعنف ولكن ينتصر الخير فى النهاية.

٧ ـ فيلم "كشف المستور"

وهو فيلم سياسى يكشف قضايا الفساد والرشوة.

٨ ـ فيلم "الهروب إلى القمة"

وهو من أفلام العنف والحركة ولقد تعددت به مناظر الشراسة والضرب والاغتصاب.

٢ ـ الأفلام الأجنبية:

١ ـ فيلم "فتوة الشارع الأمريكى" American Street Fighter .

ويتميز الفيلم بكثرة مشاهد الدماء والضرب المسلح وغير المسلح بجانب الحركات البهلوانية والأكروباتية.

٢ ـ "فتوات الشوار" Street Fighters

يتخلل كل المشاهد قتال يدوى وعنف من ماكينات آلية.

٣ ـ فيلم "القتلة" Assassins

ويروى قصة قتلة محترفين ويتسم بالعنف والإثارة.

٤ ـ فيلم "تحدى النينجا" Three Ninjas

وهذا الفيلم يعتبر من أفلام الإثارة ولكنه لا يحتوى على مشاهد للدم أو التعذيب ولكنه يحتوى على مشاهد الضرب البهلوانى باستخدام حركات النينجا.

٥ ـ فيلم "نيمسيس(٢)" NEMESIS

هذا الفيلم من افلام الخيال العلمى مع عنف بالأسلحة الحديثة مثل أسلحة الليزر.

٦ ـ فيلم "المطارد" The Hunted

ويكشف هذا الفيلم أسرار حروب الساموراى وتميزه الخدع السينمائية المبهرة وهو فيلم عنف وإثارة.

متابعة أفلام السينما:

وتمت متابعة أفلام السينما العربية منها والأجنبية خلال ثلاثة أشهر، وكان التركيز على بعض دور العرض مثل: مودرن شبرا وميامى وشبرا بالاس ونورماندى وهليوبولس والزيتون حيث الأماكن الشعبية والمناطق ذات المستوى الاجتماعى المتواضع وفيما يلى عرض أثناء فترة الدراسة:

أ ــ الأفلام العربية:

١ ــ فيلم "المرأة والساطور"

وهو يروى قصة زوجة تقتل زوجها دفاعا عن نفسها وهو فيلم إجتماعى لكن تتخلله المناظر الخارجة والعنيفة.

٢ ــ فيلم "إسماعيلية رايح جاى":

فيلم إجتماعى يحكى قصة طالب جامعى ينجح فى الغناء ويصبح مشهورا وبه قصة حب رومانسية مع ابنة الجيران.

٣ ــ فيلم "النوم فى العسل"

وهو فيلم إجتماعى يفترض تفشى مرض العجز بين الرجال وطريقة تدخل الحكومة لعلاج المشكلة.

٤ ــ فيلم "استاكوزا"

وهو فيلم إجتماعى عن الصراع بين المرأة والرجل فى قدرة كل منهما على فرض شخصيته على الآخر عن طريق القوة العنف والضرب.

٥ ــ فيلم "عيش الغراب"

وهو فيلم سياسى يحمل طابع الإثارة وهو يحكى عن حارس السادات وقت إغتياله وكيف يفيق من صدمة مقتل الرئيس فى المنصة إلى محاولة إنقاذ البلد من صفقة مدمرة ويقبض على العصابة.

٦ـ فيلم "اغتيال"

هو فيلم من أفلام العنف والإثارة تحاول فيه البطلة إثبات براءتها من تهمة قتل.

٧ ـ فيلم "ليلة ساخنة"

وهو فيلم من أفلام الإثارة والعنف وكثرت به مشاهد الظلم والأسى.

٨ ـ فيلم "نزوة"

يحكى عن زوج يخون زوجته مع أمرأة تحول حياته إلى جحيم وتحاول قتله.

ب ـ الأفلام الأجنبية:

١. "فيلم حرب الكواكب" : Star wars

وهو فيلم خيال علمى ومغامرات وإثارة يحكى من المغامر المرتزق الذى يصبح بطلا مرموقا بعد ان ينقذ الأميرة بعد أن إختطفها الإمبراطور الشرير ليعرف معلومات عن مجرة الموت ليدمر مواقع الثوار فى مجرة أخرى.

٢. فيلم "كازينو" : Casino

ويحكى قصة المقامر خبير المراهنات اليهودى "فرانك روزنتال" وحياة كازينوهات القمار فى لاس فيجاس فى فترة الإزدهار فى أواخر السبعينات والإنهيار فى بداية الثمانينات.

٣ ـ فيلم "القديس" : The Saint

وهو قصة يتيم من الكنيسة الكاثوليكية يصبح لصا عالميا ويستغل أسماء القديسين الكاثوليك من أجل الإحتيال.

٤ ـ فيلم "البركان" : Volcano

وهو فيلم إثارة إجتماعى يحكى عن التضحيات التى يقوم بها المواطنون فى حالة سقوط عمارة شاهقة من أجل أن يعيش الآخرون. ويتخلل الفيلم قصة حب بين عاملة شابة والضابط المسئول عن الإنقاذ

٥ ـ فيلم "المريض الإنجليزى" : the British Patient

وهو فيلم رومانسى يحكى قصة حب قوية تموت فى حين تولد قصة حب جديدة يتخلل الفيلم بعض مشاهد العنف ولكن السمة الغالبة للفيلم هى العاطفة والرومانسية.

٦ ـ فيلم "السهم المكسور": Broken Arrow

وهو فيلم إثارة وعنف ملىء بالضرب بالأيدى والأسلحة والسلوك العدوانى والرغبة فى إرهاب الآخرين وهو سياسى أيضا حيث يظهر كيف أن البنتاجون وجهاز الرئاسة يستخفان بأرواح ومشاعر البشر.

٧ ـ "فيلم أحلام الشباب" Forrest Gump

وهو فيلم اجتماعى يعكس معانى معنوية عن التعاون والتكاتف من أجل الوصول للنجاح.

٨ ـ فيلم "روميو وجوليت" Romeo and Julliett

وهو فيلم عاطفى واجتماعى عن قصة الحب الشهيرة والتى تنتهى بالانتحار.

خامسا: تعريف المصطلحات

أولا: الأطفال ذوو الظروف الصعبة:

Children Under Especially Difficult Circumstancer

هم هؤلاء الأطفال الذين يعيشون تحت وطأة ظروف مجحفة ومؤلمة من الفقر والإهمال والجهل وأحيانا التعذيب من الأهل أو الآخرين والحرمان من المأوى والملبس، وأحيانا يتعذر عليهم الحياة الشريفة. وهم محرومون اقتصاديا ويعانون من عدم توفر الإمكانيات المادية، حيث يحصلون هم وأهلهم على دخول ضعيفة لا تكفى لحاجتهم الأساسية مما ينعكس على حياتهم الاجتماعية والثقافية والمعرفية.

ويضم هذا المفهوم أطفال الشوارع والأطفال اللقطاء والأيتام والمهملين من أسرهم أو الضالين الذين لا يعرفون أسرهم نتيجة صغر سنهم والأطفال الذين يعملون فى سن مبكرة مما يهدد صحتهم وأحياناً يتعرض هؤلاء الأطفال لمطاردة رجال الأمن أو الاستغلال من قبل بعض أصحاب العمل. وبجانب ذلك فإنهم حين يتعرضون لأى حوادث لا يجدون من يحميهم أو من يقدم لهم الرعاية اللازمة ويشتركون جميعا فى أنهم تعرضوا لتنشئة أسرية خاطئة وغير ملائمة، تنعكس بآثارها السلبية على نضجهم الاجتماعى والنفسى مما يؤثر على سماتهم الشخصية وسلوكهم فيما بعد[١] .

والأطفال ذوو الظروف الصعبة يعانون إما من الحرمان الكامل، وذلك إذا تمت تربية الطفل بعيدا عن الأسرة، وإما من الحرمان الجزئى ، وذلك بفقدان أحد الوالدين أو كليهما بسبب الوفاة أو الطلاق أو الانفصال مما يمنع وجود بنية أسرية سوية وطبيعية ويتمثل الحرمان أيضا فى الحرمان من فرص التعليم وذلك فى إطار مرحلة التعليم الأساسى والذى تنص اتفاقية حقوق الطفل فى مادتها رقم ٣٨ على أن يكون "إلزاميا ومتاحا للجميع وعلى أساس من تكافؤ الفرص وبما يحقق ديمقراطية التعليم ويهيئ فرص متساوية لكل فرد فى المجتمع أن يحصل عليه بما يناسب قدراته وظروفه ويتلاءم مع بيئته الاجتماعية

(١) ناهد رمزى، مرجع سابق، ص٢١.

والثقافية[٢]. ويؤدى التخلف عن التعليم إلى إعاقة تطورهم العقلى والذهني ومهاراتهم المختلفة.

وبالنسبة لظاهرة الأطفال ذوى الظروف الصعبة على المستوى العالمى فقد جاء فى التقرير الذى أعدته منظمة مراقبة أوضاع حقوق الأطفال فى العالم أن ١٢ مليون طفل يموتون كل عام قبل سن الخامسة بأمراض يمكن الرقابة منها و ٢٥٠ مليونا يرغمون على أعمال السخرة وبأجر قليل. ولقد جاء أيضا فى هذا التقرير أن معاناة الأطفال ذوى الظروف الصعبة ليست مقصورة على الدول الفقيرة وإنما خمس الأطفال الأمريكيين يعيشون تحت خط الفقر وترتفع النسبة إلى ٤٤% بين الأطفال السود، أما فى بريطانيا فالنسبة تصل إلى ٣٣%[٣] . وتركز هذه الدراسة على ثلاث فئات من الأطفال ذوى الظروف الصعبة هى: أطفال الشوارع والأطفال العاملون والمنحرفون.

وتم استبعاد الأطفال الذين يتعرضون للأذى من قبل أهلهم لصعوبة الوصول إليهم وكذلك المعاقين ذهنيا.

١ ــ أطفال الشوارع: **Street Children**

تعد ظاهرة أطفال الشوارع من الظواهر التى تحظى باهتمام الدارسين فى الفترة الأخيرة سواء على النطاق العالمى أو المحلى حيث تعد إحدى المشكلات الإساسية التى تهدد استقرار المجتمع ككيان إجتماعى. وأطفال الشوارع هم فئة من الأطفال تعرضوا لظروف أسرية,أو اجتماعية أو شخصية أفقدتهم الإحساس بالأمان داخل بيوتهم ومع أهلهم فخرجوا إلى حياة الشارع بما فيها من مخاط[١] كذلك يتعرض هؤلاء الأطفال للإنحراف وليس لهم مأوى أو رعاية من الأب والأم، فهم مهملون وهامشيون يقضون معظم أوقاتهم وأنشطتهم الحياتية فى الشوارع وليس لهم دخل ثابت[٢] . وأهمية قضية أطفال الشوارع

---

(٢) نفس المرجع السابق، ص١

(٣)الأهرام، تحقيق الخميس ٢٧ مارس ١٩٩٧ نقلا عن وكالة الأسوشيتدبرس فى لندن، ص١.

(١) ناهد رمزى، "**أطفال فى ظروف صعبة**"، التوثبق الشارح للأدبيات المنشورة فى الفترة من ١٩٨٥ ـ ١٩٩٥، القاهرة، اليونيسيف،١٩٩٥، ص٤.

(٢) شهيدة الباز: "أطفال الشوارع ــ السياسات"، "الطفل ــ الشارع ــ العمل" : **الندو المصرية الفرنسية**، القاهرة، ٢٥ ــ ٢٦ أكتوبر ١٩٩٥، ص ٦٧.

ترجع إلى أنهم الأرض الخصبة والمؤشر العام للعديد من العلل الإجتماعية كالعنف والدعارة والمخدرات، وهذا يكلف الدولة أضعاف ما يمكن أن تتكلفه إذا تصدت لهذه الظاهرة وحالت دون تفاقمها.

ومستقبل الدول مرتبط كثيرا بمصير أطفال الشوارع. ودولة مثل الولايات المتحدة الأمريكية تتفاقم بها هذه الظاهرة فمن يزرها يجد أن معظم العاملين فى المدن الكبرى مثل نيويورك وشيكاجو وسان فرانسسكو لا يقيمون فى هذه المدن ولكن يعملون بها فقط على حين يقيمون فى مناطق أخرى نائية، وفى المساء تخلو الشوارع إلا من الجريمة والعنف والسرقة.

وقضية أطفال الشوارع تجعلنا نتطرق إلى مشكلة المدن فى الدول النامية وهى ترجع فى أغلبها إلى المشاكل القديمة للمزارع الصغير، الذى يترك الأرض حيث الربح ضيل والأعباء المالية كبيرة و لا يقاوم سحر وفتنة المدن وتوفر الصناعة له فرصا للكسب أكبر من الفرص التى توفرها الزراعة، بجانب ذلك أيضا فإن وسائل النقل الحديثة سهلت الإنتقال وتبادل المعلومات.

ولكن يحد هذا المزارع أنواعا أخرى من المشاكل مثل إيجاد المسكن والبطالة وغلاء الأسعار مما يدفع الأبوين إلى الخروج ساعات طويلة لإيجاد الرزق الصعب وفى مقابل أجور ضعيفة تاركين أطفالهم بمفردهم لإعالة أنفسهم فتنهار الأسرة تدريجيا [٣].

وفى أطار هذا البحث يضم مفهوم أطفال الشوارع الشرائح الثلاثة التالية: والتى يعتبرها شاملة للفئات المختلفة التى تمثل أطفال الشوارع:

١ ـ شريحة الأطفال الذين فقدوا إنتمائهم لأسرهم وإتخذوا من الشوارع مأوى لهم.

٢ ـ مجموعة الأطفال الذين يعيشون بالمنازل مع أسرهم ويقضون معظم أوقاتهم اليومية بالشارع ويقومون بأعمال هامشية مثل: تنظيف السيارات وبيع المناديل الورقية والتسول والنشل، ... إلخ

---

(٣) نبيل أحمد حلمى، "مع اطفال الشوارع"، **جريدة الأخبار**، ٢٤ يونيو، ١٩٩٧ ـ ص ٤

٣ ــ مجموعة الأطفال المتوقع خروجهم إلى الشارع بسبب الظروف التى تحيط بهم ليصبحوا أطفال شوارع.

٢ ــ الأطفال العاملون: **Working Children**

وهى فئة الأطفال الذين لم يستوعبهم التعليم أو تسربوا منه فى سنواتهم الأولى وإتجهوا إلى العمل قبل أن يصلوا إلى سن العمل القانونية مما يعرضهم لمخاطر تهدد نموهم الجسمى والنفسى وتحرمهم من الإستمتاع بطفولتهم، بجانب ضياع الفرصة فى تنمية قدراتهم ومواهبهم بشكل طبيعى من خلال التعليم والتثقيف بما يتماشى مع أعمارهم. ولقد نصت المادة ٣٢٥ من اتفاقية حقوق الطفل على عدم السماح بالإستغلال الإقتصادى للأطفال ومن القيام بأى عمل من شأنه أن يشكل خطورة على صحة الطفل ونموه، أو يعوق تعليمه أو يمس صحته النفسية, والروحية, والمعنوية, والإجتماعية وبالرغم من ذلك تترك أعداد غفيرة من الأطفال المدارس وتتجه إلى العمل وتتركز الأعداد الكبيرة من هؤلاء الأطفال فى القطاعين الزراعى والصناعى غير الرسميين ويضم الورش والمصانع الصغيرة وغير المسجلة قانونيا حيث يمارس الأطفال فيها أعمالاً تعرض حياتهم للخطر [١]

وتحظى ظاهرة عمالة الأطفال باهتمام كثير من الدراسات بعد أن دقت الأعداد الكبيرة لهؤلاء الأطفال أجراس الخطر، وقد أوضحت إحدى الدراسات فى هذا المجال أن الأطفال العاملين يأتون من أسر فقيرة تنظر إلى أطفالها على أنهم مصدر للدخل، وجاء الفقر السبب الرئيسى لإرسال الأطفال للعمل بنسبة ٩٠% (فى رأى الأسرة) و ٥٠% (فى رأى الأطفال) كذلك رأت الأسر بنسبة ٤٨% أن السبب هو عدم القدرة على دفع مصروفات المدرسة [٢]. وقد اتضح فى كثير من الأحوال أن الطفل عندما يوافق على العمل يظن أن القرار هو قراره بينما فى الواقع القرار قد أتخذه أهله له وفرضته عليه الظروف، وعادة

---

(١)اهد رمزى، مرجع سابق، ص٦٠.

(٢) علا مصطفى، عزه كريم، "عمل الأطفال فى المنشآت الصناعية الصغيرة"، القاهرة، **المركز القومى للبحوث الاجتماعية والجنائية**، قسم بحوث التعليم والقوى العاملة، ١٩٩٦، ص٤٩.

يساهم الأطفال العاملون بكل أجرهم للأسرة ما عدا جزء ضئيل يأخذونه كمصروف, وقد أظهرت الدراسة إفتقار الأطفال للتدريب المنتظم فى العمل مما يعتبر عقبة لإرتقاء الأطفال فى مجال العمل[١].

٣ ــ الأطفال المنحرفون أو الجانحون : **Juvenile Delinquents**

وهم فئة من الأطفال الذين أدى حرمانهم من الرعاية الإجتماعية أو الأسرية إلى ارتكاب بعض التصرفات الخاطئة، التى تعد وفقا للقانون سلوكا منحرفاً لما يترتب على هذه التصرفات من مشكلات قانونية وقضائية[٢].

والأحداث مشكلة تواجه المجتمع المصرى بشكل خطير حيث يعانى الأحداث من انحرافات جسدية كالعاهات أو العجز وعوامل إنحراف عقلية مثل قلة نسبة الذكاء عن مستوى معين يسهل معه إستخدامهم بطريقة غير سوية بجانب أيضا عوامل الإنحراف النفسى مثل القلق أو الخوف أو الإنطواء ثم عوامل إنحراف بيئية مثل العوامل الاقتصادية كالحرمان أو فقد الوالدين. بجانب ذلك كله هناك أسباب مرتبطة بالمدرسة مثل التخلف عن المدرسة والهروب من التعليم حيث تعتبر المدرسة سببا مؤثرا فى إنحراف الحدث. ولا نغفل أيضا دور وسائل الإعلام مثل التليفزيون والسينما والمسرح وأفلام الفيديو وعوامل مرتبطة بالتنشئة الإجتماعية داخل الأسرة.

ولقد أوضحت الأبحاث التى أعدت فى هذا المجال ضرورة بداية العلاج من داخل الأسرة وتعديل قانون الأحوال الشخصية لصالح الأسرة، وزيادة عدد مكاتب التوجيه والإستشارات الأسرية، بجانب ذلك يجب وضع رقابة من قبل أجهزة الشرطة على مؤسسات الأحداث هذا وقد إتضح ممن إحدى الدراسات أن المشكلة تكمن فى أن العديد من

---

(١) نفس المرجع السابق، ص ٥٠ ــ ٥٢.

(٢) هدى رمزى، مرجع سابق، ص ١٤.

مؤسسات الأحداث يسهل الهروب منها مما يؤدى إلى هروب الأحداث بصفة مستمرة واختلاطهم مرة أخرى بأصدقاء السوء(٣).

وتتفاوت مؤسسات رعاية الأحداث فى مستوياتها، فهناك مؤسسات رعاية الأحداث بها خدمات جيدة ورعاية جيدة ولكن الأغلبية بها مشكلات عديدة ولقد أوضحت الزيارات الميدانية التى قامت بها هيئة الرقابة الإدارية لإحدى دور رعاية الأحداث بالجيزة أنه هناك أوجه من القصور والسلبيات فمعظم المبانى تحتاج إلى ترميم وإصلاح لعنابر النزلاء بالإضافة لوجود طفح فى المجارى بصفة دائمة مع تراكم المخلفات كذلك لا تتوافر الأسرة الكافية للنزلاء ومعظمها لا يصلح للإستخدام مع عدم وجود المراتب أو الأوسدة أو المفروشات. ويستخدمون أوراق الكارتون والبطاطين البالية بدلاً منها كل ذلك بجانب عدم وجود أية ندوات ثقافية أو دينية أو إجتماعية, وفقر الإشراف الإجتماعى بسبب عدم وجود الإخصائيين الإجتماعيين ذوى الخبرة فى التعامل مع مثل هؤلاء الأطفال.

ثانيا: إدراك الواقع الإجتماعى : **Perception of Social Reality**

إدراك الواقع الإجتماعى هو حصول الفرد على تفسيرات، سواء عمدا أو بمحض الصدفة، Beliefs ومعتقدات Values من حوله, ثم استخدام هذه التفسيرات فى تشكيل قيم عن كيفية التصرف وردود الأفعال فى المواقف المختلفة التى يقابلها فى حياته ideas أفكار اليومية ويتدخل فى هذا عده عوامل مثل: خبرته الشخصية, وبنيته الأسرية, والاجتماعية, و الاصدقاء المقربين له بجانب المجتمع الكبير الذى يعيش فيه, بمعنى آخر فإن عملية إدراك الواقع الإجتماعى هى عملية يبني الشخص من خلالها معنى للعالم من حوله(١). ولقد عرف فستينجر Festinger ادراك الواقع الإجتماعى على أنه الطريقة التى يؤكد

---

(٣) فاطمة محمود مهدى، "أبناء الضياع"، **الأهرام**، ٢٢ أغسطس، ١٩٩٦، ص١٣.

(1) seven Windahl & Denis McQuail, "**Communication Models**", New York, Longman publishing, 1993, 99. 100-104.

بها الفرد انطباعاته عن بيئته المحيطة به. ويتضمن ذلك ادراك كيفية التأقلم مع العالم وتحديد نوعية الأشخاص المحيطين وكيفية شعورهم وتفكيرهم كذلك تتضمن عملية إدراك الواقع الإجتماعى ادراكات عديدة مثل السلوك الاجتماعى المناسب appropriate social behavior وأحكام ذات طابع اخلاقى أو معنوى. و ذلك ما يتعلق دائما بالآراء والمعتقدات والمواقف(٢).

يقوم الفرد من خلال عملية الإدراك لواقعه الاجتماعى ببناء صور من الواقع المحيط به من خلال المعلومات التى تتوفر له عن الظروف المحيطة والتى يجد نفسه فيها، فالفرد يفسر العلاقات الطبيعية التى يحمل معلومات بأن ظرفا ما يبعث على الاطمئنان أو فى ظرف خطر أو يقوم على اسس ملموسة ومادية أى ما يستطيع أن يراه ويلمسه مباشرا. ولكن الواقع البشرى يحتوى على أكثر من مجرد منبه السلوك ويتضمن عوامل كثيرة مثل المعانى والقيم والاحتياجات الشخصية غيرها.

ويحتوى عالم الإنسان على مفاهيم مجردة مثل الأخلاق والحب والعدالة، وهى مفاهيم تمتد عبر الثقافات المختلفة وتعترف بالأدوار, والأنماط, والتوقعات. ومن الخصائص البارزة للواقع البشرى هى أن جزءا كبيرا من المعلومات التى يكتسبها الفرد يمكن أن تصله فقط عن طريق أفراد أخريين سواء من عملية الاتصال بين الأشخاص مباشرة أو من كتاب ما أو من التليفزيون إذ لا يتكون الواقع البشرى فقط من العلامات أو الرموز ولكن أيضا من خلال الاتصال مع مجالات وأشخاص آخرين ويتوقف هذا الواقع الذى يشيده الفرد على مقدرته فى صنع واستخدام العلاقات القادرة على نقل المعنى عبر الزمان والمكان(١).

---

(2) Bobby R. Patton, Kim Griffin, "**Communication in Action**", "New York, Harper & Row, Publishers, Inc., 1977, p. 129.

(1) Ibid, p. 129.

وخلال عملية ادراك الواقع الاجتماعى يقابل الشخص عدة موضوعات يحتاج إختبارها عن طريق عمل مقارنة من خلال العلاقات الشخصية مع غيره بشأنها. ويحدث هذا عادة حين ينتقل الشخص إلى بيئة جديدة، على سبيل المثال حينما يلتحق أحد الطلاب بمدرسة جديدة أو بعمل جديد أو ينضم إلى أحد النوادى. وهناك فى كل مجموعة من هو معروف بأنه يعطى نصائح وتفسيرات للأمور. ويقوم فى هذه الحالة بإعطاء تقييم لهذا الطالب الجديد عن مدى تأقلمه مع المجتمع الجديد.

ومن خلال عملية مقارنة أنفسنا بالآخرين نحاول جادين الحصول على معلومات عن الأشخاص المشابهين لنا أو المتقاربين معنا فى "الظروف المختلفة" وذلك فى حالة عدم الثقة فى قدراتنا وإذا قمنا بالحكم على شخص ما، ولم تكن لدينا معلومات كافية عن شخصيته أو هواياته أو اخلاقه فقد نسئ فى هذه الحالة الحكم عليه سواء بإعطائه أكثر من حقه فى التقدير والاحترام أو اقل مما يستحق من المعاملة فنحن دائماً نحاول أن نشعر أننا نقوم بالسلوك المرغوب فيه والذى يحظى بموافقة الآخرين من حولنا ونحاول أيضا أن نخفف من التشويش والصراع الذى قد يصبنا فى حالة حدوث ردود أفعال متضاربة من الآخرين تجاه سلوك معين تقوم به[1].

ولقد فرق أدونى Adoni بين ثلاثة أنواع من الواقع الإجتماعى

١ ـ الواقع الإجتماعى الموضوعى:Objective

٢ ـ الواقع الاجتماعى الرمزى : Symbolic

٣ ـ الواقع الاجتماعى الذاتى: Subjective

والواقع الموضوعى هو ذلك الواقع الذى يتكون من حقائق، ويتم تعلمه عن طريق الأحساس الطبيعى، ولا يحتاج إلى شرح أو تعليل.

---

(1) Ibid, pp. 129 - 131.

أما بالنسبة للواقع الرمزى فيكمن تعريفه على أنه أى تعبير رمزى للواقع الموضوعى ومثال على ذلك الفنون والأدب أو محتوى وسائل الاتصال. والواقع الاجتماعى الذاتى هو عبارة عن الواقع الموضوعى والواقع الرمزى معا[٢].

وهناك تشابه بين بناء الواقع الاجتماعى وتحليل الغرس كمجالين للبحث فى الاعلام وبالرغم من اختلافهما فى وسيلة الاتصال التى يهتمون بدراسة تأثيرها على الجمهور إلا انهما يتشابهان فى أن كليهما يهتم بالدور الذى تلعبه وسائل الاتصال فى تكوين تفسير الجمهور للعالم من حوله[٣].

ويقول الدارسون الذين يتبنوا نظرية الغرس أن تعرض مشاهدى التليفزيون غير انتقائى وأن مشاهدته هى سلوك اعتيادى habitual behavior بحيث لا يميزون من خلاله بين مضمون المعلومات والترفيه، وبذلك فهم يعيشون فى عالم التليفزيون الرمزى الذى يخلق حقيقة خاصة به. ويفضل التليفزيون يشترك المجتمع فى واقع مشترك حيث إنه يغرس فى الناس مفاهيم مشتركة بخصوص نطاق كبير من مواقف الواقع الاجتماعى الحقيقى وبذلك فالتليفزيون ليس نافذة على العالم أو انعكاس له ولكنه عالم فى حد ذاته[١].

وهناك وجهة نظر تفرض نفسها، وهى وجود علاقة بين كل من مشاهدة التليفزيون والواقع الاجتماعى ذلك أن الأولى تساعد الفرد على

(٢) جيهان رشتى، مرجع سابق، ص ٥٣.

(3) Richard L. Allen, Shirley Hatchett, "The Meida and Social Reality Rffects", **Communication Reseach**, Beverly Hills, Sage publications, Volume 13, Number 1,1, January, 1986, p 98.

(1) Rebcca B,Rubin, Philip palmgreen and Howard Rl Sypher, "**Communication Research Measures**", New York, the Guilford press, 1994, pp. 154 - 155.

فهم واقعه بشكل ما ولكن من الممكن فى نفس الوقت أن يقوم هذا الادراك بتوجيه سلوك مشاهديه للتليفزيون[٢]. وللتعمق فى هذه العلاقة أكثر يمكن النظر إلى مفهوم التوحد، نظرا لأهميته كعملية أثبتت دراسات لا حصر لها أنها تحدث باستمرار من خلال مشاهدة التليفزيون ولقد عرف شرام التوحد على أنه: "القيام بتقمص شخصية ما من شخصيات التليفزيون بعمق لدرجة أن المشاهد هنا يشعر مثل شعور تلك الشخصية ويواجه نفس التجارب والمواقف المختلفة فى حياته بنفس طريقتها وبذلك يزيد التورط الشعورى والإثارة النفسية وقت مشاهدة التليفزيون ويزيد معها التقليد ويضيف شرام أنه يمكن النظر إلى مشاهدة التليفزيون كموقف يفتقد من خلاله الفرد ذاته الحقيقية"[٣].

ولقد وجد بعض الباحثين أن التوحد مع أبطال السينما بالنسبة للأطفال يكون أقوى فى السينما عنه فى حالة التليفزيون، ذلك لأن الطفل فى الحالة الأولى يشاهد الفيلم فى الظلام وفى مكان غريب عنه، فهو ليس فى منزله أو منزل أحد أقاربه، وهذا الموقف يساعده على أن ينسى من هو أو من أين هو. كذلك من النادر أن يعرض فيلم لأحد أبطال السينما مرتين متتاليتين ومن أجل أن يضمن منتجو الأفلام تفاعل الجمهور مع الفيلم ومعايشته فيستخدمون أساليب جذابة للكاميرا بحيث تكون متحيزة للبطل وتبنى وجهة نظره ورأيه وداعية إلى التعايش معه ومشاركته خبراته. أما التليفزيون فيشاهده الأطفال فى جو مألوف وليس فى الظلام وبين الأهل والأصدقاء وكل هذه الظروف تجعل الطفل يتذكر جيدا من هو ولا ينسى هويته.

---

(2) McQuail & Windahl, Op. Cit., pp. 100 - 102.

(3) Noble, op. Cit, p. 36.

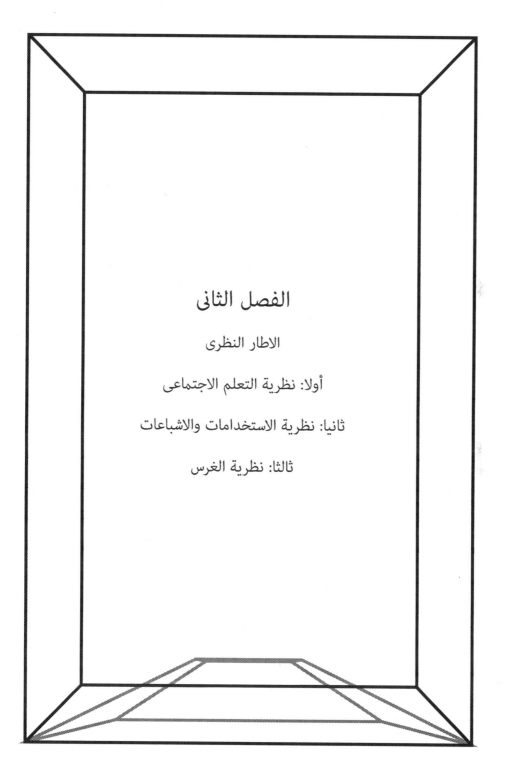

الفصل الثانى

الاطار النظرى

أولا: نظرية التعلم الاجتماعى

ثانيا: نظرية الاستخدامات والاشباعات

ثالثا: نظرية الغرس

تمهيد:

إن أى نظرية بوجه عام عبارة عن مجموعة من الجمل أو القواعد التجريدية التى تصمم من أجل تطبيقها على جزئية من العالم الحقيقى. وهى مجرد طريقة تجريدية لربط بعض الأحداث فى العالم لتلخيص وإستخلاص جوهر الأشياء [١] وحين يتسعين الباحث بنظرية ما للبحث فهو يختار تلك التى تتناسب مع موضوع دراسته وطبيعتها والتى يمكن تطبيقها، حتى يستطيع أن يستفيد منها فى توضيح وربط المتغيرات والعناصر المختلفة للدراسة، كذلك من الممكن أن تساعد تلك النظريات الباحث فى القيام بوضع فروض محددة [٢]. ولقد إستعانت الباحثة بثلاث نظريات فى بناء فروض هذه الدراسة وهى: أولا: نظرية التعلم الإجتماعى، ثانيا: نظرية الاستخدامات والإشباعات، وثالثا: نظرية الغرس الثقافى. وسوف تقدم الباحثة فيما يلى شرحا لكل من النظريات الثلاث مع ربطهما بموضوع الدراسة.

أولا: نظرية التعلم الاجتماعى

وسوف تعرض الباحثة أولا: مقدمة عن النظرية، وتعريفها، ونشأتها، واستخداماتها، ثانيا: شرح ثلاثة أركان مهمة لهذه النظرية، وثالثا:

---

(1) Denis McQuail, "**Mass Communication Theory**", Beverly Hills, Sage publications, 1983, p. 73.

(2) Philip Zimbardo & ebbs B, Ebbesen, "**Influencing Attitudes and Changing Behaviour**", Philippines, Addison - Wesley publishing Company Inc., 1969, p. 65.

عرض لديناميكيتها، ورابعا: تتعرض الباحثة لكيفية تناول النظرية للأطفال، وأخيراً سيتم ربط هذه النظرية بالأطفال ذوى الظروف الصعبة.

أولا: تعريف بالنظرية ونشأتها واستخداماتها:

تعتبر نظرية التعلم الاجتماعى نظرية عامة لسلوك الإنسان ولكن قام عدد من الباحثين المعنيين بالإعلام ومنهم باندورا باستخدامها لتفسير تأثير وسائل الاتصال على الجمهور [١]. ولقد قام جوليان روتر Julian Rotter فى عام ١٩٥٤ بتقديم نظرية التعلم الإجتماعى التى جذبت عددا من الباحثين ومنهم ريتشارد جيسور Richard jessor الذى قدم خطوطا بارزة فى ربطها بالمفاهيم الهامة فى النظريات الإجتماعية [٢].

وتشرح نظرية التعلم الاجتماعى كيفية اكتساب الأشخاص أنواعا جديدة من السلوك عن طريق التعرض لوسائل الأعلام. وقد وصفت بالتعلم الإجتماعى لأنها تتناول كيفية ملاحظة الفرد تصرفات من حوله وكيفية استخدامه هذه الملاحظة فى تكوين نماذج سلوكية تكون فى المستقبل دليلا عن مواجهة المشكلات أو الظروف المختلفة. وتعتبر نظرية التعلم الاجتماعى مناسبة لدراسة تأثير وسائل الإعلام الجماهيرية لأن وصف الحياة الإجتماعية يمثل جزءا كبيرا من المحتوى الإعلامى، فمثلا الممثل الذى يقوم بدور ما فى إحدى الأفلام ليصور أشخاص آخرين حقيقيين أو حينما تقص إحدى الصحف سيرة حياة أحد الأشخاص تحت ظروف معينة فإن الجمهور المشاهد لتلك

---

(1) Em Griffin, **"Communication Theory"** , New York, Mc Graw – Hill Inc., 1994, p. 368

(2) Desmond S. Cartwright, **"Introduction to personality"**, Chicago, Rand Mc, Nally College Publishing Company, 1974, p. 202..

الأفلام قد يحاول أن يتبنى التصرفات التى قام بها الممثل على أساس دائم إلى حد ما[٣].

وتنظر نظرية التعلم الاجتماعى إلى السلوك البشرى على أنه رد فعل للتعلم بالملاحظة وذو نتائج وقد يحدث تثبيت لهذا السلوك بناء على هذه النتائج فإما أن تؤدى إلى تكرار السلوك أو تغييره لسلوك آخر، وعلى سبيل المثال فإذا لمس طفل سطح البوتاجاز بيده فسوف يتألم ونتيجة لهذا الألم لن يكرر هذه الفعل مرة أخرى ولكن إذا لحق هذا الموقف مكافأة من الام وأعطته بعض الحلوى فقد يؤدى ها إلى لمسه البوتاجاز مرة أخرى. وتفترض هذه النظرية أن الميكانيكية التى يتعلم بها الطفل السلوك فى المستقبل هى نوع من التعلم والفكرة هنا هى أن إحتمالية حدوث رد فعل ما تتحدد بالنتائج التى يتوقعها الشخص لهذا السلوك، فإذا كانت إيجابية ومرضية حينئذ هناك إحتمال تكرار السلوك، وإذا كانت سلبية ومؤلمة فربما لا يتكرر السلوك مرة أخرى [1].

وترى نظرية التعلم الإجتماعى أنه من الممكن أن يتعلم الأفراد السلوك العدوانى من خلال ملاحظة ومشاهدة العنف على شاشة التليفزيون وتحت ظروف معينة ولا يتوقف الأمر عند هذا الحد بل قد يقومون بعد ذلك بتقليد هذه العنف. ولم يقتنع الباحثون فى هذا المجال بأن الفرد يقوم أوتوماتيكيا بتقليد العنف الذى يراه بالتليفزيون، ولكن هذا يحدث فقط فى حالة وجود الموقف الذى يتطلب إظهاره ويزيد من احتمالية قيامه بالسلوك العنيف توقع أن يتم مكافأته [2].

---

(٣) ملفين لــ . بيفلير وساندرا بول ـ روكيتش، **نظريات وسائل الإعلام**، ترجمة كمال عبد الرؤوف، القاهرة، الدار الدولية للنشر والتوزيع، ١٩٩٢، ص ٢٩٨.

(1) Zimbardo , Ebbesensley op, cit, p. 86.

(2) Melivin L. De Fleur, Sandra Ball - Rokeach, Theories of Mass Communication, Third Edition, USA, Longman Inc., 1975, p. 226.

ولقد حذر بندور من أن كلا من الكبار والصغار يمكن أن يكتسبوا أنماطا جديدة من السلوك ورود أفعال عاطفية واتجاهات جديدة عليهم من خلال ما يشاهدونه فى التليفزيون، ثم قد يقومون بتقليدها فيما بعد. ولقد داهم تحذير باندورا كثير من الأباء، والمدرسين الذين فزعوا من تصاعد العنف فى التليفزيون، مما قد يحول الأطفال فى المستقبل إلى بالغين يتمسون بالعنف والإستهتار [٣].

ولقد لاقت نظرية التعلم الاجتماعى بعض الانتقادات، ومنها أن نتائج الدراسات التجريبية التى قام بها باندروا تثبت جدارة أن العنف غير الحقيقى يعلم ويشجع على القيام بالعنف الحقيقى إلا أنه فى حالة غياب التحكم فى المتغيرات المختلفة يختلف الحال ويبدو ذلك مختلفا عما يحدث فى الحقيقة [١]. ولقد تم إجراء دراسة على مدى عشر سنوات على عينة مكونة من ٤٦٠ من الأطفال الذكور بالصف الثالث الإبتدائى حتى وصولهم إلى سن التاسعة عشر، وقد وجد أن الأطفال الذين شاهدوا عنفا كثيرا فى التليفزيون قد أصبحوا أكثر إحتمالا لإظهار السلوك العدوانى حين كبروا، فى حين أن الأطفال الذين لم تسنح لهم مشاهدة التليفزيون بإنتظام كانوا أقل عنفا حين كبروا، ولكن لم تكن هناك أدلة على أن الأطفال الذين كانوا أكثر عنفا فى صغرهم كانوا أكثر ميلا لمشاهدة العنف حين كبروا.

وبالرغم من أن هذه الدراسة أكدت فرض باندرورا على أن مشاهدة دراما التليفزيون تؤدى إلى سلوك عدوانى فى المستقبل إلا أنها أوضحت أن عادات مشاهدة التليفزيون للأطفال قد مثلت ١٠% فقط من أسباب إختلاف العنف حين يكبرون ومن الانتقادات التى وجهت لنظرية التعلم الاجتماعى أنها اهتمت بالفكرة القائلة بأن تدعيم السلوك بشكل

---

(3) Em Griffin, Op. cit, p. 368

(1) Ibid, p. 374.

إيجابى سوف يضمن تكرار هذا السلوك فيما بعد، أى أن الشخص الذى يكافأ على فعل شىء ما سوف يفعله مرة أخرى ولكنها أهملت تحديد نوع المكافأة التى يعتبرها الشخص دعما أيجابيا لسلوكه.

ثانيا: بعض أركان نظرية التعلم الاجتماعى:

تستعرض الباحثة فى هذا الجزء بعض الأركان المهمة فى هذه النظرية لتمكننا من فهمها أكثر، وأن ندرك كيف تعمل وكيف تحدث عملية التعلم، وهى: قيمة التدعيم، والاستعداد للقيام بالسلوك والتوقع. وكل من هذه المفاهيم يرتبط عن قرب بمواقف وتلميحات وعوامل موجودة فى ظروف ما. فعلى سبيل المثال فإن التدعيم هو أية حادثة قد تغير إحتمال حدوث سلوك معين طبقا لنوعه. فلو كان هذا التدعيم إيجابيا ففى هذه الحالة يكون هناك إحتمال زائد لتكرار هذا السلوك. والتدعيم السلبى قد يحبط وينهى سلوكا ما ويجعل احتمال تكراره ضعيفا. وهناك أيضا التدعيم الخارجى وهو عبارة عن حادثة ما معروف عنها أنها تدعم السلوك فى مجتمع محدد، فعلى سبيل المثال تعتبر حالات المديح والثناء تدعيما إيجابيا وحالات التوبيخ تدعيما سلبيا. أما بالنسبة للتدعيم الداخلى فهو يأتى برضاء الشخص عن نفسه ويشعروه بالفخر بذاته[1]. وقد يكون هناك مجموعة من التدعيمات المتشابهة مثل الثناء والترحيب والإحترام والتقدير فتشعره بالإعتراف والتقدير من الآخرين وطبقا لنظرية التعلم الاجتماعى فمعظم السلوك الإنسانى وإحتياجاته ليست رد فعل لاحتياجات فسيولوجية فمعظمها إستجابة لتلميحات وظروف معينة موجودة فى البيئة المحيطة بالإنسان. ووفقا لهذه النظرية فإن البيئة سلسلة من المواقف ذات المعانى التى تحمل تلميحات وتسترعى رد فعل الأفراد. وهذه المواقف ليست

---

(1) Cartwright, Op. Cit, p. 441.

فسيولوجية ولكنها ذات مغزى ومعنى وتكون مصدرا لتوجيه السلوك وبذلك فإن بيئة الفرد المحيطة به ترشد وتنتج سلوكه [٢].

والأستعداد للقيام بالسلوك فى إطار هذه النظرية يشير إلى أن الشخص سوف يقوم بسلوك ما فى موقف معين للوصول لنوع ما من التدعيم ومن الممكن قياس الإستعداد لهذا السلوك فقط عن طريق ربطه بالاستعداد لسلوك آخر فى موقف ما. ويتوقف إستعداد الشخص للقيام بسلوك ما على توقعه الحصول على التدعيم فى موقف ما. ولقد ركز ووتر Rotter على دور توقع الشخص فى عملية التعلم فقال: بإن التدعيم الذى لاقاه شخص ما فى الماضى فى وقت معين يؤثر على سلوكه فى المستقبل، ولكن التوقعات تؤثر عليه طوال الوقت وفى جميع المواقف [٣]. كما يتوقف إستعداد الشخص للقيام بسلوك ما على قيمة وأهمية هذا التدعيم بالنسبة لهذا الشخص بالذات.

وأكد روتر على أن التدعيم ليس له نفس التأثير على كل الأفراد ودلل على ذلك بأن عشرة دولارات قد تكون لها تأثير لتدعيم السلوك لشخص لا يملك نقودا على الإطلاق والعكس بالنسبة لشخص آخر غنى. ومن الممكن أيضا ذكر مثال آخر، فلو إفترضنا أن شخصا ما يستذكر دروسه بإخلاص وجدية من أجل أن ينجح بتفوق فسوف يتوقف إستذكاره بهذه الدرجة من الجدية على كون التفوق هاما لديه وهناك طالب آخر فى نفس المدرسة لا يهتم ما إذا كان ينجح بتفوق أم لا، ويمكن التنبؤ بأن استعداده أقل وأضعف للاستذكار بإخلاص عن الطالب الآخر. وإذا اردنا أن يستذكر كل من الطالب الثانى والطالبة أكثر فلابد من أتباع طرق مختلفة لتغيير سلوكيهما. فالطالب الثانى لابد من التحدث معه لإثبات أهمية النجاح وما يعود عليه وعلى غيره بالنفع.

---

(2) Ibid, p. 144.

(3) Jeffrey H. Goldstein , **"Social Psychology"**, New York, Academic Press Inc.,   1980, p.19.

أما المطالبة فيمكن عرض أمثلة توضح أن من يستذكر جيدا لابد أن ينجح في النهاية ومن الممكن التوقف هنا للحظة لمناقشة معنى كلمة "استعداد"، فنظرية التعلم الاجتماعي ترى أن السلوك الإنساني موجه وغير عشوائي وذو هدف. وفي الحقيقة هو موجه للحصول على التدعيم الإيجابي، يتحاشاه الشخص أيضا في حالة الخوف من التدعيم السلبي.

وإذا فالإستعداد للسلوك هو عبارة عن إحتمالية حدوثه[1].

ثالثا: ديناميكية التعلم في نظرية التعلم الإجتماعي:ـ

إن موضوع ديناميكية التعلم أو كيفية حدوث التعلم أحد مجالات هذه النظرية التي حظيت بإهتمام الباحثين حتى تعددت التفسيرات لذلك. ولقد كان أهمها ما يلي: أهمية الملاحظة والتقليد وإستخدام الرموز وتكرار التجارب. وقبل عرض الديناميكيات الأربع للتعلم يمكن سرد ست خطوات لإكتساب سلوك جديد نتيجة للتعرض لوسائل الاتصال طبقا لنظرية التعلم الاجتماعي.

١ـ يلاحظ أحد الأشخاص من جمهور المستمعين أو المشاهدين أو القراء شخصا آخر يشترك في نموذج سلوكي في محتوى إعلامي.

٢ ـ يدرك هذا الشخص النموذج ويبدأ في التماثل معه أي يعتقد أنه يشبه النموذج أو يرى أن ذلك النموذج جذاب ويستحق التقليد.

٣ ـ يدرك الشخص الملاحظ بوعي أو يستنتج بدون وعي أن الشخص الذي يلاحظه أو أن السلوك الموصوف سيكون مفيدا له أي أن هذا الشخص يدرك أن هذا التصرف سينتج عنه نتائج مرغوب فيها إذا قام بتقليده في موقف ما.

(1) Cartwright, Op. Cit, pp 441 – 444.

٤ ــ ويتذكر الشخص سلوك النموذج عندما يقابله موقف مشابه لموقف سابق مر به، ثم يقوم بالسلوك الذى اقتنع به كطريقة للإستجابة لهذا الموقف.

٥ ــ وعند القيام بهذا السلوك فى مواجهة موقف التأثير ينتج عنه شعور الفرد بالرضا والراحة وهكذا تتكون الرابطة بين المؤثرات والإستجابة ويزداد تدعيمها.

٦ ــ ويزيد إعادة الدعم الإيجابى من احتمال استخدام الشخص لهذا السلوك بإستمرار كطريقة للإستجابة للمواقف المماثلة[١].

وفيما يلى شرح لكيفية حدوث التعلم وفقا لنظرية:

١ ــ التعلم بالملاحظة:

لقد إفترض باندورا أن التعلم يحدث عن طريق الملاحظة حينما يلاحظ الفرد شيئاً ما يحدث من حوله, حينئذ يكون هذا الفرد صورا عقلية لما لاحظه ثم يتذكر تلك الصور فيما بعد. وبذلك فإن ما يتعلمه الفرد بالملاحظة ليس طبق الأصل مما حدث ولكن يتحول إلى صور عقلية[٢]. ومن أجل إثبات هذه الفكرة قام باندورا بالتجربة التالية على ثلاث مجموعات من الأطفال. تم عرض فيلم على المجموعة الأولى لسيدة تقوم بسلوك عدوانى، كأن تضرب وتلاكم دمية ثم يقوم رجل بمكافأتها بإعطائها زجاجية مياه غازية وبعض الحلوى. أما المجموعة الثانية فقد شاهدوا نفس الفيلم ولكن تمت معاقبة السيدة على سلوكها العدوانى، حيث قام الرجل بالصياح بشدة لتوبيخها على ما فعلت قائلا إن سلوكها كان خطأ ولم تحصل على أية مكافأة من الحلوى أو المياه

(١) ديفلير روكتش، مرجع سابق، ص٣٠٢ ــ ٣٠٣.

(2) Goldstein, Op. Cit, p. 220.

الغازية. أما المجموعة الثالثة قد شاهدوا الفيلم ذاته أيضا ولكن بعد ذلك لم تأخذ السيدة أية مكافأة كما أنها لم تنل أى عقاب على ما فعلت، بعد ذلك طلب الباحثون من الأطفال أن يجلسوا فى حجرة بها مجموعة من اللعب ومن ضمنها دمية مثل تلك الدمية التى كانت تضربها السيدة فى الفيلم الذى شاهدوه من قبل. ولقد تمت مراقبة سلوك كل طفل من الأطفال وتم تقييم درجة عدوانيته. وقد وجد بندورا أن الأطفال فى المجموعة التى شاهدت الفيلم الذى عوقبت فيه السيدة على العنف. وهذا يدعم فكرة أن المكافأة تزيد من احتمال وقوع السلوك والعقاب على العكس يحبط السلوك. ولكن بندورا لم يتوقف عند هذا الحد فلقد طلب من كل طفل أن يقلد العنف الذى شاهده فى الفيلم. وهكذا استنتج بندورا أنه بغض النظر عن العقاب أو المكافأة فقد تعلم أطفال المجموعات الثلاث السلوك العدوانى. وهكذا فإن التعلم من الممكن أن يحدث بلا مكافأة أو عقاب وبمجرد التعرض للموقف فقط. وهذا معناه أنه بمجرد مشاهدة العنف على شاشة التليفزيون أو من خلال ملاحظة مشاحنات الأبوين يتعلم الأطفال السلوك العدوانى. والخطوة التالية لذلك من إخراج شحنة العنف يتوقف على مكافأة أو معاقبة السلوك العدوانى ومن الممكن أيضا أن يتعلم الشخص من ملاحظته لسلوك الآخرين أو بشكل مباشر من خلال إدراك نتائج سلوكه. فمثلا لو سأل طفل أسود مدرسته عن تاريخ السود فى أمريكا وتجاهلته، حينئذ يتعلم الطفل أنه إذا أراد أن يعرف تاريخ السود لابد أن يلجأ لمصدر أخر غير مدرسته.

أما بالنسبة للتعلم بالملاحظة ففى نفس الفصل الدراسى قد يتعلم نفس الطفل بنفسه وبمجرد ملاحظة رد فعل المدرسة تجاه سؤال أحد زملائه عن تاريخ السود هذا النوع من التعلم يسمى "التعلم بالملاحظة" ومن الأشياء الأخرى التى يمكن تعلمها أيضا بالملاحظة هى: علاقات بين

"إذا ـ حينئذ "if-then بمعنى أن الإنسان يتعلم العلاقة الشرطية بين حادثين يترتب أحدهما على الآخر أو بين منبه ورد فعل ما سواء كان جسديا أو نفسيا. وعلى سبيل المثال كلمة "زنجى" Nigro تثير لدى السود شعورا سلبيا لمجرد أن هذه الكلمة قد إرتبطت بمعانى سلبية وأحاسيس سيئة مثل "سئ" ، "غبى"، "غير نظيف" وغيرها. وبشكل عام فإن الأشخاص يتعلمون أن منبهات معينة ترتبط مع منبهات أخرى. وترى نظرية التعلم الاجتماعى أن الإنسان لا يتعلم العلاقة بين "إذا" - حينئذ " "if-then " فى فراغ بل إنه يلاحظ أيضا الظروف التى تحدث فيها هذه العلاقة [١].

وتهتم نظرية التعلم الاجتماعى بعلاقة الفرد بالبيئة التى يعيش فيها والتى يقوم بملاحظة ما يدور فيها من أحداث وسلوك بجانب أيضا الاهتمام بالحالة السيكولوجية للفرد أثناء الملاحظة والتى يمكن تعريفها بأنها مجموعة من التلميحات والعوامل التى تثير توقعات الفرد لنوع معين من السلوك الذى قد يتبعه نوع ما من العقاب أو المكافأة ومن المفروض أن يلاحظ الفرد. معاني معينة ويربطها بتلميحات ما، وذلك بسبب وجوده فى مجتمع ما ذو ثقافة معينة ولخبراته الخاصة بهذا المجتمع وملاحظاته من قبل ونتيجة لذلك يكون هناك سلوك معين وخبرات ما قد يستجيب القيام بها فى موقف ما وليس فى موقف آخر. وهناك مثال على ذلك فالولد الصغير يحب أن تقبله أمه فى المنزل، ولكنه لا يرحب بذلك أمام أصدقائه فى الشارع[٢].

ب ـ التعلم بالتقليد

وفكرة التعلم بالتقليد في نظرية التعلم الاجتماعى تعتمد على أنه لولاحظ شخص ما شخصا أخر يقوم بسلوك ما لمواجهة مشكلة معينة

---

(1) Goldstein, Op. Cit, pp. 86 – 87.

(2) Cartwright, Op Cit, pp. 440-441.

بنجاح، بحيث تكون هذه المشكلة مشابهة لمشكلته حينئذ قد يقوم بنفس السلوك كحل شخصى لمشكلته الخاصة به. وفى حالة نجاح هذا الحل فى مجابهة المشكلة فهو يعيد هذا السلوك إذا جابهته مرة أخرى وبذلك يزداد دعم الرابطة بين المشكلة والسلوك الذى يساعد على حلها"[٣]. يقوم أحيانا بعض الشباب صغيرو السن بشرب الكحوليات لكى ينتسبوا إلى التصرفات الرجولة، وخصوصا فى المجتمعات التى تثير فيها القدرة على شرب الخمر الإعجاب وتميزهم عن غيرهم. حينئذ يوجد إحتمال كبير أن يقوم أحد الشباب بتقليد شرب الكحوليات عندما تتاح له الفرصة وحينما يكافأ على ذلك فإنه يحظى بشعور انتقاله لمرحلة الرجولة، لذا يتم تدعيم هذا السلوك وهو فى هذه الحالة شرب الكحوليات. وبذلك فإن الإنسان إذا قام بتقليد سلوك ما ووجد أن فيه حلا لمشكلة ما، أو نتج عنه مكافأة فالاحتمال قوى أن يتبنى هذا السلوك وأن يتحول فيما بعد عادة

ويقول باندورا أن تعلم السلوك يتوقف على التقليد والملاحظة بينما المكافأة والعقاب يحددان الأداء وليس التعلم. ولقد قرر باندورا أنه هناك فرق بين التعلم والأداء وعلى سبيل المثال فإن تعلم قيادة السيارة يتطلب معرفة كيفية إدارة المحرك وكيفية إيقاف السيارة، ومعرفة عمل البدالات المختلفة وغيرها. فالتعلم هو إكتساب الاستعداد للقيام بسلوك ما فى حين أن الأداء هو إختيار القيام بالسلوك المكتسب[١].

ولقد حدد دونالد كامبيل Donald Campell الباحث فى علم النفس ستة طرق يتعلم بها الإنسان هى: التعلم من التجربة والخطأ، وإدراك الأشياء، وملاحظة رد فعل الآخرين لشيء ما، والتقليد وإتخاذ نصيحة ما والحصول على معلومات ويعتقد كامبيل أن الخبرة المباشرة للتجربة

---

(٣) ديفلير وروكيشت، مرجع سابق، ص ٢٩٩ .

(1) Griffin, Op. Cit, pp. 368-369

والخطأ تجعل الفرد يكتسب سلوكا راسخا وذا مدى طويل في حين أن تأثير إدراك الأشياء أقل والملاحظة أيضا تؤدى إلى سلوك قد لا يستمر إكتسابه والقيام به لفترة طويلة ثم يأتى التقليد في مركز أضعف. وفى رأيه فإن إتخاذ النصيحة حول شئ ما هو أكثر الأشياء شيوعا بين الناس ولكنه الأضعف تأثيرا على الإتجاهات أو السلوك. ويوافق باندورا أن إدراك الأشياء عن طريق النصح طريقة ضعيفة لإتخاذ قرار بالقيام بسلوك ما أما التجربة والخطأ، فيرى باندورا أنها طريقة غير مجدية لأنه غير منطقى أن تتحول الحياة إلى تجربة وخطأ كلما إحتاج الموقف إلى الإختيار كل يوم. ولكن ما يعنى باندورا أكثر هو التقليد وقوة تأثير "النموذج" على الإنسان في تحديد سلوكه. فهو يقرر أن الإنسان يتعلم عن طريق تقليد الآخرين ويعتبر الخبرة البديلة التى يقوم بها النموذج وليس الشخص بنفسه هى الطريقة التقليدية التى يتغير بها الإنسان وهى التى تحدد سلوكه. ويستخدم باندورا كلمة تقليد ليصف عمليتى الملاحظة والتقليد معا وأقرهما كامبيل وقال: "إن التقليد من الممكن أن يكون له نفس تأثير ورد فعل الخبرة الشخصية المباشرة"[1].

حـ ـ أهمية الرموز فى ديناميكية التعلم:

ترى نظرية التعلم الاجتماعى أن الأشخاص في أغلب الأحيان لديهم القدرة على التعرف على عملية إكتسابهم لسلوك ما بوضح بل وفهمه وتذكره أيضا، وحين يقومون بتقليد نموذج ما للسلوك فهم على وعى بتقليدهم، وبذلك فإن أنصار هذه النظرية يرون أن تبنى سلوك ما يتم فى معظم الأحيان بالإختيار عمدا، وبذلك فالسلوك الرمزى يعتبر شيئا هاما فى السلوك العام للأفراد ولفهم كيفية اكتسابهم عادات جديدة ويقول باندورا موضحا لهذه النقطة: إن مقدرة الأشخاص على إستخدام الرموز يعطيهم وسائل هامة للتكيف مع البيئة التى يعيشون فيها ومع المجتمع

---

(1) Ibid, pp. 368-369.

ومن خلال الرموز الخيالية أو المنطوقة فإن الأشخاص يقومون بتحليل وحفظ التجارب في أشكال رمزية توجه سلوكهم فى المستقبل أى أن القيام بسلوك عمدى ما يكمن فى النشاط الرمزى، وبدون القدرة على فهم الرموز فإن الشخص لن يستطيع أن يقوم بالتفكير التأملى ولذلك فإن النظرية عن السلوك الإنسانى لا تستطيع أن تتجاهل الأنشطة الرمزية[٢]. وبمعنى آخر فإن الأشخاص يستخدمون اللغة وبذلك فهم يفكرون ويتذكرون ويضعون خطط المستقبل ولا يعتبر ذلك معرفة عميقة جديدة ولكنه تغيير واضح فى الموقف بالنسبة لهؤلاء الذين يتبنون نظرية التعلم الاجتماعى.

د ـ تكرار التجارب

تبنى نظرية التعلم الإجتماعى على أن الكائنات لا تتعلم من خلال تجربة واحدة ولكن من خلال عدة تجارب، تدعم خلالها الرابطة بين المؤثر والإستجابة والتى سيتعلمها الفرد طبقا لجدول ما. وتقرر نظرية التعلم بتكرار المؤثر وأيضا قد يكون بسبب ملاحظة سلوك ما مرات عديدة. وهكذا فإن هذه النظرية تقدم شرحا لكل من مفهومى إكتساب سلوك جديد وفورى، وكذلك الإحتفاظ به على المدى البعيد[١].

ويقرر باحثو هذه النظرية أن القائم بالعمل يكتسب نموذجا للإستجابة بتوالى عمليات إعادة الدعم لرابطة معطاه بين المؤثر والإستجابة التى تحدث بطريقة غير مخططة ومعنى ذلك أن جائزة من نوع ما وإرتياح من التوتر الذى تسببه إستجابة معينة يحدث عن طريق التكرار المنتظم وليست هناك حاجة لأن يدرك الفرد ما يحدث. والحقيقة أن تكرار

(٢) ديفلير و روكيتش، مرجع سابق، ص٣٠١.

(١) نفس المرجع السابق، ص ٣٠٢.

التدعيم يحدث بطرق عديدة فى بيئة كل شخص وهذا يزيد من احتمالية أن تصبح عملية المؤثر والاستجابة المدعمة عادة [٢] .

بجانب ذلك تفترض نظرية التعلم الاجتماعى أن الأفراد يتعلمون روابط جديدة بين ظروف التأثير الخاصة التى يقابلونها فى حياتهم والنماذج الثابتة للسلوك، وذلك كرد فعل لتلك الظروف ويسمى علماء النفس هذه الروابط "عادات" غالبا ما تكون ثابتة لحد كبير، أو تحدث مرة أخرى حين يتم تشجيعها بطريقة أو بأخرى. هذا الدعم يتم نتيجة للجائزة أو المكافأة التى يحصل عليها الفرد. ويصف علماء النفس عملية التعلم على أنها زيادة فى احتمال تعود شخص على عادات ما. وهكذا فإن زيادة دعم الرابطة بين المؤثر والإستجابة ينتج عادة عندما يقوم الفرد بنموذج من السلوك وينتج عنه شعور إيجابى مثل السعادة أو الإرتياح أو الأستمتاع وتفترض نظرية التعلم الاجتماعى أو عملية إعادة الدعم قد تحدث بعدة طرق وحتى بالصدفة وليس ضروريا أو تكون على شكل مكافأة يتم تقديمها عمدا عن طريق وسيط مثل الأب أو الأم أو المعلم[٣].

رابعا: كيفية تناول نظرية التعلم الاجتماعى للأطفال:

لقد عنيت هذه النظرية كثيرا بالأطفال ووجدت الباحثة أن عرض هذا الموضوع يتمشى مع موضوع الدراسة ويضيف فهما له، كما أنه يمثل خطوة تمهيدية لإمكانية تطبيق هذه النظرية على الأطفال محل هذا البحث. وطبقا لهذه النظرية فإن هناك ثلاث مراحل هامة لوقوع علاقة سببية بين العنف المعروض بالتليفزيون لدى الأطفال وأخراج هذا العنف والأذى الجسدى وهى: الإنتباه والتذكر والدافع. بالنسبة للإنتباه يقول باندورا أن انتباه الأطفال للعنف بالتليفزيون يتوقف على ما إذا

---

(٢) نفس المرجع السابق، ص ٢٩٩.

(٣) المرجع السابق، ص٢٩٩.

كانت مشاهد العنف بسيطة وغير غامضة، على سبيل المثال ليس هناك شيء خفي إذا ضرب أحد شخصا آخر بقبضة اليد فى وجهه كذلك أن تكون مشاهد العنف مميزة فهى لا تتبع الموضوعات التى تعزز القيم الاجتماعية مثل المشاركة والتعاطف والتحكم فى الغضب وغيرها. يرى باندورا أيضا أن الإنتباه يتطلب أن تكون مواد العنف سائدة وليست نادرة ويمكن الحصول عليها بسهولة أو نافعة فى أنها تصور أن العنف قد يكون إستراتيجية ناجحة للحياة وطريقة لحل مشاكل الإنسان، بالإضافة لذلك يتطلب الإنتباه لمواد العنف بالتليفزيون أن تكون إيجابية فدائما تصور أفلام العنف أبطالها ذوى أجسام متناسقة وذوى لياقة عالية ولهم جاذبية [1].

بالنسبة للتذكر يقول باندورا: إن تذكر السلوك مهم، حيث يتعلم الطفل السلوك الجديد بدون أى ممارسة، أو أى تعزيز مباشر لنتائجه، ويبقى السلوك كامنا ومتوفرا للإستخدام فى المستقبل مادام يستطيع تذكره ويقول باندورا: "إننا نسجل المعلومات بطريقتين: الصور المرئية، والرموز الكلامية، ويصل أعلى مستوى للتعلم بالملاحظة عن طريق تنظيم وإعادة تذكر السلوك الذى يقلده الطفل بطريقة رمزية، وبعد ذلك إخراج هذا السلوك أو تقليده" [2]

أما بالنسبة للدافع فنجد أن الطفل يشاهد باستمرار تصرفات يقوم بها الآخرون من حوله، ولكن يتوقف تقليده لسلوك ما على الدافع للقيام بهذا السلوك بالذات. وتعريف باندورا للدافع هنا هو المكافأة أو العقاب اللذين يتخيل الطفل أنهما سوف يصاحبان أستخدامه للقوة الجسدية ويستمد الطفل أدراكه للمكافآت أو العقوبات كرد فعل لأعمال ما من الأصدقاء

(1) Griffin, Op. Cit, pp. 369.

(2) Ibid, p. 371.

أو الأهل أو المدرسين. ويقول باندورا أن تأثير مشاهدة العنف فى التليفزيون سيقل إذا أظهر الأب والأم عدم رضائهما ورفضهما للقيام بأعمال العنف ويرى باندورا أن المكافآت الداخلية تتفاعل مع العوامل الداخلية، أى ما يدور بعقل الطفل لتحدد السلوك وهناك نوع آخر من المكافآت أيضا وهى المكافآت أيضا وهى المكافآت البديلة كعامل ثالث يؤدى إلى ردود أفعال مكتسبة وتتحول إلى سلوك فيما بعد. كذلك هناك عوامل تشجع على مقاومة العنف ومنها معاقبته تليفزيونيا وتجسيد فكرة أن الجريمة لا تجدى فى الأعمال الدرامية لأن إستحسان القيام بالعنف يؤدى إلى تقليد [١].

ويشير باندورا إلى أنه فى ضوء التغيير الاجتماعى والتكنولوجى السريع الإيقاع لا يصبح لعدد كبير من إهتمامات الأباء والأدوار التى كانوا يقومون بها فى الماضى قيمة وظيفية لدى الأعضاء الذين ينتمون إلى الجيل الأصغر سنا. وأكد على فاعلية التعلم عن طريق وسيط أو النموذج الرمزى ويقضى الأطفال بالذات وقتا طويلا أمام شاشة التليفزيون الذى يعتبر مصدرا مستمرا للنماذج الرمزية، مما يتيح الأطفال بالذات وقتا طويلا أمام شاشة التليفزيون الذى يعتبر مصدرا مستمرا للنماذج الرمزية مما يتيح أسبابا كافية لأن يشكل الأطفال جزءا كبيرا من الواقع الذى يعيشون فيه بإستخدام تلك الرموز ويتعلمون عن طريقها السلوك والأنماط والإتجاهات وغيرها وتشير نظرية التعلم الاجتماعى إلى أن الناس قد يتعلمون أمورا كثيرة مثل حل المشاكل وتأجيل الجزاء والعدوان وغيرها كنتيجة ملاحظة النماذج الرمزية [٢].

_____

[1] Griffin, Op. Cit, pp. 368-369.

(٢) جيهان رشتى، مرجع سابق، ص ٥٣.

ولقد أشار باندورا وزملاءه إلى أنه من الممكن تعلم الأطفال أمثال ذلك السلوك من خلال ملاحظة نموذج حى، أو نموذج يتم تقديمه من خلال "وسيط " مثل أحد الأفلام. ولقد أظهرت إحدى الدراسات التى تناولت موضوع "السينما والشباب" أن المشاهدة الوحيدة للأطفال البسطاء نسبيا فى الفترة ما بين السنة الرابعة إلى السنة الأخيرة فى المدرسة الثانوية لأفلام مثل كل شىء هادىء في الجبهة الغربية" و "ميلاد أمة" قد أثرت بدرجة كبيرة فى اتجهاتهم نحو موضوعات مثل الحرب والصينين والزنوج. مثل هذه التغيرات استمرت أحيانا إلى ١٩ شهر بعد مشاهدة الأفلام كذلك وجدت إحدى الدراسات الأخرى أن البرامج الدرامية فى الراديو قد أثرت على توقعات الطلبة الصغار، وبذلك فهناك دليل تجريبى من عديد من الدراسات على أن وسائل الاتصال ورسائلها وخاصة التليفزيون الذى يشاهده الأطفال الصغار يمكن أن يؤثر على الطريقة التى يرتب بها الطفل رؤيته للعالم وعلى الأقل على المدى القصير [١].

وأخيرا تفسر نظرية التعلم الاجتماعى التشابه الشديد بين الأطفال والأبوين بسبب ما يقومون به من التقليد والملاحظة وطبقا لهذه النظرية فإن الأطفال قد يقومون بسلوك مشابه لسلوك الأبوين إذا تم تدعيم إيجابى لهذا السلوك وإن هذه التدعيم له تأثير فى القيام بهذا السلوك وليس فى عملية التعلم التى تحدث بالملاحظة والتقليد [٢].

خامسا: تطبيق نظرية التعلم الاجتماعى على الأطفال ذوى الظروف الصعبة:

لقد أكد باندورا على أهمية التعلم بالملاحظة، وهكذا فإن يكفى للأطفال الذين يعيشون فى ظروف صعبة أن يلاحظوا العنف الموجود

(١) نفس المرجع السباق،ص ٥٣٧.

(2) Goldstein, Op. Cit, p. 96.

حولهم فى ظروفهم المليئة بالصراع والمشاحنات وصعوبة الحصول على الرزق وحتى يتعلموا العنف، وفى هذه الحالة قد يكون الإحتمال أعلى بالنسبة لهم لتعلم السلوك العدوانى من الأطفال العاديين الذين يعيشون حياة طبيعية حيث لا يتعرضون للمشاحنات والصراعات المختلفة بجانب ذلك أيضا فإن من يعيشون فى ظروف صعبة لديهم الميل لتقليد العنف بدرجة أكبر من غيرهم، حيث تشير الدارسات إلى أن ظروف ما قبل التعرض تؤثر فى حجم العنف المقلد مثل نوع الطفل سواء كان ذكرا، أم أنثى واتجاهات الوالدين نحو العنف، والشعور بالاحباط والمستوى الاقتصاد المتدنى.

بجانب ذلك تقرر هذه النظرية أن ملاحظة الأطفال للكبار وهم يتعاركون ويتبادلون العنف لا يؤدى فقط إلى تعلمهم لأنماط السلوك عدوانى بل أيضا تضعف من ردود الفعل المحبطة للعنف وبذلك يزداد إحتمال قيام الطفل بأداء أنماط العنف التى تعلمها من قبل. وأثبت الباحثون فى هذه النظرية أنه فى حالة حدوث إحباط ما فإن الأطفال يكونون عرضة لإظهار عنف أكثر من الأطفال الذين لا يواجهون إحباطات[١].

وبذلك فإن الأطفال ذوى الظروف الصعبة يتعلمون أنماطا من العنف بسبب مشاهدة الكبار وملاحظة المشاكسة والصراعات من حولهم ثم تصبح هذه الأنماط بمثابة خط دفاع ضد معاقبة وأحباط العنف. أيضا يؤدى الفقر والحرمان إلى إحتمال وقوعهم فى سلسلة من الإحباطات مما يزيد من إحتمال إظهارهم لهذا العنف الذى تعلموه من قبل فى نفس الوقت نجد أن الأطفال الموجودين فى ظروف طبيعية حتى لو تعلموا أنماطا من العنف بالملاحظة فإن إحباطات الحياة التى يتعرضون لها

(١) جيهان رشتى، مرجع سابق، ص٥٣٦.

تكون أقل عند الأطفال المجموعة الأخرى مما يجعل إظهارهم للعنف أقل إحتمالا.

لقد أثبت الكثير من الدراسات أن الأطفال يشكلون نسبة كبيرة من جماهير التليفزيون والمعروف أن فترة الطفولة هى فترة السعى وراء المعلومات التى يتعلم منها الطفل ما يتوقعه من ظروفه التى يعيش فيها وما تتوقعه هذه الظروف منه. ويعتمد الطفل بشكل كبير على الآخرين من حوله فى الحصول على المعلومات، وبذلك فالأطفال أكثر إستعدادا بشكل خاص لتقبل مضمون وسائل الإتصال والتأثر بها [(٢)].وتطبيقا لذلك على موضوع هذا البحث ترى الباحثة أن الأطفال الطبيعين قد يحصلون على الكثير من مفاهيمهم عن العالم من أبائهم ومن مصادر أخرى دون وسائل الإتصال مثل الأصدقاء والمدرسة فى حين أن الأطفال ذوى الظروف الصعبة مع غياب هذه المصادر للمعلومات. من الطبيعى أن يلجأوا إلى وسائل الإتصال خاصة التليفزيون والفيديو للحصول على تلك المعلومات.

أما بالنسبة للقيام بالسلوك المنحرف والعدوانى يرى بندورا أنه بعد أن يحدث التعلم يتوقف إظهار هذا السلوك على ما إذا كان الأطفال قد شاهدوه يكافأ أو يعاقب. وعادة فى حالة الأطفال المحرومين ليس هناك توجيه من الوالدين ولا المدرسة نحو معاقبة السلوك الشاذ غير السوى. ويكون الطفل ما سماه باندورا بالتمثيل المعرفى Cognitive Representation للسلوك وليس السلوك ذاته. وبذلك قد يشكل الأطفال المحرمون لما يشاهدونه فى البيئة المحيطة بهم من الصراع، والإدمان، والسرقة، والشذوذ، صورا ذهنية غير صحيحة من أى مصدر سواء من الأبوين أو المدرسة وتستقر فى أذهانهم وعقولهم وتكون نتيجتها تكوين صور

(2) Raymond G. Kuhlen, "**Studies in Educational Psychology**", New York, Biaisdell Publishing Company, 1968, page 349

محرفة ومشوهة للحقائق والحياة، تجعلهم يسيئون التصرف ويقعون فى الخطأ سواء تجاه أنفسهم أو تجاه الآخرين.

ولقد قام الباحث جيسور Jessor بالربط بين عدد من المفاهيم فى نظرية التعلم الاجتماعى والإنحراف عند الأطفال. فالإنحراف طبقا لجيسور قد يحدث نتيجة لإنعدام الفرص. فكل أفراد المجتمع يصبون لتحقيق أهداف ما موحدة من أجل النجاح أو الثروة أو القوة أو المراكز العالية وهكذا، ولكن هناك فئة فى المجتمع تعيش فى ظروف قاسية مما يجعلها غير قادرة على الوصول إلى الأهداف وفى هذا البحث يعتبر الأطفال ذوو الظروف الصعبة من هذه الفئة، حيث حرموا من فرصة التعليم أو الحصول على تدريب على مهن معينة وتنعدم لديهم أى صلات تساعدهم فى بناء مستقبلهم. ويعتقد جيسور أن تلك الظروف كفيلة بأن تدفع الأطفال للإنحراف وإتخاذ طريق الخطيئة لتحقيق أهدافهم مادامت هناك فرصة للإنحراف، وإذا تعزرت هذه الفرص حينئذ سيكون توقعهم وأملهم فى تحقيق أهدافهم ضعيفا هنا ستكون الحرية فى التصرف محدودة وضيقة وبذلك تعلو نسبة الأعمال الإنحرافية بين الأفراد الأقل حرية فى الحركة [1].

وبذلك فإن الأطفال ذوى الظروف الصعبة سوف يكونون أكثر فرصة للإنحراف بسبب ضيق حرية الحركة.

وموضوع "التعميم" هو أحد مجالات البحث فى نظرية التعلم الاجتماعى ومعناه: أنه من الممكن أن يقوم الفرد بتعميم ما تعلمه على المواقف الذى تعلم منه فقط. وهو يحدث حينما تؤدى منبهات أو مواقف

---

(1) Cartwright, Op. Cit, p. 455.

مختلفة إلى نفس رد الفعل وتتم الإستجابة لها بنفس الطريقة. وحينما يقوم الفرد بالإستجابة بطريقة مختلفة يمكن القول بأنه قام بالتمييز [1].

وتطبيقا لهذا المفهوم على موضوع الدراسة فقد يقود الطفل ذو الظروف الصعبة بإستعمال العنف محاولا أن يتعامل مع الحرمان والفقر والصراعات مستخدما في ذلك نماذج من الأفلام ويقوم بتقليدها. وقد يعمم هذا العنف على مواقف أخرى ظنا منه أنه يعود عليه بالمكافأة وهى في هذه الحالة، حصوله على ما يريد سواء من مال أو إنتقام.

ثانيا: نظرية الإستخدامات والإشباعات

يستعرض هذا الجزء نظرية الإستخدامات والإشباعات: من حيث نشأتها، والغرض منها، والفروض العامة للنظرية ومصادر وطرق وأنواع الإشباعات، واستخدامات الأطفال لوسائل الاتصال، والاشباعات المتحققة، والإنتقادات التى وجهت لهذه النظرية وأخيرا تطبيق النظرية على موضوع البحث.

أولا: مقدمة عن نشأة النظرية ومغزاها واستخداماتها:

لقد تم تقديم هذه النظرية في إحدى المقالات التى نشرها الياهو كاتز في Jessor عام ١٩٥٩ وقد قال برنارد بيرلسون تعليقا عليها: "إن مجال البحوث في الإعلام بدا وكأنه ميت" و رد كانز على ذلك معلقا بأن تلك الأبحاث في الإعلام التى أشار إليها بيرلسون هى التى تناولته كوسيلة للإقناع فحتى ذلك الوقت إستهدفت معظم الدراسات لبحث أثار الحملات الإقناعية على الجمهور ولقد حاول كاتز في هذا المقال الإجابة على السؤال: ما فائدة رسائل الاتصال للجمهور؟ فقد استنتجت معظم الأبحاث أن للإعلام تأثير ضعيف في مجال إقناع الناس وبذلك بعد الباحثون عن متغيرات هامة ذات أثر ملموس، مثل تأثير الجماعة في

---

(1) Zimbardo & Ebbesen, Op. Cit, p. 87.

إقناع الفرد. ولقد أضاف كاتز أن طريق إنقاذ أبحاث الإعلام هى دراسة ما تقدمه وسائل الإعلام للناس (١). وتهدف نظرية الإستخدامات والإشباعات إلى التعرف على إستخدامات الأفراد لوسائل الإتصال ضمن وسائل أخرى فى البيئة المحيطة لتحقيق وإشباع إحتياجاتهم ولتحقيق أهدافهم (٢). ولقد بينت هذه النظرية حين بدأت تتراجع نظرية "الحقنة" تحت الجلد التى إفترضت أن التعرض المستمر لرسالة ما فى وسيلة الإتصال يكفى أن يغير إتجاهات وسلوك عدد كبير من الجمهور. وتنظر هذه النظرية إلى الجمهور على أنه جمهور نشط وغير سلبى، ويسعى دائما وراء تحقيق هدف ما، ويتصرف من أجل إشباع وتحقيق هذا الهدف. فالجمهور يخلق توقعات لما يحصل عليه من مضمون وسائل الإتصال وقدرتها على إشباع إحتياجاته ثم يشكل خططا لتحقيق الإشباعات (٣).

ومدخل الإستخدامات والإشباعات هو مدخل وظيفى ينظر فى العلاقة بين مضمون فى العلاقة بين مضمون أجهزة الإعلام والجمهور بنظرة جديدة تفترض أن قيم الناس وإهتماماتهم ومصالحهم وميولهم وأدوارهم الإجتماعية هى الأكبر تأثيرا وفاعلية على سلوك الأشخاص وأن الناس بصورة إختيارية ينتقون ويكيفون ما يشاهدونه أو يقرأونه فى ضوء هذه الإهتمامات ولقد قال دفيسون Davison أن كثير من نتائج البحوث قد

---

(1) Werner J. Severin and Jams W. Tankard, JR. "**Communication Theories**", New York, Hastings House publishers, 1984, p. 251.

(2) katz, Blumler, Gurevitch, "Utilization of Mass Communication by the Individual" , **Uses of Mass Communication**, Beverly Hills, Sage Publications Inc. Volume III, 1974, p. 21.

(3) Jim Van Leuven, "Expectancy Theory in Media and Message Selection", **Communication Research**, editors: Jay G. Blumer and Elihu Katz, New York, Sage publications, volum 8, Number 4, October 1981,]. 435

بينت أنه يمكن فهم الإتصال بصورة أحسن لو شرحه على أساس أنه رباط بين الفرد وبيئته ومن خلال الدور الذى يلعبه فى تمكين الناس من الوصول إلى تحقيق علاقات إشباع أفضل بين أنفسهم والعالم المحيط بهم. وهذا المدخل يؤكد ضرورة وأهمية التعرف على هدف الفرد من التعرض لأجهزة الإتصال[1]. وهناك تفسير بخصوص السبب وراء إستخدام وسائل إتصال معينة، وهو الحاجة إلى إستثارة Need for Arousal وذلك عن طريق بحث الإنسان عن الجديد من المعلومات والمشاعر والحاجة إلى التغيير مما ينتج عنه نوع من السعادة أو السرور. وتساند العلوم البيلوجية هذه النظرية حيث يقول يونج: إن الطبيعة البشرية تتأثر بمراكز السرور الموجودة فى وسط مخ الإنسان ولذلك فإن كل شخص منا فى بحث مستمر عما يحرك هذه المراكز[2].

ويهدف منظور الإستخدامات والإشباعات إلى تحقيق ثلاثة أغراض أساسية هى:

١ ـ محاولة إكتشاف كيفية إستخدام الأشخاص لوسائل الإتصال عن طريق الأخذ فى الإعتبار أنهم جمهور نشط يستطيع أن يختار وينتقى من بين محتوى تلك الوسائل ما يشبع حاجاته وتوقعاته.

٢ ـ تفسير دوافع التعرض لوسيلة ما من وسائل الإتصال والتفاعل الذى يحدث بسبب هذا التعرض.

٣ ـ التأكيد على نتائج إستخدامات وسائل الإتصال بغرض تفسير عملية الإتصال الجماهيرى[3].

(١) عبد الفتاح عبد النبى، "تكنولوجيا الإتصال والثقافة بين النظرية والتطبيق"، القاهرة، العربى للنشر والتوزيع، ١٩٩٠، ص ١٢٠.

(٢) نفس المرجع السابق، ص٧٧.

(٣) نفس المرجع السابق، ص٧٠.

وتقوم منهجية الاستخدامات والإشباعات على سؤال الجمهور مباشرة بخصوص إحتياجاته وأية وسيلة من وسائل الاتصال تشبع هذه الإحتياجات. بعد ذلك يتم جمع الإجابات وتنظيمها علميا طبقا لمجموعة من الاحتياجات والإشباعات. ولقد ركز الباحثون فى هذه النظرية وخاصة كاتز وبلملر جيرفتش على الإعتماد المنهجى لهذه النظرية على أن يقوم الأشخاص بالتعبير عن إحتياجاتهم كطريقة مؤثرة ويمكن الإعتماد عليها لقياس الإحتياجات المتغلقة بوسائل الإتصال. ويفترض هؤلاء الباحثون أن هؤلاء الأشخاص على وعى بإحتياجاتهم بطريقة كافية حتى يستطيعون التعبير عن أشكال وحدود إحتياجاتهم بجانب وعيهم بما تقدمه لهم كل وسيلة على حدة (١).

ولقد بدأ الباحثون الأوائل دراسة الإستخدامات والإشباعات من أجل غرضين أساسيين: أولهما تعويض التقصير فى الدراسات السابقة بخصوص إحتياجات الجمهور والتى حظيت بإهتمام قليل مقارنة بموضوعات أخرى مثل: دراسة كيفية نجاح وسائل الإتصال فى إقناع الجمهور وتأثيرها، وقد حظيت بإهتمام هائل من جانب الباحثين. وثانيهما: تناول إحتياجات الجمهور كمتغير متداخل فى دراسة التأثيرات التقليدية لوسائل الإتصال (٢).

ومن الممكن تتبع ثلاث مراحل لتطوير هذه النظرية أولها فى فترة الأربعينيات إلى الخمسينيات وتركزت معظم الدراسات فى هذه المرحلة على وصف لإتجاهات الجمهور المختلفة عن مضامين معينة فى وسائل الإتصال أما المرحلة الثانية والتى بدأت فى الستينيات فقد ركزت على الأنماط المختلفة لإستخدام الجمهور لوسائل الإتصال بناء على دراسة

---

(1) F. Gerald Kline, peter V. Miller and Andrew J. Morrison, "Adolescents and Family Planning Information", **The Uses of Mass Communication**, Beverly Hills, Dage Publications, Volume III, 1974, p.115.

(2) Blumler, & Gurevitch, Op. Cit, p. 72

بعض المتغيرات النفسية والاجتماعية. ولقد قدمت تلك الدراسات مؤشرات لإمكانية قياس ميول وإتجاهات الجمهور نحو مضمون ما بإحدى الوسائل. أما فى السبعينات فلقد وصلت هذه النظرية إلى مرحلة النضوج حين بدأت تسعى لإعطاء شرح وتفسيرات للدوافع وتوقعات الجمهور من وسائل الإتصال (٣).

ولقد قام ويندال Windal فى عام ١٩٨١ بتعريف نتائج إستخدام الجمهور لوسائل الإعلام ومضامينها على أنها حصيلة وعائد لاستخدام الأفراد لوسيلة ما من وسائل الإتصال ولقد قسم الإشباعات التى يقصده الأفراد لتحقيقها من خلال الاتصال بوسيلة ما دون غيرها آخذا فى الإعتبار توقعاتهم فى هذا الشأن التى تعتمد على الصفات الفردية المختلفة ومواصفات البيئة الإجتماعية التى توقعها الجمهور من وسيلة ما. ولقد عرف ويندال الإشباعات المتحققة على أنها إشباع الإحتياجات التى توقعها الجمهور من وسيلة ما. وأضاف أن إختيارات الجمهور من بين مضامين وسائل الإعلام تبنى على خبرة الأفراد. وبذلك فإن الإختيار من بين وسائل الإتصال هو تعبير لسلوك عمدى وموجه من أجل إشباع أهداف ما لدى الفرد الذى يقوم بربط واع ونشط بين الإحتياجات واستخدام وسائل الإتصال. ولقد قرر كل من الباحثين بالمجريين ورايبرن palmgrean & Rayburn فى عام ١٩٨٥ أن تفضيل إختيار الأفراد لوسيلة ما يعكس قيامهم بتقييم عقلى مشيرين إلى عوامل عديدة متعلقة بهذه الوسيلة، ومثال ذلك مصداقية الوسيلة فى حين الإشباع من الوسيلة يشير إلى رد فعل مباشر يتصل بإشباع حاجة معينة

(3) Ibid, P. 13.

وإلى مقارنات بين النتيجة المتوقعة من هذه الوسيلة والنتيجة الحقيقية التى حصل عليها بالفعل من متابعتها(١).

ولقد كانت هذه النظرية إجابة لكثير من أسئلة المجتمع وأحسن مثال على ذلك استخدام بلوملر وماكويل Bulmler & MacQuail للنظرية كإستراتيجية عامة للبحث فى دراسة الإنتخابات العامة ١٩٦٤ فى بريطانيا وكان الغرض الأساسى لدراستهما معرفة سبب مشاهدة الناس أو تحاشيهم لتغطية وسائل الإتصال للحملات الإنتخابية للمرشحين، بجانب تفسير إستخداماتهم وتفضيلهم لهذه الوسائل فى هذه الظروف واستهدفت الدراسة الإجابة على السؤال المهم الذى فرض نفسه وفقا لنتائج الدراسات التى تناولت الإنتخابات والتى أوضحت أن الحملات الإنتخابية فى وسائل الإتصال إذا كانت ذات تأثير ضعيف على الجمهور. وإذا كان الحال كذلك فلماذا يتابع الجمهور وسائل الإتصال كانت ذات تأثير ضعيف على الجمهور. وإذا كان الحال كذلك فلماذا يتابع الجمهور وسائل الإتصال فى وقت الإنتخابات؟ كذلك سعى الباحثان إلى تصنيف المشاهدين طبقا لدوافعهم للمشاهدة لاستنتاج العلاقات بين تغيير الاتجاهات فى الإنتخابات والتعرض للحملات الإنتخابية. وبدأ الباحثان بسؤال عينة صغيرة من الأشخاص ولقد قاموا بإستنباط ثمانية أسباب لمتابعة الحملات الانتخابية. وتم استخدام هذه القائمة فيما بعد فى لقاءات لاحقة مع عينة كبيرة من الجمهور. وفى ضوء الإجابات استطاع الباحثان تحديد معدل حدوث كل من الأسباب الثمانية. وكان أكثر الأسباب التي تابع بسببها الأشخاص الحملات الإنتخابية ما أسماه ماكويل "المراقبة" أو متابعة الأحداث السياسية.

---

(1) Jean Dobos, "Gratifiaction Models of Satisfaction Channels in Organizations", **Communication Research**, Beverly Hills, Sage Publications, Volume 19, number 1, February 1992, pp. 29 – 30.

وقد تضمنت الأسباب الأخرى التعرف على وعود وأفكار المرشحين ولقد ذكر ثلث العينة فقط أن الغرض من متابعة الحملات هى تذكر النقاط القوية فى برنامج الحزب الذى ينتمون إليه، أو بمعنى آخر فإن إستخدام وسيلة الاتصال كان لتدعيم الإتجاهات التى تبناها ثلث الجمهور أصلا. وجاء هذا الإستنتاج مناقضا لبعض الأبحاث التى سبقت هذه الدراسة والتى أقرت أن الجمهور يستخدم وسائل الإتصال أساسا لتدعيم مواقفهم. كذلك وجد بلوملر وماكويل علاقة بين تغيير الإتجاهات والتعرض للحملات الإنتخابية.

وقام الباحثان بتقسيم المشاهدين إلى مجموعتين: الأولى من الأشخاص ذوى الدافع القوى لمتابعة الحملة، والأخرى لمتوسطى وضعيفى الرغبة فى متابعتها. بالنسبة للمجموعة الثانية كانت هناك علاقة قوية ومنتظمة بين التعرض لإذاعة حملة الحزب الليبرالى وبين الميول الإيجابية تجاه إنتخاب مرشحى هذا الحزب. هذه العلاقة لم تظهر فى المجموعة الأولى، ومغزى هذا الإستنتاج أن إتجاه الإستخدامات والإشباعات يمكن أن يزيد من معرفتنا بتأثير الإعلام. مثل هذا التأثير قد يكون معتمدا على أو ذا صلة بإحتياجات ودوافع الجمهور. وهكذا فهناك أيضا تأثير لوسائل الإتصال على تغيير ميول المشاهدين أثناء الانتخابات ولكن هذا حدث فقط فى حالة الأشخاص الذين تعرضوا لبرامج الحزب الليبرالى(١).

ثانيا: فروض نظرية الإستخدامات والإشباعات:

هناك خمسة فروض لهذه النظرية والتى قدمها لوندبرج وهولتين Lundberg & Huleten و أطلقا عليها " نموذج الإستخدامات والإشباعات" وهى ذات درجة من الترابط الداخلى.

---

(1) Severin and Tankard, JR., Op. Cit, pp. 251 - 252.

الفرض الأول: تفترض نظرية الإستخدامات والإشباعات أن الجمهور المستخدم لوسائل الاتصال يتصرف لتحقيق أهداف معينة أى أن التعرض لوسيلة إتصال ما هو إلا تعبير عن دوافع سيكولوجية وإحتياجات فردية.

الفرض الثانى: يتوقف معظم الإستعداد لربط الإحتياجات والإشباعات من جهة وإستخدام وسيلة ما من جهة أخرى على أفراد الجمهور وهذا يدع مساحة ضئيلة جدا للفرض بوجود أى شكل من أشكال التأثير المباشر لوسائل الإتصال على سلوك وإتجاهات الجمهور. وكما قال شرام وليل باركر فى هذا الصدد أن كلمة "تأثير" قد تكون مضللة هنا لأنها تفترض أن التليفزيون "يؤثر على الأطفال" ولكن فى عملية الإتصال فإن الأطفال هم الأكثر تأثيرا ونشاطا لأنهم هم الذين يستخدمون التليفزيون وليس التليفزيون هو الذى يستخدمهم.

الفرض الثالث: وسائل الإتصال تتنافس مع وسائل أخرى لتحقيق إحتياجات الفرد. فالإحتياجات التى تحققها الأولى هى جزء من دائرة احتياجات واسعة وتختلف درجة إشباع ووسائل الإتصال لتلك الإحتياجات. ولابد من النظر إلى طرق إشباع الإحتياجات التقليدية والأقدم من وسائل الإتصال حتى نصل إلى دور الإعلام فى حياتنا.

الفرض الرابع: تفترض هذه النظرية أنه من الممكن استنباط العديد من أهداف إستخدام وسائل الإتصال من إجابات أعضاء الجمهور أنفسهم. بمعنى أن الأفراد لديهم الوعى الكافى بإهتماماتهم ودوافعهم ويستطيعون التعبير عنها وتحديدها أو على الأقل يستطيعون التعرف عليها إذا تم سؤالهم عنها.

الفرض الخامس: إن الحكم لقيمة أهمية الثقافة للإعلام يجب عدم الخوض فيها ولكن لابد من القيام بدراسة خلفيات ومواصفات الجمهور فى حد ذاتها ومن خلال ذلك يمكن الأخذ فى الإعتبار الإختلافات الشاسعة والصلات بين الإستخدامات والإشباعات وكثير من الدراسات والأبحاث حول الثقافة الجماهيرية[١] .

ثالثا: مصادر وطرق وأنواع الإستخدامات والإشباعات

أ ـ مصادر الإشباعات

لقد استخلصت دراسات عديدة فى مضمار هذه النظرية أن الإشباعات ترتبط بالوسائل أو قنوات الإتصال فمثلا يقوم الأفراد بالتمييز بين الإشباعات التى ترتبط بكل وسيلة. ففى عام ١٩٧٣ لاحظ كاتز إشباع احتياجات محددة عن طريق وسائل الإعلام، وأخرى ترتبط لدى نفس الأفراد بوسائل الإتصال المباشر مع الأشخاص الآخرين. ولقد وجد أن الصحف على سبيل المثال قد إعتبرها الأفراد فى تلك الدراسة أكثر وسيلة تساعدهم على الحصول على معلومات إجتماعية وسياسية، فى حين أن المعرفة تم الحصول عليها فى أغلبية الأمر من الكتب. كذلك أوضحت نتيجة هذا البحث أن أكثر وسائل الإتصال إشباعا لإحتياجاتهم الدراما والتليفزيون والإتصال المباشر بين الأصدقاء والأهل[٢].

وطبقا لنظرية الإستخدامات والإشباعات فإن كل وسيلة من وسائل الإتصال خصائص معينة ومميزات تجعلها تستطيع أن تحقق إشباعات مختلفة. ومن الممكن النظر للأمر أيضا على أن الإحتياجات التى تشترك فى نفس الشعور أو التفكير سوف يتم إشباعها من نفس وسيلة

---

(1) Katz, Blumler, Curevitch, Op. Cit, pp. 21 - 22.

(2) Dobos, Op. Cit, p. 31.

الإتصال، أو من نفس وسائل الإتصال ذات الخصائص المماثلة. ولقد أوضح روبنسون Robinson أن هناك تداخلا بين الإشباعات التى تحققها كل من الوسائل المطبوعة والتليفزيون للأغراض التعليمية. ولقد وجد كل من كاتز وجيرفيتش وهاس إشتراك خمس من سائل الإتصال فى الإشباعات التى حققوها وهى : الكتب، والمجلات، والراديو، والتليفزيون، والسينما. أما الراديو فلقد جاء مماثلا فى إستخدامه للجرائد والصحف والتليفزيون وبذلك فإن التفسير يكمن ليس فقط فى الخصائص المشتركة لوسيلتين ولكن فى التشابه الفنى بينهما. وبذلك فإن الكتب تشترك مع الصحف تكنولوجيا فى إشباع الحاجة إلى معلومات وفى نفس الوقت تشترك فى الأغراض الفنية مع الأفلام، وأيضا يشترك الراديو من حيث التكنولوجيا والأغراض الترفيهية والمحتوى التعليمى مع التليفزيون الذى يشترك كثيرا مع الصحف فى تقديمه جرعة ثقيلة من المعلومات البصرية عن الواقع. ولقد وجد الباحثون أن الإحتياجات المتماثلة من ناحية أهميتها سوف يتم إشباعها بوسيلة ما أكثر من الوسائل الأخرى وبذلك فإن الكتب والسينما يشبعان الإحتياجات التى تخص تحقيق الذات وإرضاء النفس أى أنهما يساعدان على ربط الفرد بنفسه[1].

ولقد دلت الدراسات فى مجال الإستخدامات والإشباعات على أنه من الممكن أن تقوم وسيلة إتصال واحدة بتقديم إشباعات لاحتياجات عديدة ومتنوعة. وعلى سبيل المثال فلقد وجد كل من بلوملر وبراون وماكويل أن المسلسل التليفزيونى "القديس" يقوم بعدة وظائف منها: التوحد مع شخصيات المسلسل وإستكشاف الحقيقة، بجانب مراجعة النفس. ولقد قال الباحثون أن العلاقة بين تصنيف مضامين وسائل الاتصال واحتياجات الجماهير هى علاقة معقدة ولا يمكن الاستهانة بها، فمثلا قد

---

(1) Katz, Blumler Gurevitch, Op Cit, p. 25 –26.

يكون مضمون ما فى وسيلة ما هو إلا مصدر لإحتياج فرد معين للهروب من العالم الحقيقى الذى يعيش فيه فى حين أن نفس المضمون فى نفس الوسيلة هو ملاذ ومصدر أمان لآخرين[٢] .

ب ـ طرق الإشباعات:

لقد أوضحت دراسات فى نظرية الإستخدامات والإشباعات أن الجمهور يستطيع أن يحصل على إشباعاته من وسائل الإتصال بثلاث طرق على الأقل وهى: مضمون الوسيلة أو تعرضه لوسيلة الإتصال أو من خلال السياق الإجتماعى الذى يميز التعرض لوسائل الإتصال المختلفة وفى مجال البحث والدراسة حصلت الطريقة الأولى على اهتمام للباحثين الأكبر. وبذلك فإن الحاجة إلى الشعور بالإسترخاء أو قتل الوقت يمكن إشباعها عن طريق مشاهدة التليفزيون أما الحاجة إلى الشعور بأن الفرد يقضى وقته فى شئ هام قد يحققها الفرد بقراءة كتاب ما. وفى حالة الحاجة لمجرد قضاء الوقت فقد يستمع إلى الراديو. أما بالنسبة للحاجة إلى التواجد مع الأهل والأصدقاء فيمكن إشباعها بالمشاهدة الجماعية للتليفزيون أو الذهاب مع الأصدقاء إلى السينما [١] .

وإنه من المهم النظر إلى الظروف الإجتماعية والبيئية التى تدفع بالأفراد للإتجاه نحو وسائل الإتصال لإشباع إحتياجات معينة. وعلى سبيل المثال ما الدوافع التى تجعل بعض الأشخاص يلجأون لوسائل الإتصال للحصول على المعلومات السياسية فى حين لا يفعل غيرهم ذلك بل يتجنبونها ويمكن القول هنا إن هناك حالات سيكولوجية وظروف إجتماعية بجانب الأحوال البيئية تحدد الإستخدامات المحددة من الوسائل الإتصال وأحيانا تكون المسألة واضحة وعلى سبيل المثال من المتوقع أن كبار السن والمطلقين وربات المنازل وذوى العلاقات

---

(2) Ibid, p. 28.

(1) Ibid, pp. 24 -25.

الإجتماعية المحدودة سوف تكون لديهم الحاجة "للمرافق البديل" أكثر من غيرهم والذين قد يشبعونها بمشاهدة التليفزيون.

وهناك عدة أسباب تربط بين الظروف الإجتماعية من ناحية وطرق إستخدامات وسائل الإتصال من ناحية أخرى أولا: قد تولد الظروف الإجتماعية توترا وصراعات قد تؤدى إلى دفع الأفراد إلى إستخدام وسائل الإتصال كوسيلة لتخفيف هذه الضغوط النفسية. وثانيا: من الممكن أن تولد الظروف الإجتماعية وعيا بمشكلات تتطلب الإهتمام والمعالجة ومن الممكن فى هذه الحالة أن يلجأ الشخص لوسائل الإتصال للحصول على المعلومات الخاصة بتلك المشكلات. ثالثا: تمنح الظروف الاجتماعية معينة مما يوجه الأشخاص لوسائل الإتصال لتقوم بدور المكمل والمحقق لخدمات بديلة. رابعا: تنمى الظروف الإجتماعية بعض القيم الإجتماعية وفى هذه الحالة يقوم إستخدام وسائل الإتصال بدور فى تأكيدها ودعمها. خامسا: تخلق الظروف الاجتماعية مجالا من معرفة وفهم وتوقع لمحتوى وسيلة إتصال ما يجب متابعتها حينئذ للمحافظة على تماسك المجتمع[١].

ج ـ أنواع الإشباعات

لقد حاول كثير من الباحثين فى مضمار هذه النظرية تصنيف الإشباعات التى قد يبحث عنها الجمهور ويسعى لتحقيقها من وسائل الإتصال. ولقد ظهرت تصنيفات عديدة ومختلفة فمثلا فى عام ١٩٤٨ قال لازويل lasswell أن هناك أربعة وظائف تقوم بها وسائل الإتصال هى : مراقبة البيئة surveillanceوإقامة علاقات متبادلة والترفيه ونشر الثقافة. وفى عام ١٩٧٢ جاىء ماكويل وبوملر وبراون بتصنيف جديد وهو: التشتيت بما يتضمن الهروب من المشكلات والروتين، والملل، كنوع من الإفراج العاطفى ثم العلاقات الشخصية، ثم الهوية

(1) Ibid, pp. 26 -27.

الذاتية، وأخيرا المراقبة. ويمكن تعريف المصطلح الأخير فى ظل هذه النظرية على أنه الرغبة فى الإحساس بالأمان وإشباع الفضول، أو الدافع للإكتشاف ثم أيضا تدعيم إتجاهات وقيم الفرد والتأكد من أنه على صواب. وبعد ذلك بسنة واحدة قدم كل من كاتز وجيروفيتش وهاس فكرتهم الرئيسية القائلة أن الأفراد يستخدمون وسائل الأتصال ليربطوا أو يفصلوا أنفسهم عن طريق علاقات مع الآخرين سواء كانوا من أفراد الأسرة أو الأصدقاء أو غيرهم.

رابعا: الاستخدامات والإشباعات المتحققة:

تهتم نظرية الإستخدامات والإشباعات بالحصول على معلومات من الأطفال عن دوافعهم وإشباعاتهم لأن ذلك الإجراء وفقا لهذه النظرية هو أفضل أسلوب لمعرفة تطور إتجاهات وطبيعة تعامل الكبار مع وسائل الأتصال. وتحظى أيضا فترة المراهقة بإهتمام النظرية لمعرفة نماذج تعاملهم مع وسائل الأتصال حين يكبرون وتعتبر هذه النظرية للتليفزيون وسيلة الإتصال الأولى فى كل الدول النامية وهو أكثر الوسائل مصداقية وإقناعا وإستخداما وأن فهم ما يطلبه الطفل من الوسيلة وما يسعى إلى تحقيقه من خلال مشاهدته لها هو شئ أساسى لفهم التأثيرات والسلوك الإجتماعى الذى ينتج عن المشاهدة.

ومن الباحثين الذين قاموا بدراسة إستخدامات وإشباعات الأطفال بايلين Bailyn الذى فرق بين إستخدامات الأطفال لوسائل الإتصال المرئية والتى قد تمنع الحلول الأكثر واقعية وذات المدى البعيد للمشكلات فى جهة والإستخدامات التى إتصلت بالهروب أو التى أطلق عليها أنها تعويضية من جهة أخرى ولقد وجد بايلين أن الأطفال كثيفى التعرض لوسائل الإتصال والذين لديهم مشكلات وصراعات فى البيئة المحيطة بهم قد أعربت إجابتهم عن تفضيلهم للأبطال الذين يستخدمون

العنف فى الأعمال الدرامية ولقد إستخلص الباحث أن الأطفال الموجودين فى ظروف صعبة يستخدمون وسائل الإتصال لسبب رئيسى وهو الهروب من واقعهم وإستخلص أيضا أن أطفال الطبقة المتوسطة الذين يعيشون فى بيوت ذات نظام صارم وطرق متشددة فى التربية يتعرضون بصورة أكبر للتليفزيون عن غيرهم من الأطفال من نفس الطبقة الإجتماعية والذين يعيشون فى بيوت أقل صرامة فى طريقة التربية(١). ولقد أكد ماكوبى Maccoby أيضا على وظيفة الهروب التى تؤديها وسيلة ما فى حالة إحباط الأطفال فيستخدمون مشاهدة هذه الوسيلة من أجل الهروب من الإحباط الذى يجدونه فى حياتهم الواقعية. كذلك وجد الباحث جانز Gans أن سبب شعبية أفلام هوليود بين الطبقة العامة من الصغار فى بريطانيا هو إهتمام هذه الأفلام بتقديم إشباع وتغذية لخيالات وأحلام اليقظة لهذه الطبقة.

ولقد اهتم الباحثون فى نظرية الاستخدامات والإشباعات أيضا بدراسة التليفزيون كوسيلة جديدة وقوية من وسائل الإتصال التى تتنافس مع الوسائل الأخرى فى مجال الاهتمام بالطفل. ولقد إستخلصوا أن التليفزيون أصبح يشبع إحتياجات معينة لدى الأطفال كانت وسائل أخرى هى التى تقوم بإشباعها قبل ظهوره. ولقد ارجعت هيملويت واوبنهايم وفنس Himmelweit, Oppebnheim, Vince السبب فى تراجع معدل إستماع الأطفال للراديو وقراءة الكتب أو الذهاب للسينما إلى أن التليفزيون حل محلهم في إشباع إحتياجات الصغار. ولقد علل شرام وليل وباركر Schramm, Lyle & Parker السبب لهذا الإحلال بأن

---

(1) Brown, Cramond, Wildre, "Displacement Effects", **Uses of Mass Communication.** Beverly Hills, Sage Publications, Volume III, 1974, p. 94.

التسلية بالتليفزيون قدمت للطفل وظيفة الهروب من ملل الحياة والهروب من تحديات[1] .

وتقترح نظرية الإستخدامات والإشباعات أن التليفزيون يقوم بوظيفة أخرى للأطفال بجانب وظيفة الهروب وهى تقليل الوقت الذى يقضوه فى الأنشطة والأعمال الجانبية ذات الأهمية الهامشية وغير المنظمة ولقد إكتشف فيرو Furu وجود إختلافات بين الأطفال اليابانين والأمريكيين فى إستخدام التليفزيون، وجد أن مشاهدته تسببت فى إستغلال الوقت الذى يقضيه الأطفال اليابانيون فى حل الواجبات المدرسية عنه فى حالة الأطفال الأمريكيين أو الإنجليز[2] .

ومن الدراسات أيضا التى تناولت إستخدامات الأطفال دراسة لجرينبرج ودومينيك Greenberg & Dominick الذين قاما ببحث أسباب مشاهدة الأطفال للتليفزيون أو إختلاف تلك الأسباب بالنسبة لثلاث مجموعات هى الأطفال البيض ذوى المستوى الإجتماعى المنخفض، ثم الأطفال السود ذوو المستوى المنخفض أيضا. ثم الأطفال البيض ذوو المستوى الاجتماعى المتوسط. ولقد وجد الباحثان نتائج مذهلة من إختلافات شاسعة بين الإحتياجات لمشاهدة التليفزيون تبعا لإختلاف المستوى الاقتصادى فكان الأطفال السود ذوو المستوى الاجتماعى المنخفض أكثر مشاهدة للتليفزيون تلاهم أطفال المجموعة الثانية، أى البيض من المستوى المنخفض ثم المجموعة الثالثة من البيض ذوى المستوى المتوسط. وبالنسبة لإحتياجات المجموعة الأولى للمشاهدة كان التليفزيون بمثابة مدرسة للحياة تطلعهم وتعلمهم كيفية حل مشكلاتهم[3] .

ولقد وجد شرام وليل وباركر أن إستخدامات الأطفال لوسائل الإتصال فى بناء أحلام اليقظة قد تؤدى إلى نفاذ الإحباط الذى يحدث بسبب عملية التنشئة الإجتماعية أو قد يدفع الطفل إلى الإنسلاخ عن

(1) Ibid, p. 94.

(2) Ibid, p. 95.

(3) Katz, Blumler, Gurevitch, Op. Cit, p. 27.

الواقع. وطبقا لنظرية الإستخدامات والإشباعات فإن بعض الأطفال قد يستخدمون وسائل الإتصال لإشباع الحاجة إلى وجود رفيق أو صديق لتعويض تفكك العلاقات والروابط الإجتماعية الحقيقية فى حين يستخدم أطفال آخرون نفس الوسائل لإشباع إحتياجات مختلفة مثل التأقلم مع المجتمع.

خامسا: الإنتقادات الموجهة لنظرية الإستخدامات والإشباعات:

منذ أن أصبحت نظرية الإستخدامات والإشباعات فى مقدمة نظريات الأعلام تعالت الأصوات تثير عدة تساؤلات وجدالات. وفيما يلى بعض هذه الإنتقادات التى وجهت لهذه النظرية.

لقد جلب إحد فروض هذه النظرية نقد بعض الباحثين وهو الفرض القائل: أن التعرض لوسائل الإتصال موجه من العقل وذو هدف حيث يرى بعض الباحثين أن هذا الفرض لم يتم إتباعه نظريا أو عمليا عند تصميم الأبحاث الخاصة بالإستخدامات والإشباعات. ففى حالة تعرض شخص ما لمادة أو برنامج ما فى أحد وسائل الإتصال وهو متوقعا الحصول على إشباعات ما من جراء المشاهدة فقد يحدث شئ من شيئين : إما أن يحصل على هذه الإشباعات نفسها التى توقعها أو إما ان يحصل على إشباعات جديدة لم يتوقعها قبل المشاهدة. وفى حالة رضائه عن هذه الإشباعات الجديدة فمن المتوقع حينئذ أن يحرص على مشاهدة نفس البرنامج مرة أخرى. وبذلك فإن التعرض لوسائل الإتصال قد لا يكون موجه فقط من العقل وذو هدف محدد كما تدعى هذه النظرية[1].

---

(1) John, J. Galloway, F. Lousie Meek, "Audience Uses and Gratifactions, An Expectancy Model", **Communication Research**, USA, Sage publications, Volume 8, number 4, October 1981, pp. 436 – 437.

ومن الإنتقادات الأخرى التى وجهت لهذه النظرية ما قاله بلوملر Blumler بأنه حين يتعرف الشخص على مادة أو برنامج ما فى إجدى وسائل الإتصال فإنه يكون حينئذ إدراكات لما سوف تقدمه له هذه المادة أو هذا البرنامج. وبذلك تصبح هذه الإدراكات استمالاته المدركة perceived appeals ولكن ليس بالضرورة أنها تحتوى على إدراكات للمعانى والقيم التى تم توصيلها له بالفعل من خلال هذه المادة وتترجم هذه الميول لدى الجمهور إلى توقعات ثم إلى دوافع للمشاهدة أو للقراءة وإذا تم تأكيدها حينئذ تتحول إلى إشباعات وتكون هى الدافع للمشاهدة مرة أخرى هذه النظرة الواسعة نتج عنها مجموعة من الملاحظات الهامة ولكن قد قام بعض الباحثني بتوجيه أسئلة كثيرة بخصوص جوهر هذه النظرية، فمثلا اقترح بلوملر أن يتناول الباحثون السؤال التالى: ما هى الإشباعات التى يبحث عنها الجمهور من أية مضامين لتسهيل تأثيرات معينة؟ ولقد أعرب بيكر Becker عن قلقه من صعوبة تمييز الإحتياجات المرتبطة بوسائل الإتصال والإحتياجات غير المتصلة بها. فهو يقول أن الإشباعات لا تبدو مرتبطة بوسائل معينة وأن إشباعات معينة يبحث عنها الجمهور فى وسيلة ما سوف يبحث عنها أيضا فى مصادر أخرى [1].

وتعانى نظرية الإستخدامات والإشباعات من غياب نظرية متقاربة من الإحتياجات الإجتماعية والسيكولوجية وليس المقصود هنا هو الإفتقار لمرجع الإحتياجات، ولكن القصد هنا هو تجميع وترتيب الإحتياجات طبقا لمجموعة من المستويات وتحديد الفروض التى ترتبط بين إجتياجات معينة من الإشباعات من بعض وسائل الإتصال. وفى الحقيقة

(1) Leuven, Op. Cit. p. 427.

أن دراسات شرام وليل وباركر قامت بتمييز بين كل من الحقيقة والمتعة فى نظريات التنشئة لفرويد وأخرين، ولكن تعالت الأصوات تتهم هذه المجموعات بالإتساع والعمومية وعدم التحديد. وحتى ترتيب ماسلو Maslow للاحتياجات الإنسانية قد ساعد بعض الشئ ولكن لم تثبت الأبحاث بعد أن تلك الاحتياجات تتعلق أو ترتبط بإستخدام وسائل الإعلام(٢).

ومن الإنتقادات التى وجهت لهذه النظرية أيضا أنها لم تميز بوضوح بين عمليتين منفصلتين ولكنهما مرتبطتان فى آو واحد: الأولى هى العلاقة بين مضمون الرسالة من جهة وإشباع الإحتياجات من جهة أخرى إذ لم توضح العلاقة بطريقة يمكن إختبارها برغم وجود قوائم متداخلة تتماثل مع الإحتياجات لوسيلة إتصال معينة ومع أنواع المضمون. ثانيا: لم تطبق هذه النظرية نظرية دقيقة من نظريات علم الإجتماع لتحليل العلاقات بين وسيلة الإتصال وإختيار الرسالة. ولقد قرر ماكويل وجيروفيتش Mocquail & Gurevitch أن إختيارات التعرض لوسائل الإتصال يحددها الجمهور بوعى ودراية ويربط بينها وبين أنشطة وتجارب أخرى فى الحياة. بجانب ذلك ترتبط توقعات الشخص بخصائص الوسيلة وإختياراته من بين مضامينها ويكمن مصدر القلق هنا فى أن هذا الشرح لا يفسر لماذا يتم إشباع بعض الحاجات عن طريق إستخدام وسائل الإتصال ولكن لم يتم إشباع أخرى غيرها. وأخيرا قرر الباحثان أن نفس الوسيلة تخدم أشخاصا مختلفين نتيجة للإختلافات فى القيم والإتجاهات والإهتمامات(١).

بجانب ما سبق فقد تجاهل الباحثون فى مجال الإستخدامات والإشباعات دور دوافع الجمهور فى عملية التأثر بمضمون وسائل

---

(2) Katz, Blumler, Gurevitch, Op. Cit, p. 24.

(1) Leuven, Op. Cit, pp. 427 - 428.

الإعلام. وبذلك فقد إعتبروا الجمهور مجموعة متماثلة تؤثر فيها وسائل الإتصال. وذلك قد قلل من إمكانية فهم هذا التأثير(٢).

ولقد كان من أكبر الإنتقادات التى وجهت لهذه النظرية أنها فشلت فى أن تأخذ فى الإعتبار أو أن تقيس الإختلافات بين ما يبحث عنه الجمهور وما يحصلون عليه بالفعل من جراء التعرض لوسيلة ما. ولقد قرر عدد من الباحثين أنه أصبح من الواضح يوم بعد يوم أن هناك فروقا بين الإشباعات المقصودة والإشباعات المتحققة بالفعل(٣).

سادسا: تطبيق نظرية الإستخدامات والإشباعات على موضوع البحث:

ان نظرية الاستخدامات والإشباعات تساعد على التعمق فى موضوع البحث بدرجة كبيرة فالأطفال ذوو الظروف الصعبة هم جزء من جمهور عريض ونشط وغير سلبى لوسائل الإتصال، ويكمن وراء تعرضهم لها أحتياجات ودوافع وليس سلوكا عرضيا أو لمجرد قتل الوقت.

وفى ظل هذه النظرية، ليس هناك تأثير مباشر لمضمون تلك الوسائل على سلوك واتجاهات هؤلاء الأطفال، بل إن دوافعهم واحتياجاتهم للتعرض هى التى تحدد هذا التأثير، ولقد أشارت نظرية الاستخدامات والإشباعات إلى أهمية العلاقة بين تصنيف مضامين وسائل الأتصال واحتياجات الأطفال، فترى هذه النظرية أن المضمون الواحد فى التليفزيون مثلا قد يستخدمه طفلان مختلفان بطريقة مختلفة، ونستطيع أن نتوقع أن إستخدامات وإشباعات الأطفال ذوى الظروف الصعبة سوف تختلف عنها فى حالة الأطفال العاديين. وإن فهم كيفية إستخدامهم

(2) Kline, Miller and Morrison, Op. Cit, p. 113.

(3) Philip palmgreen, Laurence A. Werner, "Gratification Discripancies and News Program Choice", **Communication Research**, Beverly Hills, Sage Publications, Volume 8, Number 4, October 1981, pp. 451 - 453.

للتليفزيون وأفلام الفيديو والسينما سوف يساعد فى فهم تأثير هذه الوسائل عليهم وتوقعاتهم منها.

وإذا إتخذنا أطفال الشوارع مثلا فى حالة غياب الأبوين والإقارب فإنهم لا يجدون ملاذا للصلات الإجتماعية والصداقة والتعامل إلا مع من لهم نفس ظروفهم بجانب أن ظروف حياة الشارع وإنعدام ثقتهم فيمن حولهم تخلق الثقة فيما بينهم مكونين بذلك صلات قوية من بعضهم البعض. وطبقا لهذه النظريات فإن مثل هؤلاء الأطفال يتجمعون فى صداقات قوية ويستخدمون وسائل الإعلام بطريقة مختلفة عن الأطفال الطبيعيين الذين يعيشون مع أسرهم وليس لديهم فرصة أن يجتمعوا مع أصدقائهم عن قرب إلا فى النادى، أو المدرسة، أو من خلال الزيارات العائلية، وكلها ظروف محدودة. وطبقا لهذه النظرية فإن هؤلاء الأطفال المترابطين يستعملون أفلام المغامرات للعب أدوار فى الحياة ولمواجهة ما يقابلونه فى حياتهم والتعامل مع من حولهم فى حين أن الأطفال الطبيعين يستعملونها فى تغذية أحلام اليقظة[1]. وبذلك يمكن أن نتوقع أن الدراما التليفزيونية تؤثر على إدراك الواقع الإجتماعى وسلوك الأطفال ذوى الظروف الصعبة لدرجة أنها تكون المرجع والخلفية لذلك الإدراك والسلوك وهكذا فإن هذه النظرية ترتبط بدرجة كبيرة بموضوع هذا البحث. حيث اهتمت هذه النظرية بالأدوار الاجتماعية وكيفية تأثيرها على انتقاء واختيار ما يشاهده هؤلاء الأطفال بوسائل الاتصال، فإذا كان دور الأطفال ذوى الظروف الصعبة فى المجتمع هو دور غير محدد لا ينتمى لحياة ثابتة ومستقرة، حيث يكون الطفل محروما من رعاية والديه وهو ليس طالبا فى مدرسة، ولا عضوا مقبولا فى المجتمع، مما يجعل احتياجاته من وسائل الأعلام احتياجات لا تخاطب صورا كريمة للحياة، ومن ناحية أخرى هى احتياجات غير طبيعية تمثل الدور غير الطبيعى الذى يلعبه الطفل ذو الظروف الصعبة فى

---

(1) Severin and Tankard, JR., Op. Cit, p. 251.

المجتمع. بجانب ذلك أيضا، فإن أدوار الأب والأم أيضا هى غير طبيعية وغير واضحة المعالم فى كثير من الأحوال، مما يجعلهم يلجأون لمواد تبين الأب والأم فى ادوار سيئة وغير طبيعية. فقد يستحسنون بعض الأدوار التى تبين الأب وهو يعلم أطفاله السرقة، ذلك لأنه لا يرى أدوارا سوية للابوين فى حياته. ويكون اشباع الطفل، فالشعور بأن غيره يعانون من نفس الموقف يمثل اشباعا له. وبذلك يكثر تعرض الطفل للافلام التى تتضمن العنف والجريمة والعلاقات غير الطبيعية والمشبوهة، وذلك خطر لأنه على المدى القصير يثبت لدى الطفل مبدأ العدوان والعنف، وعلى المدى البعيد يضيع فرصته فى أن يكون أسرة سليمة، وأن يربى أطفاله بطريقة سويه بسبب الصورة المشوهة لديه عن دور الأبوين فى المجتمع. أيضا فإن ذلك التعرض للعنف فى وسائل الاتصال يضيع وقتا طويلا كان من الممكن أن يقضيه الطفل فى مشاهدة نماذج لأدوار سوية تحيا حياة كريمة حتى يحذو حذوها.

ثالثا: نظرية الغرس: Cultivation Theory

وسوف نتناول الباحثة عدة خواص لهذه النظرية، من حيث المفهوم، والنشأة وكيفية حدوث الغرس، والإنتقادات التى وجهت لهذه النظرية، ثم أخيراً تطبيق النظرية على موضوع البحث.

أولا: التعريف بنظرية الغرس: المفهوم والنشأة

ظهرت نظرية الغرس فى الولايات المتحدة الأمريكية خلال السبعينات كأسلوب جديد لدراسة تأثير وسائل الإعلام على الجمهور، ونتيجة لقيام جورج جربنر Gerbner بالمشروع الذى تناول المؤشرات الثقافية Culture Indicators وكان الهدف منه إيجاد الدليل الإمبيريقى على تأثير وسائل الإعلام المختلفة فى البيئة الثقافية. ولقد أصبحت الحاجة ضرورية لهذا المشروع بعد فترات الإضرابات التى شهدها المجتمع الأمريكى بسبب مظاهر العنف والجريمة والاغتيالات مما نتج عنه تشكيل لجنة قومية أمريكية لبحث أسباب العنف فى المجتمع

وعلاقة التليفزيون بذلك. ولقد قام الباحثون بأبحاث عديدة منذ أواخر الستينات ركزت معظمها على تأثير مضمون برامج التليفزيون التى تقدم وقت الذروة وفى عطلة أخر الأسبوع على إدراك الجمهور للواقع الإجتماعى وكان العنف هو الموضوع الأساسى محل البحث، إلا أن مشروع المؤشرات الثقافية إهتم أيضا بموضوعات أخرى مثل صورة الأقليات، والإتجاه نحو العلم، وغيرها [١].

وهناك ثلاثة موضوعات متداخلة تناولها مشروع المؤشرات الثقافية وهى: دراسة الهياكل والضغوط والعمليات التى تؤثر على إنتاج الرسائل الإعلامية، ثم بحث الرسائل والقيم والصور الذهنية التى تقدمها وسائل الإتصال، وأخيرا دراسة الإسهام المستقل للرسائل الجماهيرية على إدراك الجمهور للواقع الإجتماعى. وتتناول نظرية الغرس الموضوع الأخير حيث تفترض أن كثيفى المشاهدة لبرامج التليفزيون يختلف إدراكهم للواقع الإجتماعى الحقيقى عن اولئك الذين يشاهدون تلك البرامج لأوقات قصيرة. وسبب هذا الإختلاف أن كثيفى المشاهدة سوف تكون لديهم قدرة أكبر على إدراك الواقع الحقيقى بطريقة متوافقة ومتمشية مع الصور الذهنية التى تقدمها برامج التليفزيون [٢]. وتركز هذه النظرية على التليفزيون كأحد القنوات التى تقوم بالتنشئة الإجتماعية وكقاص للحواديت والمصمم الأساسى للصور الرمزية التى تساهم فى تكوين المعتقدات عن العالم الحقيقى. ولقد قدم كثير من الباحثين على مدار فترات زمنية طويلة نتائج إحصائية تؤكد قدرة التليفزيون على غرس مشاعر الخوف والغربة وفقدان الثقة فى النفس

---

(١) حسن عماد ، "تحليل الإنماء" ، **بحوث الأتصال** كلية الأعلام، جامعة القاهرة، العدد الناشر، ديسمير ١٩٩٣، ص ١١ ـ ١٢.

(٢) نفس المرجع السابق، ص ١١ ــ ١٢.

والإحساس بالعنصرية والإستهتار بكبار السن والإلتزام بالأدوار الإجتماعية لدى كثيفى المشاهدة[١].

وأما عملية الغرس فيمكن تعريفها على أنها نوع من التعليم العرضى الذى يحدث نتيجة لتراكم التعرض للتليفزيون، حيث يتعلم المشاهد من التليفزيون حقائق عن الواقع الإجتماعى بدون وعى ومما يؤثر تدريجيا على الصور الذهنية والقيم التى يكتسبها الفرد عن العالم الحقيقى الذى يعيش فيه. وإن مصطلح "الغرس" ليس مرادفا لمصطلح "أثار" فى إدراك مفاهيم الواقع الإجتماعى لأن الأول يشير إلى عملية من الطرفين. كذلك لا يجب أن يتداخل مفهوم الغرس مع "التدعيم" ولكن يعمل الغرس التليفزيونى على تغيير بعض المعتقدات عند البعض والإبقاء على هذه المعتقدات لدى أخرين بسبب التعرض التراكمى للتليفزيون[٢].

ويتبنى مؤسسو نظرية الغرس نظرية واسعة لتأثير التليفزيون على المشاهدة وهم يقفون ضد استقطاع الأبحاث الخاصة بوسائل الإتصال كجزء من كل، ولكن يجب تناول هذا الكل. وهم يركزون على التأثير طويل المدى لعملية الغرس وينبعث ذلك من إيمانهم أن الدراسات التى تتناول التأثير التليفزيونى قصير الأمد تستبعد وتهمل المزايا والخصائص التى يتمتع بها التليفزيون وهى ان استمرارية المشاهدة ولفترات مكثفة تخلق لدى المشاهدين إعتقادا بأن العالم الذى يرونه فى التليفزيون هو صورة مطابقة للعالم الحقيقى الذى يعيشون فيه[٣].

---

(1) Alan M. Rubin, Elizabeth M. perse, Donald S. Taylor, A Methodological Examination of Cultivation", **Communication Research**, Volume 15, Number 2, p. 107.

(٢) حسن عماد ، "مرجع سابق، ص ١٤ ـ ٢٠

(3) W. Hames Potter, "Examining Cultivation from a psychological perspective," **Communication Research**, Beverly Hills, Volume 8, Number 1, February 1991,

وتعتبر هذه النظرية التليفزيون وسيلة رئيسية لنقل المعايير الثقافية الشائعة فى المجتمع.

وينظر جربنر إلى الثقافة بإعتبارها مجموع الفنون والعلوم والديانات والموسيقى والمهارات والقوانين والصور الذهنية ويقوم الأفراد بتكوين بناء رمزى " Symbolic Structure" قوامه الصور الذهنية التى تؤدى إلى تعميمات عن البيئة الإنسانية التى يعيش فيها الأفراد. عند جربنر هو مجموعة من الرسائل والصور الذهنية التى تنظم العلاقات الإجتماعية، وكذلك تساعد فى تنمية مفاهيم للخبرات والأولويات والقيم والعلاقات بين الأفراد وبالإضافة إلى المعايير السائدة لما هو هام أو أقل فى الأهمية ولما هو مفيد أو ضار. كلك نستلهم من الثقافة كيف نتصرف فى المواقف المختلفة فى الحياة [١].

ثانيا: فروض نظرية الغرس:

تقوم هذه النظرية على خمسة فروض أساسية وهى كما يلى:

أولا: التليفزيون هو أقوى وسائل الاتصال الجماهيرى بحيث يساهم نتيجة لدخوله المنازل وسهولة إستخدامه مع تميزه بتقديم الصوت والصورة معا فى تنشئة الأطفال بدرجة لا تحدث مع الوسائل الأخرى كذلك لا يحتاج التليفزيون إلى مهارات مسبقة للتعرض له وهكذا يمكن تطبيق هذه النظرية على التليفزيون بدرجة أكبر من إمكانية تطبيقها على الوسائل الأخرى ويمتاز التليفزيون أيضا بطول الوقت الذى يقضيه الأفراد أمامه أكثر من وسائل الإتصال الأخرى ويتعرض معظم الأطفال له حتى قبل أن يتعلموا القراءة والكتابة فهو وسيلة عكس الكتب لا تتطلب تعلم القراءة مسبقا. وعلى خلاف السينما يدار التليفزيون بصورة مستمرة وأيضا على خلاف الراديو يتمتع مشاهد التليفزيون

(١) حسن عماد ، مرجع سابق، ص١٣.

بالصورة والصوت معاً. وطبقا لهذه النظرية فإنه أفضل وسائل الإتصال فى نقل القصص عن الحياة وعن الواقع والناس وكذلم يعد هو أكثر الوسائل ترويجا للصور الذهنية وتقديم معلومات عن الحياة بالإضافة إلى أن التليفزيون وسيلة إتصال تستطيع أن تنمى الوعى والأفكار والآراء والإتجاهات والحقائق الأساسية عن الحياة(٢). ويشترك الباحثون فى مجال الغرس فى الرأى من أن التليفزيون كوسيلة إتصال هو المصدر الأساسى للبناء الرمزى المنظم والمتكرر الذى يغرس ضميرا واحدا لمجموعة من الأشخاص فى مجتمع ما قد يكونون مختلفين فى نواحى كثيرة (١)

ثانيا: تشكل رسائل التليفزيون نظاما ثقافيا متماسكا يعبر عن الإتجاه السائد:

وتفترض هذه النظرية أيضا أن عملية الإنماء تؤدى على خلق مفاهيم عامة توحد الإستجابة لأسئلة معينة تأتى هذه المفاهيم من التعرض الكلى لبرامج التليفزيون وليس من خلال بعض البرامج المنتقاه. وبذلك فإن التعرض الكلى هو الذى يحقق أهداف عملية الإنماء بدلا من المشاهدة الإنتقائية لأنواع معينة من البرامج ولابد أن نتجاهل الإختلافات والتنوع فى شكل البرامج وأساليب معالجتها ولكن يكون الإهتمام كله موجها تجاه التماثل أو التوافق الذى يقدمه المضمون العام للتليفزيون ذلك أن هذا التماثل فى النهاية يؤدى إلى تكوين صور ذهنية على مستوى المجتمع كله.

---

(٢) نفس المرجع السابق، ص ١٥ ـ ١٦.

(1) Richard L. Allen, Shirley Hatchett, "the Media and Social Reality Effects," Beverly Hills, USA, **Communication Research**, Volum 13, Number 1, January 1986, p. 98.

ويعبر الإتجاه السائد عن المعانى الأكثر شيوعا والإفتراضات المشتركة. وبالنسبة للتليفزيون بسبب الدور الكبير الذى يلعبه فى حياة المشاهدين فهو يعكس الإتجاه السائد لثقافتهم وهو بمثابة قناة للثقافة تربط بين الطبقات المختلفة. ويمكن أن تفكر فى الإتجاه السائد على أنه مجموعة من الأفكار والقيم المشتركة التى يستنبطها كثيفو المشاهدة للتليفزيون ويتوحدون معها بصفة تراكمية. وبذلك فإن التليفزيون يستطيع أن يضيق الفروق فى الإتجاهات والسلوك بين جماعات المشاهدين المختلفين فى الظروف الثقافية والإجتماعية والسياسية وتحليل هذه النظرية يتناول نتائج التعايش والتعامل مع التليفزيون إذ أن تراكم الصور الذهنية والمفاهيم التى يقدمها التليفزيون تمثل بيئة رمزية شائعة تتدخل وتتفاعل مع أشياء كثيرة نفكر فيها ونفعلها[٢].

ثالثا: تحليل رسائل التليفزيون يقدم دلائل على عملية الغرس الثقافى:

ويقوم الدارسون للتدليل على تأثير نظرية الغرس الثقافى على الناس بتحليل محتوى برامج التليفزيون لكى يثبتوا كيفية قيام الوسيلة بتقديم جوانب مختلفة من المجتمع والحياة بطريقة منسجمة ومنسقة[١].

وتفترض نظرية الغرس أن للتليفزيون يقدم المشاهدين عالما رمزيا وهو الذى يجب أن يكون محط البحث. فعلى سبيل المثال وجد الباحثون فى الولايات المتحدة الأمريكية أن التليفزيون الأمريكى يعكس انطباعا بأن عدد الرجال ثلاثة أضعاف النساء مع أن عدد الرجال ثلاثة أضعاف النساء، مع أن ذلك لا يتفق مع الواقع وتفسير ذلك يرجع إلى أن

---

(٢) حسن عماد ، "مرجع سابق، ص ١٦ ــ ١٧.

(١) حسن عماد ، مرجع سابق، ص١١ - ١٢.

التليفزيون يعكس الدور السائد لدور النوع ويعطى صورة نمطية تتولد لدى المشاهدين دون اتفاقها مع الواقع"^(٢).

رابعا: تركز نظرية الغرس على مساهمة التليفزيون فى نقل الصور الذهنية على المدى البعيد، وتفترض هذه النظرية أن عملية الغرس تتم ببطء عن طريق نقل الرموز الشائعة على المدى البعيد. ومع كثرة المشاهدة يتولد لدى المشاهدين ما نطلق عليه "الاتجاه السائد" الذى يركز عليه التليفزيون. ولقد أثبتت بحوث عديدة أن كثيفى المشاهدة من مجموعات مختلفة يستنبطون معانى مشتركة بدرجة أكبر من قليلى المشاهدة

وتهتم نظرية الغرس بنتائج تراكم التعرض على المدى البعيد ونوعية التعرض الثابت والمتكرر لعدد من الرسائل التى يقدمها التليفزيون ولا تهتم النظرية بالنموذج الخطى البسيط الذى يقوم على المثير والإستجابة فى تحليل العلاقة بين محتوى وسائل الإعلام والجمهور. كذلك لا تهتم بالإستجابة الفورية قصيرة المدى أو التفسيرات الفردية لمضمون رسائل التليفزيون أى أن نظرية الغرس الثقافى تهتم بالتأثير التدريجى والتراكمى على المدى البعيد وليس التأثير الفجائى والعاجل.

خامسا: تدعيم الإستقرار وتجانس النتائج :

تعتبر نظرية الغرس أن التليفزيون يخلق إتجاهات ثقافية سائدة وتعمل على خلق المفاهيم والسلوكيات المتماسكة فى المجتمع، معنى ذلك أن التليفزيون يحقق التجانس بين الفئات الإجتماعية المختلفة. ومن الممكن ملاحظة هذا التجانس بوضوح إذا قارنا بين كثيفى المشاهدة وقليلى المشاهدة من نفس الجماعات. وتفترض هذه النظرية أيضا أن

---

(٢) نفس المرجع سابق، ص ١٨ ــ ١٩.

التليفزيون يساهم فى إستقرار المجتمع وبنائه بما يقدمه من عالم رمزى ويساعد فى تدعيم الاستقرار وثبات المفاهيم الخاصة بالواقع الإجتماعى[1].

ثالثا: الاجراءات المنهجية لنظرية الغرس الثقافى:

وتستهدف أساليب تحليل الإنماء فى هذه النظرية قياس نتائج التعرض التراكمى لوسائل الإتصال. وقد ركزت معظم البحوث على التليفزيون باعتباره طبقا لهذه النظرية أكثر الوسائل تأثيرا، ويبدأ تحليل الإنماء بالتعرف على الأنماط التى تتكرر فى مضمون برامج التليفزيون مع التأكد من تجانس الصور الذهنية والصور المنعكسة والقيم المتضمنة فى تلك البرامج، ثم تأتى بعد ذلك محاولة إستنباط ما إذا كان كثيفو المشاهدة يدركون الواقع بنفس الشكل الذى تعكسه البرامج، وبعدها يتم مقارنتهم بالذين يقضون وقتا أقل أمام شاشة التليفزيون

وتستخدم هذه النظرية الأساليب المنهجية لبحوث المسح بعد الحصول على عينات من مجتمع البحث، بجانب إستخدام نتائج تحليل مضمون برامج التليفزيون من أجل الإستعانة بها فى التمييز والمقارنة بين العالم الحقيقى الذى يعيشه أفراد العينة من جهة و "عالم التليفزيون" من جهة أخرى، حيث أن هذه النظرية تفترض أن الصور الذهنية التى يعكسها التليفزيون نادرا ما تعكس العالم الحقيقى بموضوعية. وأيضا يتم قياس التعرض للتليفزيون عن طريق عدد من الأسئلة فى إطار ثلاثة مصطلحات نسبية كما يلى : كثيف المشاهدة، متوسط المشاهدة، قليل المشاهدة. ويتم جمع بيانات كل فئة ضمن قائمة مستقلة، ويستخدم الإستبيان، أو البحوث اليومية، أو التقارير الذاتية للمشاهدة. والفروق

---

(١) حسن عماد ، "مرجع سابق، ص ١٧ ــ ١٨.

الأساسية بين هذه المستويات الثلاث في التعرض للتليفزيون تدلنا على مدى تأثيره في إدراك المشاهدين للواقع الإجتماعي[1].

ولقد أشار كل من هوكينز وبنجري Hawkins & pingree في مرحلة مبكرة من تطوير هذه النظرية إلى وجود فرق جوهري بين أنواع الإجراءات التى تستخدم في الغرس الثقافي حيث جمعا الإجراءات وصنفاها إلى نوعين كما يلى:

وبالنسبة لإجراءات المستوى الأول فيطلب من المبحوثين إعطاء تقديرات كمية عن حدوث شيء ما، على سبيل المثال، يتم في هذا الإجراء لسؤالهم عن إعتقادهم في فرصة وقوعهم كضحايا للجريمة. وبالنسبة لإجراءات المستوى الثانى فهى تستهدف قياس معتقدات عامة عن العالم. ومثال لذلك سؤال المبحوث: "هل تعتقد أن الناس يقولون الصدق؟" أو مثلا: "هل تعتقد أنه لابد أن يستخدم رجال الشرطة العنف للقضاء على الجريمة؟ ولقد إستخلص الباحثان أنه بإستخدام إجراءات مختلفة يحدث إختلاف أيضا في النتائج الخاصة بتأثير عملية الغرس الثقافي.

ولقد أوضحت دراسات عديدة وجود علاقة منتظمة بين كل من كثافة التعرض للتليفزيون من ناحية ومعتقدات الواقع الإجتماعى من ناحية أخرى. مما يمكنا من تدعيم فرض أن التعرض التراكمى لبرامج التليفزيون يدعم تأثير الغرس الثقافي. ذلك أن قليلى المشاهدة يتأثرون بالتليفزيون مثل كثيفى المشاهدة لأنهم يعيشون في نفس البيئة الثقافية، وإذا لم يحصلوا على شئ مباشر من التليفزيون فإنه من الممكن أن يحصلوا عليه من كثيفى المشاهدة وبذلك فإن إيجاد فروق بسيطة بين

(١) حسن عماد ، "مرجع سابق، ص ٢٠ ـ ٢١.

الذين يتعرضون بكثافة وقليلى التعرض يمكن أن يدلنا على وجود تأثير نفاذ ونتائج تراكمية بعيدة المدى. وهكذا فإنه يجب أن نهتم بأى أثر مهما كان بسيطا لأن الآثار الطفيفة قد نتج عنها نتائج مهمة على المدى البعيد.

رابعا: كيف تحدث عملية الغرس الثقافى؟

من المهم فى هذه النظرية فهم كيفية حدوث عملية الغرس والعمليات الأخرى المرتبطة بها والتى تجعل الناس يعتنقون واقعا تليفزيونيا، يضفى نظرته على العالم الحقيقى الذى يدور من حولهم، وبصورة شاملة يمكن القول بأن عملية الغرس تحدث حينما يقوم الأفراد أولا بتعلم عناصر من عالم أثناء المشاهدة عن العالم الحقيقى. والحقائق التى يتعلمونها من عالم التليفزيون تصبح هى الأساس الذى يبنون عليه نظرتهم عن العالم ككل وبذلك فإن التليفزيون هو المصدر المهم للقيم والأيدولوجيات ووجهات النظر والأحكام والإفتراضات والمعتقدات[١].

ويقرر كل من هوكنز وبنجرى Hawkins & Pingree أن هناك عنصرين أساسيين فى عملية الغرس هما: العلم غير المقصود ومهارات الإستدلال المعرفى، حيث يتعلم المشاهد من مشاهدة برامج التليفزيون الحقائق والقيم التليفزيونية التى تصبح مصدرا للإستدلال عن الواقع الإجتماعى. ولقد وجد كل من ويفر واكشلاج Weaver & Wakshlag أن الغرس يدور حول العملية المعرفية لمضمون التليفزيون وأن الناس يفسرون المعلومات التى تقدم لهم من خلال التليفزيون بفاعلية ثم يرجعون هذه المعلومات لخبراتهم الشخصية كأساس لمعتقداتهم عن الواقع الإجتماعى[٢].

---

(1) Potter, Op, Cit, p. 78.

(٢) حسن عماد ، "مرجع سابق، ص ١٤.

وهناك عدة نقاط تجب مراعاتها خلال البحث فى كيفية حدوث عملية الغرس، **أولا:** أن أفراد المجتمع مختلفون وذوو فروق فردية. تلك الفروق تجعلهم يتأثرون بما حولهم بطرق مختلفة، وثانيا: لا تعمل عملية الغرس فى فراغ ولكن هناك عوامل تؤثر على نوعية ومجال ودرجة التأثير التى يحدثه التليفزيون، ومنها العوامل الديموجرافية، والإجتماعية، والشخصية، والإطار الثقافى. ولقد إتفقت دراسات كثيرة فى مجال الغرس الثقافى على تأثير التليفزيون على إدراكات ومفاهيم المشاهدين عن العالم الحقيقى، ولكن لم تحط كيفية حدوث هذا التأثير إلا بعدد قليل من الدراسات والتى حاولت ذلك من خلال ثلاث نقاط: أولا: تتضمن عملية الغرس عمليتين مرتبطتين:الأولى هى التعلم ولقد قام هوكنز وبنجرى بتعريفها على أنها "المعلومات التى يكتسبها المشاهد بشكل عرضى من خلال مشاهدة التليفزيون، والثانية هى البناء وهو عبارة عن إستخدام تلك المعلومات فى بناء الواقع التليفزيونى الذى يكون الأساس للواقع الحقيقى الذى يعيش فيه الفرد. ثانياُ: قد يختلف تأثير الغرس فى حالة مفاهيم الدرجة الثانية. وثالثا: لن يكون تأثير الغرس متساويا لدى المشاهدين كثيفى المشاهدة ولدى المشاهدين الأقل كثافة أى أن إختلاف درجات المشاهدة يؤدى إلى أحداث تأثير مختلف[1].

ولقد أشار جرنبر إلى أن إحدى الطرق التى يحدث بها الغرس الثقافى الرنين Resonance ويعنى ببساطة أن كل فرد منا قد مر بحادثة فى حياته من السرقة أو الإعتداء أو الصراع أو حادثة سيارة أو غيرها من الحوادث العنيفة وحين يرى هذا الشخص مثلها فى التليفزيون فقد يسترجع ما حدث له فى الذاكرة مما يؤدى إلى أنماط من الغرس المتضخمة وبذلك فإن كثيفى المشاهدة يحصلون على جرعة مضاعفة

(1) Potter, Op. cit, p. 77.

من العنف ويصبح العالم فى نظرهم عالما مخيف ويستحق الفزع ويعتمدون أكثر على السلطات القيادية من اجل حمايتهم وقد يرحبون بالقهر للحصول على الشعور بالحماية والأمان. ولقد فكر جربنر وزملاؤه فى أن يقوموا بعمل مقياس لحجم العنف على أساس الحقائق وليس على أساس المشاعر. وقد قاموا بتعريف العنف الدرامى على أنه تعبير صريح للقوة الفسيولوجية مع إستخدام أو بدون إستخدام سلاح ضد الأخرين أو ضد الشخص نفسه مما ينتج عنه ألم أو جرح[٢].

ويؤكد جربنر أن عملية الغرس تحتاج سنوات طويلة كى تتم كنتيجة لكثافة مشاهدة التليفزيون، ويعتبر جربنر أن أعلى معدل للمشاهدة الخفيفة ساعتان يوميا فى حين أنه يعتبر أن المشاهد الكثيف يجلس أمام التليفزيون أربع ساعات يوميا أو أكثر، وهو لا يختار برامج محددة لمتابعتها ولكنه يشاهد أى شىء على عكس قليلو المشاهدة الذين يختارون برامج معينة لمتابعتها. وعن أهمية عنصر الأمد الطويل فى عملية الغرس يقول جربنر إن التعرض المستمر للصور والأشكال التى يعرضها التليفزيون يخلق نوعا من التوحيد لنظرة العالم ويحاول منتجو برامج التليفزيون أن يجذبوا أكبر عدد من المشاهدين عن طريق تدعيم الإتجاه السائد حتى يصبح لدى كثيفى المشاهدة عن طريق تدعيم الإتجاه السائد حتى يصبح لدى كثيفى المشاهدة إتجاهات وأراء ومعانى مشتركة فيما بينهم. ويعطى جربنر مثالا على ذلك ويربط بين الغرس والإتجاهات السياسية فيقول أن: كثيفى المشاهدة عادة ما يصورون أنفسهم بأنهم معتدلون فى إنتماءاتهم السياسية. ويرجع ذلك إلى تأثرهم بالإتجاه السائد الذى يخلقه التليفزيون من تفضيله للإعتدال السياسى. ذلك أنه فى معظم الأحيان لا يهتم ممثلى الأعمال الدرامية فى التليفزيون بالإنحياز السياسى والإفراط فى إنتماء سياسى ما.

(2) Griffin, Opcit, pp. 345 - 350.

ويضيف جربنر إلى ذلك أن المشاهدة الكثيفة تجعل الناس أقل إحساسا بالفروق السياسية بين الفقراء والأغنياء وبين البيض والسود، وبين سكان المدن وسكان الريف، فهو يقول: إن ذلك يحدث وكأن الأشعة التى تنبعث من جهاز التليفزيون تغسل أو تمحو الخطوط الفاصلة بين الناس بعضهم البعض. ولقد وجدت الأبحاث التى أجريت فى هذا المجال أيضا أن كثيفى المشاهدة يتصفون بالتحفظ فيما يختص بالمواضيع الإجتماعية. ولقد جاءت إجاباتهم مؤيدة لخفض الضرائب وتقوية الحماية السياسية وزيادة الدفاع الوطنى، ومعارضة لحرية الرأى، والإجهاض، والزواج بين الجنسيات المختلفة[1].

خامسا: الإنتقادات التى وجهت لنظرية الغرس:

وجهت إنتقادات كثيرة إلى نظرية الغرس الغرض منها الإجابة على الأسئلة والوصول لنظرية متكاملة تخدم أغراض البحث وتساعد الباحثين على فهم استخدام وسائل الإتصال وتأثيرها وغيره من الموضوعات التى تدفع بالبحث العلمى إلى الأمام. ومن تلك الإنتقادات أن هذه النظرية لم تستطع أن تنشئ علاقة قوية بين المشاهدة للتليفزيون وبين الخوف من العنف وبالرغم من أن الإثنين قد يرتبطان ويحدثان معا لكن التداخل والتفاعل بينهما ليس كبيرا بصورة كافية تمكن الباحثين من التنبؤ بوجود خوف شديد على ضوء معرفة درجة كثافة المشاهدة فالعلاقة هنا غير وطيدة.

كذلك يعتقد الباحثون فى مجال الإستخدامات والإشباعات أن دوافع المشاهدة هامة جدا ولكن أغفلتها نظرية الغرس ولم تعطها الأهتمام الكافى فقد إفترض جربنر أن ذوى عادات المشاهدة الكثيفة يشاهدون التليفزيون بدون غرض وأقل إختيارا للبرامج التى يتابعونها ولكنه لم

(1) Ibid, p. 349.

يقم ببحث كاف للتفرقة بين الأشخاص الذين يشاهدون التليفزيون لغرض ما والذين يشاهدونه لمجرد تقضية الوقت[1].

ومن الإنتقادات الأخرى التى وجهت لنظرية الغرس أنه على الرغم من أنها تدعى أنها تتنبأ شعور الأفراد بالوقوع ضحية للعنف إلا أن جربنر قام بقياس إحتمالية وقوع العنف فقط فى حين أن جلن سباركس Gleen Sparks وروبرت أوجلز Robert Ogles ذكرا أن الشعور بالخوف يتوقف على ما يأتى:-

١ ـ كم ستكون فظاعة واقعة أو حادثة ما إذا وقعت،

٢ ـ إلى أى حد يتصور الشخص أنه يستطيع أن يتأقلم مع الموقف.

٣ ـ الإحتمالات التى يتوقعها الشخص لحدوث هذه الواقعة. ولقد تجاهلت نظرية الغرس العاملين الأولين وتجاهلت دوافع المشاهد وبذلك فشلت فى أن تقيس العنف بدقة ولقد جعل جربنر الأمر شبه مستحيل فيما يتعلق بإيجاد العلاقة بين مشاهدة الأعمال الدرامية بالتليفزيون والشعور بالخوف.

ولقد تم توجيه النقد لجربنر لأنه افترض أن مشاهدة العنف بالتليفزيون بكثافة يغرس العنف رغم أنه من الممكن أن يميل الأفراد الذين يشعرون بالخوف من البداية لمشاهدة التليفزيون للهروب من مخاوفهم وليس العكس. ويرى مؤيدو هذا النقد أنه مع تطبيق نظرية تنافر الأفكار فإن الأعمال الدرامية دائما تقدم إنتصار العدالة والخير والهلاك للظلم والأشرار وهكذا فالأفراد ذوو المخاوف يختارون مشاهدة العنف الدرامى للتقليل من خوفهم[1].أى أنه من الممكن أن يكون

---

(1) Ibid, p. 350.

(1) Ibid, p. 350.

الخوف أو المشاهدة الكثيفة سبب للآخر، بل أن تكون هناك عوامل مختلفة تتداخل فيما بينها. فلقد قام الباحثان أنتونى دووب وجلين ماكدونالد بدراسة أربعة أحياء ذات درجات مختلفة لمعدلات الجريمة فوجدوا أن إختلاف درجات المشاهدة تختلف بإختلاف المكان ذلك أن الأشخاص الذين يشاهدون التليفزيون بكثافة لديهم خوف أكبر من أن يقعوا فريسة للجريمة لأنهم فى الواقع يعيشون فى أحياء تشهد معدلات أكبر للعنف وفى نفس الدراسة وجد أنه عندما استبعد تأثير إختلاف الحى أصبح تأثير التليفزيون ضعيفا للغاية.

وهناك أوجه أخرى للنقد الموجه لنظرية الغرس الثقافى ومنها وجود متغيرات متداخلة بجانب متغير مشاهدة التليفزيون فلقد أوضحت عدة دراسات تأثير العوامل الديموجرافية فى إضعاف أو إلغاء دور الغرس الذى يلعبه التليفزيون بناء على هذه النظرية. فمثلا وجد هرسك فى عام ١٩٨٠ أنه مع التحكم فى عدد من المتغيرات الديموجرافية قل تأثير الغرس، مما جعل باحثين كثيرين يقررون أن أى علاقة بين التعرض للتليفزيون والغرس من الممكن عزوها لعوامل أخرى عديدة. وعلى سبيل المثال وجد دوب وماكدونالد Dob & Macdonald فى الدراسة السابق ذكرها أن الإختلافات فى حجم مشاعر الخوف من وقوع الجريمة كان سببها إختلاف الحى الذى عاش فيه المبحوثون، وليس بسبب التعرض للتليفزيون. بجانب ذلك قرر ووبر Wober فى عام ١٩٨٦ أنه لم تكن مشاهدة التليفزيون وحدها المسئولة عن تكوين رؤية خائفة عن العالم ولكن السبب هو النزعات الشخصية فى تكوين إدراك سلبى عن العالم الحقيقى[٢].

ومن نواحى النقد التى وجهت لهذه النظرية أيضا وجود صعوبات منهجية فمثلا قد يعكس تأثير الغرس الإستعداد لدى بعض الأشخاص

---

(2) Rubin Perse, Taylor, Op. Cit, p. 109.

للمبالغة مما يجعلهم يبالغون أيضا فيما يخص بمعدل وحجم مشاهدة التليفزيون.

كذلك قد تعكس نتائج الأبحاث الخاصة بالغرس الثقافي تأثيرات بالغة لأداة القياس فمثلا الأسئلة التى تقدم للمبحوثين عن العنف والجريمة كان يطلب منهم التفكير فيها مما قد يؤثر على القياس عن طريق زيادة وعيهم بهذه المفاهيم. ولقد لاحظ بوتر وبيرس Potter & perse فى عام ١٩٨٦ أن المبحوثين قد قاموا بتهويل معدلات الجريمة وأسباب الموت وتوزيع السكان على الوظائف المختلفة بجانب ما سبق تبين نتائج الأبحاث أن تدخل التحيز قد يدعم تأثير الغرس عن طريق صياغة أسئلة الاستقصاء بطريقة قد تؤثر على إجابات المبحوثين. ولقد إكتشف ووبر wober فى عام ١٩٧٨ أن الصياغات المختلفة لأسئلة أستمارات الإستقصاء قد أدت إلى تفاوت الإجابات[1].

كذلك وجد كل من هوكينز بنجرى Hawkins & Pingree فى عام ١٩٨١ أن علاقات الغرس يمكن إرجالها لمضامين معينة فى التليفزيون وليس لغيرها من المضامين ولا حتى للمشاهدة الكلية للتليفزيون. وعلى سبيل المثال فقد لاحظ عدد من الباحثين أن البرامج التى تحتوى على العنف والجريمة وخاصة البرامج التى تأتى بنهاية غير عادلة للجريمة ترتبط أكثر بتأثير الغرس عن غيرها من برامج التليفزيون. بجانب ذلك فإن التعرض لبرامج معينة يرتبط بتأثيرات معينة للغرس على سبيل المثال وجد أن التعرض المكثف للمسلسلات يجعل تأثير الغس واضحا بخصوص الأدوار التى يلعبها كل من الرجال والنساء فى الحياة التى يعرضها التليفزيون. وبذلك فإن إختيار البرامج التى يشاهدها الفرد يؤثر فى عملية الغرس.

ومن إفتراضات هذه النظرية أيضا أن ما يقدمه التليفزيون حقيقى وواقعى وأنه يحمل لمشاهديه حقائق وليس نسجا أدبيا ولكن إنتقد كل من

---

(1) Ibid, p. 110.

سلوتر وإليوت Slater & Elliot نظرية الغرس الثقافى لأنها لم توضح أن المشاهدين يقبلون الواقع التليفزيونى وحين يصل المشاهدون إلى الإعتقاد بأن التليفزيون يمثل الواقع بدقة، حينئذ يكون من السهل تأثرهم به وبذلك إرتبطت الإتجاهات نحو التليفزيون بالأثر الذى يمكن أن يصل إليه لدى المشاهدين[٢].

ومن الإفتراضات التى أثارت كثيرا من النقد أيضا هو أن عملية الغرس نتيجة لمشاهدة غير مختارة إعتيادية وطقوسية للتليفزيون. وقد إنهال عدد من الإنتقادات بخصوص هذه الفكرة فكما ورد سابقا إن الإختيار من بين البرامج قد إرتبط أكثر من كثافة مشاهدة التليفزيون بتأثير الغرس وهناك دلائل تشير إلى أن عملية الغرس تنتج من الشرح لرسائل التليفزيون. وإستنتج ويفر واكشلاج Weaver & Wakshlag أن الأفراد يربطون بين رسائل التليفزيون وخبراتهم الشخصية كأساس لتكوين معتقداتهم للواقع الإجتماعى. ولقد إقترح هوكينز وبنجرى أن عملية الغرس هى عملية تعليمية وتعتمد على الفهم والاهتمام بالبرامج التليفزيونية، وتعتمد أيضا على القدرة على إستنباط الأشياء مما تقدمه مضامين التليفزيون، وقرر روبن وبيرس Robin & Pierce أن المشاهدين يقومون ببلورة ما يشاهدونه على شاشة التليفزيون وليسوا مستسلمين لتأثيره[١].

سادسا: تطبيق النظرية على موضوع البحث

يمكن الإستعانة لتطبيق نظرية الغرس على موضوع هذه الدراسة بما قاله جربنر من العنف الدرامى هو أرخص وأبسط وسيلة لإظهار من يفوز فى صراع الحياة، والقواعد التى اتبعها الفائز من أجل الوصول

---

(2) Ibid, p. 110.

(1) Ibid, p. 111.

للفوز وهى ما أسماه جربنر "حقائق الحياة"، وهى التى يتعلمها كثيفو المشاهدة للتليفزيون أكثر من غيرهم"[٢]. وبذلك فمن المتوقع أن يلجأ الأطفال ذوو الظروف الحياة" التى أشار إليها جربنر والتى يصعب الحصول عليها من الأسرة أو المدرسة ويبدأ هؤلاء الأطفال فى بناء الواقع الإجتماعى الذى يبدأ بالانتباه لمضمون ما بالتليفزيون ثم بعد ذلك تأتى مرحلة التعلم التى يسبقها عوامل مثل الإنتباه والتذكر والقدرة على ربط المعلومات ببعضها البعض سواء كانت أحداثا أو شخصيات والمعطيات الإجتماعية المحيطة بهم، ثم يصلون لمرحلة إدراك الواقع الإجتماعى الذى يكون مؤثرا على سلوكهم وتفكيرهم بل سيكون أيضا مرشدا لسلوكهم. وبذلك يمكن القول أن عملية الغرس الناتجة عن المشاهدة الكثيفة للتليفزيون قد تكون مرشدا لكيفية تصرف وتفكير الأطفال ذوى الظروف الصعبة الذين سيكون إدراكهم للواقع الإجتماعى مختلفا عنه لدى الأطفال معتدلى أو قليلى المشاهدة أذ أنهم يتأثرون بالواقع الزائف الذى تقدمه لهم الرسائل والبرامج التليفزيونية ويعيشون فيه معتقدون أنه العالم الحقيقى، وهنا تأتى الخطورة من درجة كثافة التعرض للتليفزيون وتظهر الحاجة إلى عقد المقارنة بين الأطفال ذوى الظروف الصعبة والأطفال العاديين للوقوف على تأثير درجة التعرض للبرامج التليفزيونية والأفلام السينمائية والفيديو فى تكوين صور عن الواقع.

---

(2) Griffin, Op. cit, p 344.

الفصل الثالث

الدراسات السابقة

أولا: دراسات خاصة بتأثير وسائل الاتصال

على الطفل عامة

ثانيا: دراسات عن أحوال الأطفال

ذوى الظروف الصعبة

ثالثا: دراسات تربط بين وسائل الأتصال والأطفال

ذوى الظروف الصعبة

رابعا: الدراسات الأجنبية

تمهيد:

تعتبر الدراسات السابقة منطلقا هاما وضروريا لما يليها من أبحاث، كما أنها الأساس العلمى للدراسات الحالية. وتعرض الباحثة الدراسات السابقة لهذه الدراسة فى ثلاثة اتجاهات أولا: الدراسات التى ناقشت تأثير وسائل الإعلام وخاصة التليفزيون على الأطفال عامة، ثانيا: الدراسات التى تناولت ظروف الأطفال ذوى الظروف الصعبة عامة، ثالثا: الدراسات التى تربط بين وسائل الإعلام وهؤلاء الأطفال، رابعا: الدراسات الأجنبية التى تناولت هذا الموضوع.

أولا: دراسات خاصة بتأثير وسائل الإتصال على الأطفال عامة:

دراسة لرفيقة سليم حمود بعنوان: "تأثير التليفزيون على الأطفال"[(١)]. وكان الهدف من هذه الدراسة إلقاء الضوء على أبرز الأثار الإيجابية والسلبية التى يحدثها التليفزيون فى حياة الأطفال كتأثيره على أجسامهم وصحتهم العامة، وتعلمهم، ونموهم العقلى ثم على قيمهم، وإتجاهاتهم، وسلوكهم، وأخيرا تأثيره على علاقاتهم الأسرية والإجتماعية.

أولا: تأثير التليفزيون على أجسام الأطفال وصحتهم العامة:

وتلخص هذه الدراسة إستنتاجات الباحثة مودى Moody فى أن للتليفزيون تأثيرا سلبيا على العمود الفقرى، مما يتسبب أيضا فى ضعف

---

(١) رفيقة سلمي محمود، "**تأثير التليفزيون على الأطفال**"، القاهرة، مؤتمر ثقافة الطفل بين التعليم والإعلام، كلية رياض الأطفال، ١٨ ـ ١٩ سبتمبر ١٩٩٦.

حركة اليدين، ولولا وجود التليفزيون لانصرف الأطفال إلى ممارسة الألعاب والأنشطة التى تنمى عضلات اليدين اللازمة للكتابة وتنمية حركة العينين اللازمة للقراءة.

كذلك تمثل الإشعاعات المنبعثة من شاشة التليفزيون خطرا على انسجة الجسم وتؤدى لأمراض فى العينين أو الدم أو القلب، أو سرعة الإستثارة، بالإضافة إلى نقص فى فترة النوم اللازمة لراحة الأطفال، بالإضافة إلى ذلك تشير الدراسات إلى أن الإعلانات التليفزيونية تكسب الأطفال عادات غذائية سيئة تهدد الصحة العامة للأطفال.

ثانيا: تأثير التليفزيون على تعلم الأطفال ونموهم العقلى:

ويقوم التليفزيون من ناحية أخرى بدور فعال فى نقل كثير من المعلومات والأفكار إلى الأطفال، وخاصة التى لا يقابلونها بسهولة فى حياتهم اليومية. وتشير الدراسات العديدة إلى أن التليفزيون يمكن أن يقوم بدور هام فى تعليم الأطفال القراءة والكتابة والحساب ومثال على ذلك "شارع سمسم"Sesame Street ". كذلك بينت دراسات أخرى حدوث تحسن عام فى المهارة اللغوية عند الأطفال الصغار نتيجة لتعرضهم للتليفزيون بجانب إكتسابهم مهارات حركية مثل التسلق والقفز والرسم. ولكن ما سبق لا يلغى التأثير السلبى لإستخدام التليفزيون وحيث يقدم للأطفال مادة جاهزة لا تتطلب منهم جهدا عقليا ولا تتيح لهم أى تفكير, مما يحد من قدراتهم على التفكير والنقد والإبداع. كذلك التتابع السريع الصور والمقاطع القصيرة تمنع استمرارية التركيز، وهو عنصر ضرورى للتعلم.

وتضيف الدراسة أن التليفزيون لا يسمح بالتوقف والإعادة أو إعطاء الوقت لفهم الكلمات وإستيعابها، فى حين تسمح المواد المطبوعة بذلك، كذلك يقلل التليفزيون من إتاحة الوقت لإستخدام الخيال لأنه يقدم له

صورا جاهزة بكل تفاصيلها بالأوان البراقة والأضواء الباهرة، مما يقلل من قدرة الطفل على الإبداع . بجانب أن التليفزيون يقدم كثيرا من المعلومات للأطفال فى كثير من الأحيان بطريقة غير واقعية، يدعمها استخدام المونتاج، والخدع التصويرية، والمؤثرات الصوتية، ولقد ذكرت إحدى الدراسات الميدانية أن الطفل قد يضع يديه على عينيه خوفا من توجيه الممثل لمسدسه نحو المشاهدين، أو يهم بأخذ قطعة حلوى من داخل التليفزيون.

ثالثا: تأثير التليفزيون على قيم الأطفال واتجاهاتهم وسلوكهم:

وتستشهد الدراسة بأحد الأبحاث التى استهدفت دراسة مدى تحقيق برامج التليفزيون المصرى للإحتياجات التربوية لأطفال الريف، على أساس أن الريفين يمثلون ٥٦% من الشعب المصرى. ولقد قامت الدراسة بتحليل عينة من ٢٥% برنامجا من برامج الأطفال على شاشة القناة الأولى. واتضح أن الوقت الذى استغرقته المواد التربوية الموجهة لأطفال الريف فى تلك البرامج يمثل ١٧,٥% من الزمن الكلى للبرامج، كذلك إتضح أن برامج الأطفال تهمل أطفال الريف وتتجاهل مشكلاتهم، وإحتياجاتهم، وظروفهم وهناك تحيز الأطفال المدن، بشكل واضح كذلك أثبتت دراسة أخرى أن البرامج التى تتناول طفل القرية قليلة وإنحصرت فى برنامج "البرلمان الصغير" الذى أظهره بصورة مختلفة عن صورته الحقيقة، فى حين تظهر برامج التليفزيون حياة المدينة بصورة مشرقة وجذابة، وأظهر بحث فى السويد أ ن التليفزيون خلق لدى كثير من أطفال القرية الرغبة فى ترك القرية والانتقال للحياة فى المدينة.

كذلك قد يؤدى التليفزيون إلى صراع نفسى وفكرى بسبب التناقض الفكرى الموجود فى الرسائل التليفزيونية من جهة ومضامين التنشئة

الإجتماعية التى تتلقاها من المؤسسات الأخرى مثل الأسرة والمدرسة وغيرها من جهة أخرى. كذلك يقلل التعرض لبرامج التليفزيون المستوردة من إعتناق القيم السائدة فى المجتمع. ويرى الكثيرون أن التليفزيون يساعد على إنتشار ظاهرة العنف بين الأطفال لأنهم يتعرضون له بشكل غير منضبط ومجسم بالصوت والصورة.

رابعا: تأثير التليفزيون على العلاقات الأسرية والإجتماعية:

مع دخول التليفزيون إلى المنازل وإستحواذه على قدر كبير من الاهتمام أفراد الأسرة فقد أصبح يسيطر على جزء كبير من الأنشطة العائلية ومن تواجد أفراد الأسرة معا، وقال البعض أن مشاهدة التليفزيون الجماعية تخلق جوا من التقارب بين أفراد الأسرة إلا أن هذا التقارب سطحى لأن المشاهدة تمنع المحادثة والتسامر واللعب.

وتقدم هذه الدراسة مقترحات لتحسين ظروف مشاهدة الأطفال لبرامج التليفزيون كما يلى:

توصى الدراسة بأن يقوم أولياء الأمور بمشاهدة برامج التليفزيون مع الأطفال ومناقشة المادة المعروضة معهم والتعليق عليها إذ أجمعت كثير من الدراسات على أن تأثير رسائل التليفزيون على شعور وسلوك، ومعلومات الطفل يكون أفضل بكثير إذا تفاعل أولياء الأمور مع الصغار أثناء المشاهدة. كذلك توصى الدراسة بأن يختار أولياء الأمور البرامج المناسبة لأطفالهم، بجانب تحديد وقت المشاهدة وكمية البرامج التى يشاهدونها. أما الدور الواقع على المدرسة فتوصى هذه الدراسة أن يتدخل كل من الإعلاميين والتربويين وعلماء النفس والإجتماع فى تخطيط مسبق لبرامج الأطفال. كذلك يجب الاهتمام بمشكلات واحتياجات جميع الفئات الاجتماعية بحيث لا تعطى إحدى الفئات الأولوية على غيرها فى التناول، بجانب زيادة الإهتمام ببث

البرامج للفئات المحرومة لتعويضهم عما يعانونه من نقص فى حياتهم. هذا وتوصى الدراسة أيضا بزيادة ساعات البرامج الخاصة بالأطفال عامة، والتى أثبتت دراسات كثيرة قلة عددها، وعدم ملاءمة مواعيد إذاعتها لحاجات الأطفال.

ومن الدراسات الأخرى التى تؤكد تأثير مشاهدة التليفزيون على الأطفال دراسة للدكتور عدلى رضا بعنوان: "السلوكيات التى يكتسبها الأطفال من المواد التى تعرض العنف فى التليفزيون"[1]. وتقرر هذه الدراسة أن الأراء قد تنوعت حول التأثير الذى تحدثه مشاهدة العنف فى التليفزيون على الأطفال، فبعض الأراء يذهب إلى أن هذا التأثير إيجابى، فى حين أن نظريات أخرى ترى أنه ليس هناك علاقة مباشرة بين العنف فى الدراما التليفزيونية و السلوك العدوانى لدى المشاهدين. ولقد حاولت هذه الدراسة والتى طبقت على عينة من الأباء والأمهات التعرف على أشكال التصرفات السلبية التى قد يكتسبها الأطفال من البرامج والمواد التى تحوى مشاهد من العنف، وحاولت معرفة المتغيرات الخاصة بالأب والأم والتى قد تساعد فى إكتساب الطفل للسلوكيات العدوانية من بعض المواد التليفزيونية.

ومن أهم ما أظهرته هذه الدراسة زيادة حجم تعرض الأطفال لمشاهدة برامج التليفزيون إذ أن هذه الوسيلة جاءت الأولى من بين رسائل الإتصال الأخرى المسئولة عن إكتساب الطفل للعنف وتأتى البرامج الدرامية الأجنبية فى مقدمة البرامج التى تساعد على نشر العنف. بين الأطفال بسبب كثرة مشاهد أساليب القتل والأذى والإنتقام وإستخدام العنف فى تحقيق الأهداف. وعارض عدد كبير من الأباء

---

(١) عدلى سيد محمد رضا، "السلوكيات التى يكتسبها الأطفال من المواد التى تعرض العنف فى التليفزيون"، القاهرة"، القاهرة، **مجلة بحوث الاتصال**، كلية الإعلام، جامعة القاهر، قسم إذاعة ، العدد الحادى عشر، يوليو ١٩٩٤.

والأمهات تعرض أولادهم لتلك المواد بسبب معرفتهم بأنها تعلم أطفالهم سلوكيات عنيفة وأن الطفل لا يستطيع أن يفرق بين ما هو صواب وما هو خطأ لما يشاهده بالتليفزيون. بجانب الرغبة فى التقليد والتى تتميز بها مرحلة الطفولة. وأعربت مجموعة من الأباء والأمهات عن قلقهم من مشاهدة الأطفال للقنوات الدولية عبر أطباق الأقمار الصناعية. وكان من بين نتائج الدراسة أن الأولاد أكثر تأثرا من البنات بالبرامج والمواد التى تقدم العنف فى التليفزيون، كما تبين أن وجود ظروف إجتماعية ونفسية سلبية فى الأسرة يساعد على إكتساب أطفالها السلوك العدوانى المرتبط بمشاهدتهم للتليفزيون. ولقد ناقشت هذه الدارسة عددا من المتغيرات التى يمكن أن تؤثر على إحتمال إكتساب الأطفال للسلوك العدوانى من خلال المواد التليفزيونية العنيفة. وكان أولها معدلات مشاهدة الأطفال للتليفزيون وإرتباطها إحصائيا بينها وبين زيادة وجود حوار مع الأهل عما يشاهده الأطفال من برامج.

ولقد اتضحت نتيجة هامة من هذا البحث هى أن التعرض المكثف لبرامج التليفزيون يمكن أن يزيد من إحتمال إكتساب الأطفال للسلوك العنيف وأيضا أن إرتفاع المستوى الثقافى والتعليمى للأبوين يساعد على زيادة التحكم فى نوع المواد التى يشاهدها أطفالهم فى التليفزيون. وتختتم هذه الدراسة بالتنويه عن الدور الهام الذى تلعبه الأسرة وتأثيرها الكبير فى مجال التنشئة الإجتماعية تلك العملية التى يكتسب من خلالها الطفل السلوك والعادات والعقائد والمعايير الإجتماعية التى تغرسها وتقيمها أسرته.

ومن الدراسات التى ناقشت تأثير العنف فى أفلام الرسوم المتحركة على سلوك الأطفال هى دراسة لمحمود حسن إسماعيل عن: "العنف فى أفلام الرسوم المتحركة بالتليفزيون وإحتمالية السلوك العدوانى لدى

عينة من أطفال ما قبل المدرسة" [1]. تهدف هذه الدراسة إلى الكشف عن العلاقة بين مشاهدة الأطفال فى مرحلة ما قبل المدرسة للعنف فى أفلام الكارتون بالتليفزيون وإحتمالية السلوك العدوانى لديهم بجانب التعرف على محتوى تلك الأفلام وإتجاهات العنف بها. ولقد إستخدمت هذه الدراسة منهجين الأول هو المنهج الوصفى لوصف الظاهرة محل الدراسة. بإستخدام تحليل المضمون والثانى المنهج التجريبى. وتم إختيار دورة تليفزيونية كاملة لأفلام الرسوم المتحركة أما عينة الدراسة التجريبية وتم إختيار ١٥ طفلا والتى تم تقسيمها لثلاثة مجموعات: المجموعة الأولى تم تعريضها لشريط فيديو من الرسوم المتحركة لثمانية جلسات كل منها إستغرق ٢٠ دقيقة، فى حين تعرضت المجموعة الثانية لنصف عدد الجلسات، والمجموعة الثالثة كانت ضابطة لم تتعرض للشريط.

وأوضحت هذه الدراسة أن نسبة الرسوم المتحركة من إجمالى إرسال القناة الأولى المخصص لبرامج الإطفال ٤٠ % أما ال ٦٠% الباقية فمعظمها يأتى من شكل حوار بين المذيعة والأطفال. كذلك إتضح أن ٤٠% من مشاهد الرسوم المتحركة تحتوى على العنف.

أما بالنسبة لنتائج الدراسة التجريبية فكانت كما يلى: فلقد ثبت وجود فروق ذات دلالة إحصائية بين مشاهدة أطفال ما قبل المدرسة للعنف فى أفلام الكارتون وإثارة السلوك العدوانى لديهم. كذلك إتضح أن الأطفال يتأثرون بمشاهدة العنف فى أفلام الكارتون بالتليفزيون سوء بصورة مكثفة أو بصورة معتدلة. ولقد أرجعت الدراسة ذلك إلى خصائص طفل ما قبل المدرسة من سرعة التأثر أو التأثير القوى لهذه الأفلام. وفى

---

(١) محمود حسين إسماعيل، "العنف فى أفلام الرسوم المتحركة بالتليفزيون وإحتمالية السلوك العدوانى لدى عينة من أطفال ما قبل المدرسة"، القاهرة، **مؤتمر ثقافة الطفل بين التعليم والإعلام**، كلية رياض الأطفال، سبتمبر ١٩٩٦.

النهاية لقد أكدت نتائج هذه الدراسة ضرورة تحرى الدقة عند إختيار أفلام الكارتون التى يتم إستيرادها وأن تخضع للرقابة أيضا نظرا لشدة تأثير هذه الأفلام على الطفل من خلال التسلية.

دراسة لسوزان القلينى وهبة الله بهجت السمرى بعنوان"تأثير مشاهدة العنف فى أفلام الكارتون بالتليفزيون المصرى على الأطفال" (١). وتهدف هذه الدراسة إلى التعرف على الآثار النفسية والسلوكية لتعرض الأطفال للعنف فى أفلام الكارتون التى يعرضها التليفزيون المصرى. كذلك تهدف إلى تقديم إقتراحات خاصة بالضوابط التى لابد أن تحكم أفلام الكارتون الموجهة للأطفال بالتليفزيون. وإعتمدت الدراسة على منهج المسح الميدانى والتحليلى.

ولقد إستخلصت الدراسة عددا من النتائج من أهمها أن سلوك الطفل يتأثر بما يشاهده من العنف فى الكارتون أكثر من تأثره نفسيا، إلا أن الإناث هن أكثر تأثيرا نفسيا عن الذكور من جراء مشاهدة العنف فى الكارتون. ولقد تبين وجود علاقة بين عمر الطفل، زاد تأثره النفسى بمشاهدة العنف، حيث وضح أنه كلما قل سن الطفل زاد تأثره نفسيا بمشاهدة العفن أيضا أتضح أن الذكور من عينة الدراسة أكثر ميلا لتقليد مشاهدة عنف الكارتون من الإناث كذلك معظم أفراد العينة يفضلون أفلام المغامرات عن مشاهدة العنف. ولقد وجدت الدراسة أن التليفزيون يكثر من عرض أفلام الكارتون المستوردة من أمريكا واليابان والتى يزداد فيها العنف وتلك الأفلام لم توظف العنف من أجل تدعيم قيم إيجابية بل على العكس تدعم القيم السلبية مثل: العنف لذات العنف، والاستيلاء على حقوق الآخرين والانتصار لمن هم أكثر دهاء ومكرا.

---

(١) سوزان يوسف أحمد القلينى، هبة الله بهجت السمرى، "تأثير مشاهدة العنف فى أفلام الكارتون بالتليفزيون المصرى على الأطفال"، **المجلة المصرية لبحوث الأعلامن كلية الإعلام**، جامعة القاهرة، العدد الأول، يناير ١٩٩٧.

وتوصى الدراسة بأن ينوع التليفزيون فى أنواع أفلام الكارتون التى يعرضها وألا تكون حكرا على الأفلام الأمريكية واليابانية حيث أن هناك ست دول عربية تنتج أفلاما للطفل ومنها مصر. كذلك لابد من تشجيع إنتاج أفلام كارتون مصرية، على أن تدعم القيم الإيجابية، مثل الدفاع عن النفس وعن الآخرين، ومقاومة الظلم والدفاع عن الوطن. كذلك الدعوة إلى نبذ العنف لما له من آثار نفسية وسلوكية سلبية على الطفل.

ومن الدراسات التى ربطت بين الأطفال وادراكهم لواقع التليفزيون دراسة ليلى حسين محمود بعنوان: "ادراك الأطفال لواقع التليفزيون ... صور ذهنية أم أشياء حقيقية"(١). وقد حاولت هذه الدارسة اختبار خمسة فروض أساسية هى:أولاً هناك علاقة ارتباطية بين عمر الطفل وابعاد ادراك الواقع التليفزيونى، ثانيا: توجد علاقة ارتباطية دالة بين نوع الطفل وابعاد ادراك الواقع التليفزيونى (ويشمل ذلك المحتوى والاتصال بشخصيات التليفزيون وسكنهم داخل جهاز الاستقبال التليفزيونى) ، ثالثا: هناك علاقة ارتباطية دالة بين ظروف التعرض للتليفزيون وأبعاد ادراك الواقع التليفزيونى، رابعا: هناك علاقة دالة بين فهم الأطفال لاستخدام الفيديو وأبعاد ادراك الواقع التليفزيونى، وأخيرا: توجد علاقة ارتباطية دالة بين مهارة الاتصال وأبعاد ادراك الواقع التليفزيونى.

ومن أجل اختبار تلك الفروض قامت الباحثة باستخدام المنهج التجريبى وتم استخدام أسلوب تصميم المجموعة الواحدة البعيدة The One Shot Design وفى هذا الأسلوب يتم جمع البيانات من العينة التى

---

(١) ليلى حسين محمود السيد "ادراك الاطفال لواقع التليفزيون ... صور ذهنية ام أشياء حقيقية"، **مؤتمر آفاق جديدة ... لطفولة سعيدة**، قسم طب الأطفال ومركز دراسات الطفولة، جامعة عين شمس، أبريل ١٩٩٦

تكونت من ١١٤ مفردة بعد المعالجة التجريبية (وكانت فى هذه الحالة عرض حلقة من حلقات" بوجى وطمطم").

ولقد استخلصت الدراسة وجود علاقة ارتباطية سالبة بين العمر وادراك الواقع التليفزيونى، فالأطفال الأصغر سنا (من ٣ إلى ٥ سنوات) أكثر اعتقاداً بان الشخصيات التى يعكسها مسلسل بوجى وطمطم سواء الشخصيات الحقيقية أو العرائس عبارة عن أشياء حقيقية موجودة فى الواقع وأنها كائنات حية تسمعنا وترانا. أما الأطفال الأكبر سنا (أى من ٦ إلى ٨ سنوات) فلقد كانوا أكثر معرفا بأن الشخصيات الموجودة فى المسلسل مجرد صور يبثها التليفزيون وتمثيل ولا يمكن أن ترانا أو أن تسمعنا، وليست شخصيات حقيقية. ومن النتائج المهمة أيضا لهذه الدراسة أن معظم معتقدات الأطفال عن واقع التليفزيون لا تعتمد فقط على محتوى المضمون بل أيضا على الخصائص النوعية للوسيلة التى يعرض فيها المضمون.

دراسة قامت بها سهير صالح إبراهيم، بعنوان: "تأثير الأفلام المقدمة فى التليفزيون على اتجاه الشباب المصرى نحو العنف"[1]. وكان الغرض منها التعرف على تأثير العنف المقدم فى الأفلام المعروضة على شاشة التليفزيون المصرى على الشباب، وإلى أى حد يمكن للعنف التليفزيونى أن يكون أداة لغرس اتجاهات عدوانية لدى الشباب وأن يلقنهم طرقا وأساليب للعنف فى التعامل، ثم دور المتغيرات العديدة فى إكتساب الشباب لاتجاهات العنف. إستخدمت هذه الدراسة المنهج المسحى من خلال صحيفة استبيان طبقت بالمقابلة على عينة قوامها ٤٠٠ مفردة لست أحياء مختلفة من القاهرة.

---

(١) سهير صالح إبراهيم، " **تأثير الأفلام المقدمة فى التليفزيون على اتجاه الشباب المصرى نحو العنف**"، رسالة ماجستير غير منشورة، كلية الإعلام، جامعة القاهرة، ١٩٩٧.

ومن أهم نتائج هذه الدراسة أن الباحثة اثبتت ارتفاع معدلات التعرض للتليفزيون بصفة عامة، وتراوحت المشاهدة اليومية ما بين ساعتين إلى أربع ساعات. كذلك وصلت نسبة مشاهدة أفلام العنف بصفة عامة إلى (٧١٨%) وكان الذكور أكثر تفضيلا لأفلام العنف عن الإناث. ولقد وجدت هذه الدراسة أن المستوى الاجتماعى والاقتصادى هو أحد المؤثرات الهامة، إذ أن يتزايد معدل مشاهدة أفلام العنف يتزايد لدى الفئات المنخفضة فى المستوى. كما ظهر أن سبب تفضيل هذه الأفلام أنها جذابة وأنها تخفف عن الشخص متاعبه اليومية، وذلك يظهر دور الأفلام العنيفة فى التنفيس عن إحباطات الإنسان. كذلك أظهرت الدراسة أن أهم ما يتعلمه الشباب من أفلام العنف الدفاع عن النفس واستخدام القوة لتحقيق أهدافهم كما أكدت الدراسة أن أهم أسباب الاعجاب بالبطل فى الأفلام العنيفة أنه يستخدم قوته فى الدفاع عن الضعفاء، وذلك يشير إلى أهمية الدافع الاخلاقى لممارسة العنف والذى يكتسب إعجاب الشباب.

ولقد وجدت الدراسة أن الشباب يقلدون البطل بنسبة ٧٨٫٨% وهى نسبة كبيرة توضح كيف أن دور البطل فى الأفلام يمكن أن يكون نموذجا سلوكيا يمكن الاقتداء به. وقد ارتبط ذلك بالمستوى التعليمى، حيث أن فئة التعليم المتوسط كانوا أكثر الفئات تقليدا للبطل العنيف، ويليها الفئة المنخفضة، ثم المرتفعة كأقل الفئات تقليدا للبطل، وقد ارتبط ذلك أيضا بالمستوى الإجتماعى الاقتصادى حيث يرتفع معدل تقليد البطل بانخفاض المستوى.

وقد اختلفت الآراء بالنسبة لمدى الاعجاب بطريقة البطل فى حل مشاكله التى يواجهها فى الأفلام، فحوالى ٦٠٫٧% تعجبهم هذه الطريقة. كذلك بينت الدراسة أن النسبة الأكبر من الشباب (٦٣%) لا يفضلون استخدام العنف كوسيلة لحل المشكلات. أما بالنسبة للذين اقروا

استخدام العنف فجاءت نسبة تفضيل الحلول العدوانية ٤٣٫٥% ثم احترام الناس الأقوياء ٢٣٫٢%، مما يشير إلى دور المجتمع فى تكوين نظرة جديدة لممارسة العنف ولأهمية القوة فى حل المشكلات كما أن نسبة ٣٢٫٧% أقروا أن أهم أسباب عدم تفضيل الحلول العنيفة هو إيمانهم بأن العقل أنسب الطرق لحل المشكلات.

ثانيا : دراسات خاصة بالأطفال ذوى الظروف الصعبة بوجه عامة:

ومن مراجعة الدراسات السابقة عن ظروف هؤلاء الأطفال أتضح للباحثة قلة الأبحاث التى توفرت لدراسة تلك الظاهرة من حيث حجمها وأسبابها حيث لا يوجد عدد من الدراسات الميدانية التى تتناول أصحاب المشكلة أنفسهم وهذا الإفتقار يفتح الباب واسعا أمام تخمينات غير مدعمة بإحصائيات أو حقائق ميدانية تدرس ظاهرة ابتعاد كثير من الأطفال عن اسرهم وإختيار الحياة فى ظروف قد تكون أسوأ حالا مما يعرضهم للمخاطر والحرمان. إلا أن ظاهرة عمالة الأطفال حظيت بقدر لا بأس به من البحوث والدراسات التى لم تحظ بها الظواهر الأخرى.

ونبدأ بعرض لدراسة تناقش موضوعا هاما مرتبطا بالناحية الإقتصادية للأطفال ذوى الظروف الصعبة وهى دراسة لهبة نصار بعنوان: "النواحى الإقتصادية للأطفال ذوى الظروف الصعبة فى مصر"[1]. ولقد أجريت هذه الدارسة على مستويين هما "الماكرو" ومعناه على المستوى القومى و "الميكرو" أى على مستوى الأسرة مع التركيز على أطفال الشوارع، وقد أظهرت نتائج هذه الدراسة أن الفقر هو السبب الأول والرئيسى لمشكلة عجز وحرمان الأطفال إذ أن

(1) Heba Nassar, "*Economic Asects of Vulnerability of Children in Egypt*", Cairo, Egypt, UNICEF, July, 1995.

المستوى الإقتصادى المنخفض يؤدى إلى الفقر والذى بدوره يؤدى إلى التسرب من التعليم ليصبحوا أطفالا عاملين أو أطفال شوارع، وعلى المستوى القومى تفرق هذه الدراسة بين ثلاثة مستويات للفقر هى:

١ـ الفقر المزمن فى حالة موظفى الحكومة محدودى الدخل.

٢ ـ الفقر المطلق كما هو الحال مع أطفال الشوارع .

٣ـ الفقر المؤقت كنتيجة لسياسات تعديل بناء الإقتصاد.

وتمثل البطالة ٧٥% بين الشباب من سن ١٦ ـ ٢٥ سنة، وقد زادت تكاليف المتطلبات الأساسية للمعيشة وأولها الغذاء، حيث زادت سعر الوجبة المتوازنة بنسبة ٢٤٫٥% من عام ١٩٨١ إلى ١٩٨٩. أما بالنسبة للتأمين الإجتماعى فيغطى ٢٧% من المواطنين فى حين يحصل ١٠% فقط على المعاشات الإجتماعية من وزارة الشئون الإجتماعية. يتراوح المعاش الإجتماعى ما بين ١٧ جنيه إلى ٢٥ جنية فى الشهر.

وكانت هناك عدة توصيات لهذه الدراسة حيث كانت العودة لتحديد الفئات الفقيرة من الشعب بشكل منتظم وتتولاها على أن تكون تلك مسئولية وزارة الشئون الإجتماعية كذلك تنسيق الأعمال المتصلة بمصلحة الأطفال بين الهيئات والوزارات المعنية. وأخيرا زيادة المصادر الإقتصادية لإجراءات المساعدة الإجتماعية والخدمات الإجتماعية للفقراء، بتطوير نظام مكثف لتحسين ظروف الأطفال العاملين كذلك مد العائلات الفقيرة بالمساعدة الإقتصادية وهى مسئولية كل من وزارة المالية ووزارة الشئون الإجتماعية.

دراسة للدكتور أحمد بـدران بعنوان "العناية الصحية بالأطفال ذوى الظروف الصعبـة"[1]. وتركز هذه الدراسة على الأطفال العاملين وأطفال الشوارع. وتبدأ الدراسة بعرض للخدمات الصحية المتاحة لهؤلاء الأطفال من قبل الدولة وتناقش الأحوال الصحية للأطفال العاملين ثم أطفال الشوارع وأخيرا تقدم توصياتها للجهات المعينة.

ومن نتائج الدراسة وجد أن الرعاية الصحية تمثل نسبة ضعيفة من إنفاقات الدولة الكلية فهى لم تتعد ١,٩% فى عام ١٩٩٣/١٩٩٤. وأن هذه النسبة تعانى من انخفاض مستمر، ففى عام ١٩٦٥ كانت ٥% ثم إنخفضت إلى ٢,٣% فى عام ١٩٨٠ ثم إلى ٢,١ فى عام ١٩٩٠ ومن الخدمات الصحية التى تكفلها الدولة أيضا التأمين الصحى، والمفروض أن يدفع العامل ١% من مرتبه بالنسبة للورش الخاصة فى حين يدفع صاحب العمل ٣% إذا كان لديه أكثر من عاملين.

أما عن الظروف الصحية للأطفال العاملين فقد أوضحت الدارسة أن:

١ـ ٣٣,١% من الأطفال العاملين يذهبون للوحدات الصحية الحكومية المجانية فى حالة المرض ويقومون بعلاج أنفسهم، وحوالى نسبة ٨% منهم يذهبون إلى الطبيب و ٣٨,٤% يذهبون لعيادات تابعة للجوامع أو الكنائس حيث تكون تكلفة العلاج متواضعة.

٢ ـ ٨,٦% من الأطفال الذين لجأوا للوحدات المجانية كان عليهم دفع بعض النقود.

و ٢٢% منهم لم يشفوا بإتباع العلاج الذى حصلوا عليه من تلك الوحدات.

٣ ـ قام صاحب العمل بتسديد مصاريف علاج نسبة ١,٨% فقط من الأطفال العاملين لديه.

(١) أحمد بدران، **"العناية الصحية بالأطفال ذوى الظروف الصعبة"**، القاهرة، اليونيسيف، ١٩٩٥.

٤ ـ نصف الأطفال العاملين تقريبا كان عليهم الذهاب للعمل فى حالة المرض.

٥ ـ ٦٤,٣% من الأطفال يعملون أكثر من ٧ ساعات يوميا و ٢٤,١% يعملون أكثر من ثلاث عشر ساعة يوميا.

٦ ـ وجدت الدراسة عدم وجود عقد بين صاحب العمل وبين ٥٦% من الأطفال العاملين لأن معظمهم فى أغلب الأحيان يعملون تحت السن القانونى، وبيئة العمل فى أغلب الأحيان فقيرة وغير نظيفة وغير صحية. فمثلا يتوفر ماء الشرب النظيف فى ٣٨% من أماكن العمل فقط وتغيب أدوات الإسعافات الأولية وهناك إحتمالات وجود أسلوك كهربائية عارية ولا تتوفر أجهزة أطفاء الحريق وفى حالة الإصابة يقوم ٣٣,٧% فقط من أصحاب العمل بإعطاء الطفل أجازة بأجر.

بالنسبة لأطفال الشوارع إستخلصت الدراسة عدة نقاط مهمة ومضمونها كما يلى:

١ ـ أن أطفال الشوارع أطفال صغار فى السن حتى أن ١٠% منهم تقع أعمارهم تحت عشر سنوات ٨١,٧% منهم من الأولاد و ١٨,٣% من البنات.

٢ ـ ٤,٤ % من أطفال الشوارع لم يذهبوا للمدرسة من قبل، و ٥٩,٦% تركوا المدرسة غالبا فى السنوات الأولى.

٣ ـ عانى ٧١% من هؤلاء الأطفال من حادثة واحدة على الأقل فى الشارع.

وتقدم هذه الدراسة عددا من التوصيات منها: توصيات موجهة لوزارة العمل، للبحث فى تطبيق القوانين الخاصة بعمالة الأطفال

وإنشاء مراكز التدريب بالتعاون مع وزارة الصناعة وزارة التربية والتعليم، حيث يتلقى الصغار التعليم الأساسى مع تدريب مهنى. وبجانب ذلك توصى الدراسة بإنشاء هيئة متخصصة لحماية الأطفال العاملين وتوفير الرعاية الصحية لهم.

أما بالنسبة للتوصيات الموجهة لوزارة الصحة فتضمنت تحديث وتحسين خدمات الحكومة الصحية وخاصة خدمات الطوارئ، وكذلك الإسراع فى عمل "الكارت الصحى" لكل مواطن بما فيهم الأطفال الفقراء من تسديد قيمة التأمين الصحى بالمدارس. بجانب توسيع نظام التأمين الإجتماعى الصحى ليشمل الأطفال العاملون للحصول على الرعاية الصحية. أيضا ضرورة النظر فى إعفاء الأطفال الفقراء من تسدد قيمة التأمين الصحى بالمدارس. بجانب توسيع نظام التأمين الإجتماعى الصحى ليشمل الأطفال العاملين.

ـ دراسة د. منى البرادعى بعنوان "استطاعة الأطفال المصريين الايفاء بمصاريف التعليم" "Egyptian Children' Affordability to Education"[1] . ومن نتائج هذه الدارسة عدم قدرة عديد من الأسر على الوفاء بمصاريف التعليم إلى التسرب من المدارس، مما يدفع بدوره بعض الأطفال للعمل وهم مازالوا صغارا أو الخروج إلى الشارع ليسكنوا طريق الضياع، وتتناول هذه الدراسة ثلاثة موضوعات رئيسية هى: الأسباب الرئيسية لعدم قدرة أطفال التعليم الأساسى للإلتحاق بالمدرسة الإبتدائية، وكذلك قياس إمكانية دفع مصاريف التعليم الإساسى، وأخيرا إقتراحات للإجراءات التى لابد من إتخاذها من أجل تشجيع الأطفال على الإلتحاق بالتعليم الأساسى.

---

(1) Mona Rl Baradie, **"Egyptian Children's Affordability to Education"**, Cairo, UNICEF, July, 1995.

وأوضحت الدراسة أن ٢٩% من الأطفال فى العمر ما بين ٦ ـ ١٤ سنة لا يذهبون للمدرسة. كذلك يوجد تفاوت كبير فى عدد الأطفال الملتحقين بالتعليم الأساسى على مستوى محافظات الجمهورية، فمثلا تتمتع محافظة الإسكندرية بأكبر عدد من الأطفال الملتحقين بالتعليم الأساسى (حوالى ٨٥%)، وتليها دمياط ثم القاهرة أما بالنسبة لمحافظات الصعيد فهى تعانى من معدلات أقل. وكان الفقر السبب الأول لإتخفاض معدلات الإلتحاق بالتعليم الأساسى ويظهر ذلك فى إختلاف تلك المعدلات تبعا لاختلاف مصادر الدخل وإرتفاع مستوى المعيشة من محافظة إلى أخرى، حيث تعانى محافظات الصعيد من ضعف المستوى الإقتصادى فالأطفال الذين يتخلفون عن التعليم ينتمون إلى أفقر طبقات المجتمع بسبب الفقر.

وقد أظهرت دراسة أخرى أجريت فى ثلاثة محافظات بمصر أن السبب الأساسى فى أن اولياء الأمور لا يرسلون أولادهم للمدرسة هو عدم إكتراثهم بالتعليم (٤٥% من الحالات) و ٧% فقط من الحالات عللوا السبب فى احتياجهم لمساعدة أولادهم فى تكاليف المعيشة وكان بعد موقع المدرسة مشكلة كبيرة لمعظم البنات مما يحول دون ذهابهن إليها.

ولقد أوضحت هذه الدراسة أن مجموع إنفاق الأسر على تعليم أولادها فى المدن حوالى ١٦٠ جنيه، ويتراجع إلى ٧٦ فى الريف سنويا، وتأتى القاهرة فى مقدمة المحافظات من حيث ارتفاع نسبة الإنفاق على التعليم بالنسبة لمجموع الصرف العام والكلى ٢,٩٠% على حين أنه يمثل ١,٦٧% فى المناطق الريفية. وعلى ضوء هذه النتائج نستطيع أن نعلل الفروقات الموجودة بين المحافظات فى إلحاق الأطفال بالتعليم الأساسى. ولقد أوضحت الدراسات أيضا أنه كلما زاد الدخل الأسرى زاد الإنفاق على التعليم فى كل من المدن والريف.

ويعتبر الصعيد فيما عدا الجيزة وبنى سويف أقل محافظات الجمهورية من حيث إنفاق الأسر على تعليم أولادها.

وكان لهذه الدراسة عدد من التوصيات نوجزها فيما يلى: بالنسبة للزى المدرسى اقترح تصنيعه من أرخص وأبسط الخامات وفى حالة عدم قدرة بعض الأطفال على شرائه يجب دعمهم من بعض الجهات. كذلك يجب أن تمد وزارة التعليم جميع الأطفال بالكتب المدرسية وجميع المتطلبات الدراسية مجانا، وضرورة امداد الأطفال الفقراء بوجبة يومية مجانية لتحسين حالتهم الصحية وكطريقة لجذبهم للمدرسة حيث أن ٥٢% من طلبة التعليم الأساسى يعانون من الأنيميا، وحوالى ٢٠% منهم يعانون من نقص الفيتامينات والبروتين. ولقد بدأت بعض محاولات فى عام ١٩٩١/ ١٩٩٢ فى بعض المناطق واستفاد منها ٣٨% فقط من تلاميذ التعليم الأساسى و ٢٤% بالمدارس الإعدادية.

ـ دارسة رشاد أحمد عبد اللطيف وعلى حسين زيدان وعفت الكاتب وتحمل عنوان: "تحليل للسياسات الإجتماعية وبعض الدراسات افجتماعية الخصاة بالأطفال فى ظروف صعبة"[1]. إستخلصت هذه الدراسة أن هؤلاء الأطفال هم فئات متنوعة تجمعهم خبرة مشتركة من حيث تعرضهم لظروف صعبة ويعانون من الخط الذى يتمثل فى الفقر والتشرد ومطاردة رجال الأمن والإهمال والإستغلال من جانب بعض أصحاب العمل، وقد ناقشت هذه الدراسة وجوها عديدة للظروف السيئة التى يعيشها هؤلاء الأطفال وفى مقدمتها المشكلات الصحية. إذ تبين أن الأطفال الذين يسكنون فى المقابر يعانون من أمراض العيون بنسبة ٣١% من عينة الدراسة، وأمراض الجهاز التنفسى بنسبة ٢١%،

---

(١) رشاد أحمد عبد اللطيف، على حسن زيدان، عفت الكاتب، "**تحليل للسياسات الإجتماعية وبعض الدراسات الاجتماعية الخاصة بالإطفال فى ظروف صعبة**"، القاهرة، اليونيسيف، ١٩٩٥.

والأمراض الجلدية بنسبة ١٩% ،كذلك أوضحت الدراسة تعرض أطفال الشوارع لعديد من الأمراض والمشكلات الصحية ومنها: إنتشار الحشرات الناقلة للأمراض مثل القمل والبراغيث بجانب إنتشار الأمراض العديدة مثل الأنيميا، والتينيا، والجرب، والنزلات الشعبية، والإنفلونزا. ويمارس عدد من هؤلاء الأطفال عادات صحية سيئة فى سن مبكرة مثل التدخين وإدمان تعاطى المخدرات. وبجانب المشكلات الصحية هناك المشكلات النفسية. فلقد بينت هذه الدراسة أن أبناء المسجونين يعانون الشعور بالدونية وإرتفاع معدل السلوك العدوانى لديهم، بجانب إختلاف مفهوم الذات بين أبناء المسجونين وأقرانهم من الأسوياء. كذلك أثبتت إحدى الدارسات معاناة الأطفال فى الأسر ذات الولد الواحد من إنخفاض معدلات التوافق النفسى والإجتماعى. بجانب ذلك أثبتت نفس الدراسة وجود فروق فى الذكاء والنمو الإجتماعى والإنفعالى بين أطفال الملاجئ وأطفال الأسر العادية أن الأحداث الجانحين المودعين فى مؤسسات يعانون من البرود العاطفي وإفتقاد الهوية وإرتفاع معدل العدوان سواء الموجه تجاه الذات أو تجاه الأخرين.

ثم تتعرض الدراسة للمشكلات الاجتماعية، فتطلعنا على معاناة الأطفال الذين يعملون فى سن مبكرة من الإرهاق نتيجة الجهد المضنى الذى يبذله الطفل فى العمل، كما يكتسب هؤلاء الأطفال أنماطا سلوكية غير مرغوب فيها. كذلك تسوء علاقة الأطفال بزملائهم فى المؤسسات وبمشرفيهم، بالإضافة إلى ضعف الإنتماء سواء للأسرة أو للمؤسسة أو للمدرسة كما يعانى هؤلاء الأطفال من عدم القدرة على بناء العلاقات الطيبة والشعور المستمر بأنهم أقل من الآخرين.

ثالثا: دراسات خاصة بعلاقة وسائل الإعلام والأطفال ذوى الظروف الصعبة:

دراسة مصطفى رزق مطر بعنوان: "دراسة ظاهرة غيبا الصغار عن منزل الأسرة" .

[١] ولقد أسفرت عن نتائج مهمة رطبت بين أطفال الشوارع والسينما والتليفزيون. ولقد تم إختيار عينة عشوائيةو مكونة من ٢٨٦ حالة من أطفال الشوارع من القاهرة، ومن محافظات الوجه البحرى والوجه القبلى. ولقد تبين ما يلى:

١ ـ أغلبية أطفال الشوارع هم من الذكور بنسبة ٧٧% والإناث يمثلن ٢٣%، وهم يقعون فى المرحلة السنية ١٢ ـ ١٨ بنسبة ٩١%، ويعيش معظمهم فى أحياء شعبية متخلفة وفى أماكن معظمها غير صحى.

٢ ـ نصف عدد العينة إعتاد الذهاب إلى السينما، حوالى ٩٠% منهم يذهبون للسينما من مرة إلى أربع مرات شهريا، وأكثر الأفلام التى يحبون مشاهدتها الأفلام البوليسية، يليها الأفلام الفكاهية، ثم الأفلام العاطفية، وأقلها قبولا لديهم الأفلام السياسية والتاريخية.

٣ ـ الغالبية العظمى من العينة إنتظمت فى مشاهدة التليفزيون بمعدل من ساعة إلى أربع ساعات يوميا، وأكثر المواد قبولا لديهم هى الأفلام والمسلسلات، يليها المنوعات ثم البرامج الثقافية، وأقلها قبولا البرامج السياسية. وبالنسبة لمكان المشاهدة فكان أكثرها فى المنزل يليها عند الجيران ثم بالمقهى.

ولقد قدمت هذه الدراسة عدة إقتراحات تتعلق بدور وسائل الإعلام من أجل التقليل من ظاهرة أطفال الشوارع وهى كما يلى:

١ ـ توجيه إهتمام الجهات المعنية ببرامج تنظيم الأسرة نظرا لأن حجم الأسرة الكبير يرتبط بعدم مقدرتها على التنشئة الإجتماعية السوية، والتى من مظاهر غيابها هروب الأبناء للشارع.

(١) مصطفى رزق مطر، "دراسة ظاهرة غياب الصغار عن منزل الأسرة"، القاهرة، الجمعية العامة للدفاع الاجتماعى، يوليو ١٩٨١.

٢ ـ محاولة تنفيذ برامج لمحو الأمية بصورة تمكن أفراد الأسرة الذين يعانون من الأمية من الإنتظام فى تلك البرامج.

٣ ـ ضرورة الإكثار من البرامج التحذيرية والتوعية بمضار التدخين والمخدرات، ويمكن لوسائل الإعلام القيام بدور رئيسى فى هذا الشأن.

ـ دراسة د. سوزان القلينى بعنوان: "نحو إستراتجية إعلامية لمخاطبة أطفال الشوارع من خلال الوسائل المسموعة والمرئية" .[1] وتهدف هذه الدراسة إلى الكشف عن أنماط إستخدامات أطفال الشارع لوسائل الإعلام ودوافعهم وتوقعاتهم والإشباعات التى يحصلون عليها من هذه الوسائل وذلك من أجل توجيه مسئولى السياسات الإعلامية لتخطيط إستراتيجية وخطة إعلامية مناسبة للوصول إلى أطفال الشوارع والمساعدة فى حل هذه الظاهرة الحديثة فى مصر. ولقد إستخدمت الدراسة مدخل الإستخدامات والإشباعات كإطار نظرى لأنها تتعامل مع مجموعة من الأطفال ذوى الحاجات الخاصة وبذلك تختلف توقعاتهم وإشباعاتهم من وسائل الإتصال عنها فى حالة الأطفال العاديين. وكان الغرض الرئيسى للدراسة التعرف على طبيعة العلاقة بين التليفزيون وأطفال الشوارع.

ولقد كان لهذه الدراسة عدد من النتائج المهمة وهى كما يلى:

١ ـ أولا أن جميع أطفال العينة يتعرضون لوسائل الإتصال المختلفة بدرجات متفاوتة. وقد جاء التليفزيون فى المرتبة الأولى (٨١,٣%) من حيث درجة التعرض. وجاءت السينما فى المرتبة الثانية (٣٣,٨%) ثم الراديو (٧,٩%)، وكانت فترة المساء والسهرة أكثر أوقات مشاهدة التليفزيون بنسبة (٩٢,٨%)، وإرتفعت درجة التردد

---

(١) سوزان يوسف القلينى، "نحو إستراتجيية أعلامية لمخاطبة أطفال الشوارع"، **مؤتمر آفاق جديدة ... لطفولة سعيدة،** قسم طب الأطفال بمركز دراسات الطفولة، جامعة عين شمس، إبريل، ١٩٩٦.

على السينما فى فترة الظهيرة (٧٩%) أما بالنسبة لمتغير السن فلقد كانت نسبة تفضيل التليفزيون ٩٤,٧% لمن تراوح عمرهم من ٦ ـ ١٢ سنة. وجاءت أعلى نسبة ذهاب للسينما (٧٢%) بين أطفال من ١٣ ـ ١٨ سنة.

٢ ـ وبالنسبة لعلاقة التعليم بالتعرض فلقد إرتفعت نسبة التعرض للتليفزيون بين الأطفال الأميين (٩٢,٥%) ثم المتسربين من التعلم (٨٤%) وتلاهم المنقطعين عن الدارسة (٧٤%) وجاءت أعلى نسبة تردد على السينما (٨٨%) بين الأطفال المتسربين من المدارس ٧٢,٣% للمنقطعين عن الدراسة.

٣ ـ بالنسبة للعلاقة بين الدخل والعرض للتليفزيون فلقد وجدت هذه الدراسة أن ١٠٠% من أطفال العينة ذوى الدخول العالية يذهبون للسينما (٧٣%) مرتين أسبوعيا، و١٩% منهم يذهبون مرة واحدة أسبوعيا، و٨% فقط حسب الظروف. ولقد إستنتجت هذه الدراسة أن الأطفال ذوى الدخول المتوسطة هم أكثر الأطفال مشاهدة للتليفزيون.

٤ ـ أما بالنسبة لإشباع دوافع الأطفال فلقد وجدت هذه الدراسة أن أول دافع لدى أطفال العينة للتعرض لوسائل الإتصال كان إشباع الرغبة فى العنف (٦٧,٢%)، ثم جاء دافع التسلية والإستمتاع بنسبة (٥٤%)، ثم التقمص (٤٢,٩%)، ثم الهروب من المشكلات اليومية (٣٥,٨%)، ثم الحصول على الإشباعات الجنسية (٢٤,٦%) وأخيرا للبحث عن النصيحة (٨,٨%)، وكانت أولى الدوافع لمشاهدة التليفزيون التسلية والإستمتاع (٥٢,٣%)، ثم تلتها الرغبة فى إشباع العنف (٤٩,٧%)، فى حين أن السبب فى التردد على السينما كان للإشباعات الجنسية (٧٢,٨%)، ثم الرغبة فى العنف (٥٦,٨%) ثم تقمص أدوار البطولة (٣٤,٦%)، واخيرا التسلية والإستمتاع (١٨,٥%)

ولقد قدمت هذه الدراسة عددا من التوصيات والمقترحات الهامة لتوظيف الإعلام فى حل مشكلة أطفال الشوارع وكان منها:

١ ـ أن يكون التخطيط لبرامج الأطفال على المدى الطويل وأن تتكون لجنة مختصة من أساتذة وعلماء علم النفس، والإجتماع، وأطباء الأطفال تشرف على برامج الأطفال.

٢ ـ يجب مخاطبة الأطفال من خلال أفلام وبرامج تنتج خصيصا للعرض فى المدارس وأن تحتوى على مواضيع شيقة ومسلية بما فيها توعية فى مجال التعليم والصحة والبيئة.

٣ ـ إنتاج حملات إعلانية تتناول قضايا الإنحراف والعنف وأسباب عمالة الأطفال وحقوق الأطفال العاملين والأعمال الضارة بصحة الأطفال.

دراسة د. ابتسام أبو الفتوح الجندى بعنوان: "المعالجة الإذاعية والتليفزيونية لعمالة الأطفال فى ضوء نظرية وضع الأجندة" [1]. وتلقى هذه الدراسة الضوء على أهمية "وضع الأجندة" لأنها أحد وظائف الإتصال المهمة، والتى تركز من خلالها وسائل الإتصال على الموضوعات والقضايا الحيوية التى يتحتم على الجمهور الإنتباه إليها على إختلاف مستوياته، وبمقتضاها تتحدد الأولويات فى عرض القضايا لتحتل مساحة ووقتا أكثر من غيرها تبعا لأهميتها للمصلحة العامة. وتهدف هذه الدراسة إلى بحث معالم الدور الذى يمكن أن يلعبه الراديو والتليفزيون من أجل تغطية إعلامية جيدة لتحسين أحوال الأطفال تهديدا للطفولة بسبب حرمانهم من الرعاية وبسبب ظروف العمل الصحية السيئة وتقع خطورة هذه الظاهرة فى الآثار السلبية لها وخاصة الآثار النفسية لأنها تحرم الطفل من طفولته وتفقده ثقته بنفسه بسبب سوء معاملة وإهانات أصحاب العمل المستمرة. وتعد الدراسات الإعلامية فى مجال عمالة الأطفال نادرة رغم أهمية الإعلام فى

---

(١) إبتسام أبو الفتوح الجندى، "المعالجة الإذاعية والتليفزيونية لعمالة الأطفال فى ضوء نظرية وضع الأجنـدة"، **مؤتمر حق الطفل فى الرعاية والتنمية**، القاهرة، وزارة الشئون الإجتماعية، الإدارة العامة للأسرة والطفولة، يونيو، ١٩٩٦.

التصدى للظاهرة لأن تحسين الظروف الإقتصادية والإجتماعية يحتاج إلى وقت طويل. فوسائل الإتصال وخاصة الراديو والتليفزيون تستطيع أن تركز الإنتباه على ضرورة التغيير وبث الوعى حول هذه الظاهرة للتوعية والإقناع بكيفية تقليل الأثار السلبية لعمالة الأطفال.

ولقد تم من خلال هذه الدراسة إجراء مقابلات مع المسئولين فى التليفزيون عن برامج المرأة والأطفال والبرامج الخدمية. وتم إختبار عينة عشوائية مكونة من ٤١ مفردة من العاملين بالمحطات الإذاعية كالشبكة الرئيسية، والقاهرة الكبرى، والشباب والرياضة، ووادى النيل، ووسط الدلتا، والإسكندرية، ومرسى مطروح، والقناة، وجنوب سيناء، وشمال سيناء، والوادى الجديد وبعض الشبكات التليفزيونية مثل طنطا والمنيا. ولقد أوضحت هذه الدراسة النتائج التالية:

أولا: أقرت نسبة ٩٠,٢% من العينة أن عمالة الأطفال مهمة قومية لها أهمية كبيرة

ثانيا: بالنسبة للتناول الشخصى لهذه الظاهرة فيما يقدمونه من مواد إعلامية وجد أن نسبة ٦٥,٩% منهم يتناولون الظاهرة فى برامجهم تبعا للظروف، فى حين أن نسبة ٢٦,٨% لا يتناولون الظاهرة على الإطلاق، وتبقى نسبة ضعيفة تناولون الظاهرة بإستمرار فى برامجهم وصلت إلى ٧,٣% فقط.

ثالثا: وفيما يتعلق بدرجة الرضاء عما يقدم من مواد للتوعية بالمشكلة فكانت النسبة منخفضة من حيث حجم ونوع التغطية إذ يشعر القائمون بالإتصال بالتقصير فى تغطية هذه المشكلة، ولقد إتضح من خلال البحث عن أسباب هذا التقصير أنه يرجع إلى عدم توفر الإمكانات المطلوبة مثل الكاميرات والسيارات وكذلك بسبب صعوبة إجراء التسجيل مع الأطفال العاملين.

وبذلك تتساءل الدارسة إذا كان الاهتمام بمشكلة عمالة الأطفال يشكل جزءا ضئيلا لدى حراس البوابة فكيف يكون الاهتمام بها على أجندة الجمهور المتلقى؟

وقدمت الدراسة مجموعة من المقترحات كانت كالتالى:

أولا:الإهتمام بالظاهرة من جانب رئيسى الإدارات لما لها من أهمية وذلك لضمان الانتظام والإستمرارية فى تناولها.

ثانيا: عقد دورات تدريبية وتتضمن جميع جوانب المشكلة لإعداد القائمين بالإتصال لعرض المشكلة.

ثالثا: تشجيع الأبحاث فى مجال عمالة الأطفال وعرض نتائجها على الجمهور من خلال وسائل الإتصال حتى تتسع مساحة التغطية.

رابعا: التركيز فى مضمون الرسائل الموجهة للأطفال العاملين على الشق العلاجى والوقائى معا وتعريفهم بحقوقهم وبمراكز التدريب المهنى.

خامسا: وأخيرا مخاطبة أولياء الأمور، وأصحاب الورش والمصانع، والأطفال العاملين، ومتخذى القرار حتى تشمل التوعية بالمشكلة جميع هذه الأطراف.

دراسة لفاطمة عبد الكريم رخا، ومديحة الصفطى، وأمنية حمزة الجندى بعنوان: "حول الطفل ووسائل الإتصال فى المناطق الحضرية المحرومة"[1] ولقد تمت هذه الدراسة على مرحلتين الأولى دراسة نوعية، وتعتبر دراسة استطلاعين لأربعة أحياء من القاهرة من الأحياء محرومة الخدمات وهى: منشية ناصر، ودار السلام، والجمالية،

---

(١) فاطمة عبد الكريم رضا، مديحة الصفطى، أمنية حمزة الجندى، "حول الطفل ووسائل الاتصال فى المناطق الحضرية المحرومة"، القاهرة، **المجلس القومى للطفولة والأمومة** بالتعاون مع المركز الدولى للطفولة بباريس، القسم الطبى بالسفارة الفرنسية بالقاهرة، فبراير، ١٩٩٢

والشرابية، أما المرحلة الثانية فتتضمن منهجا بحثيا كميا تبحث فيه الدراسة فى الطفل وعلاقاته داخل الأسرة.

ولقد أوضحت هذه الدراسة أن المصدر الأول للمعلومات التى يكتسبها الطفل هى الأم، أما الأم فهى تعتمد على كبار السن كمصدر لمعلوماتها، وخصوصا فى الناحية الصحية، أما علاقات الجيرة فتأتى فى المرحلة الثانية من حيث الأهمية كمصدر لنقل المعلومات بالنسبة لوسائل الاتصال الجماهيرية فيعد التليفزيون فى المركز الأول كمصدر للمعلومات، ويتمتع التليفزيون بدرجة مصداقية عالية فى تلك المناطق. ويعتبر التليفزيون من بين وسائل الأم للحصول على معلومات عن الصحة وعن تربية الأبناء ومشكلات الحياة عموما. أما الراديو فيأتى فى المرتبة الثانية، أما الصحف والمجلات فتأتى فى المرتبة الأخيرة، ويرجع هذا إلى ارتفاع نسبة الأمية فى عينة الدراسة ولأسباب اقتصادية تتعلق بأولوية شراء غذاء أو ملبس بدلا من الصحف والمجلات، ولقد أتضح من الدراسة أيضا أن المدرسة وخاصة مادة العلوم ذات أهمية لأطفال هذه المناطق من حيث أنها مصدر لمعلوماتهم.

ولقد وجدت هذه الدراسة أن المناطق الأربع محل البحث تعانى من مشكلات صحية واجتماعية لعدة أسباب أولها الظروف البيئية والصحية، ثم كبر عدد أفراد الأسرة، وأيضا ارتفاع نسبة الأمية بين معظم السكان. ولقد أوضحت الدراسة وجود قصور فى الوعى الصحى بشكل عام مع زيادة الاهتمام العام بالتطعيم من خلال الحملات التى تعلن عنها وزارة الصحة ولقد أظهرت النتائج عدم معرفة أنواع التطعيم والأمراض التى تحدث بسبب التقصير فيها فى معظم عينة الدراسة.

ولقد أوضحت الدراسة أن معظم أفراد العينة يديرون جهاز التليفزيون طوال اليوم ولا يغلقونه إلا بعد أنتهاء الإرسال دون متابعة دقيقة من المشاهدين، إلا أن هناك بعض البرامج المفضلة لديهم وعلى رأسها المسلسلات والأفلام العربية. والنساء يفضلن برامج المرأة والبرامج المفضلة لديهم وعلى رأسها المسلسلات والأفلام العربية.

والنساء يفضلن برامج المرأة والبرامج التى تعالج المشكلات، أما بالنسبة للأطفال فهن يشاهدون برامجهم المختلفة بدرجة كبيرة وتقل عدد ساعات مشاهدة الأطفال للتليفزيون فى أوقات الدراسة عنها فى الأجازة وتجذبهم الاعلانات بشكل كبير. كذلك يستمع الأطفال فى المناطق الأربع التى دار بها البحث للراديو ويتابعون برامج الأطفال فيه ولكنه لا يراسلون أيا منها سواء فى الراديو أو التليفزيون. وقلما ما يقرأون الجرائد، لعدم توافرها بالمنزل.

ولقد أتضح أن للتليفزيون مصداقية عالية لدى الأطفال الذين شملتهم عينة الدراسة، ولكن إذا قورن بالمدرسة تفوز الأخيرة، ولقد أوضحت إجابات الأطفال أنهم يدركون جيدا سبل الوقاية من بعض الأمراض، والتغذية السليمة، والنظافة، ولكنهم يجهلون كثيرا من مسببات الأمراض رغم مشاهدتهم للإعلانات الصحية بالتليفزيون.

دراسة فوزية عبد الله العلى بعنوان: "أثر التليفزيون فى جنوح الأحداث فى دولة الإمارات العربية المتحدة"[1]. وكان غرض هذه الدراسة بيان مدى أثر التليفزيون فى جنوح وانحراف الأحداث فى دولة الإمارات ومحاولة الحد من هذه الظاهرة عن طريق تحديد مدى التعرض لنوعية معينة من البرامج تعرض التعاون مع المسئولين فى محطات التليفزيون والتنسيق معهم لتخطيط برامج مفيدة وسليمة للأطفال والشباب.

ولقد استعانت الباحثة بعينة مكونة من ٥٠ حدث جانح وقت تطبيق العينة وكان توزيعهم كما يلى: ٣٠ حدث من مركز الأحداث فى أبو ظبى و ١٢ من الشارقة و ٨ من دبى ولقد إستخلصت الباحثة النتائج التالية:

(١) فوزية العلى، "أثر التليفزيون فى جنوح الأحداث فى دولة الإمارات العربية"، دراسة ميدانية، جامعة الإمارات العربية المتحدة، كلية العلوم الإنسانية والاجتماعية، ١٩٩٦.

١ ــ أن أكبر نسبة لمشاهدة التليفزيون كانت للذين يذهبون للسينما.

٢ ــ معظم أطفال العينة يشاهدون التليفزيون أكثر من ٣ ساعات.

٣ ــ معظم أطفال العينة يشاهدون التليفزيون حسب رغبتهم دون وجود رقابة من ناحية الأهل.

٤ ــ يشاهد عدد كبير من أطفال العينة أفلام العنف والجريمة.

٥ ــ أغلبية أطفال العينة لا يشاهدون برامج الأطفال.

٦ ــ أكثر القنوات الفضائية تفضيلا لأطفال العينة هى قناة ستار T.V والتى يتوفر بها أفلام وبرامج ذات قبول للأطفال فى هذا السن.

وفى النهاية تضع الباحثة عددا من التوجيهات المهمة ومنها:

١ ــ ضرورة أن يشترك الأهل ويتدخلون فى كيفية تعرض أبنائهم لوسائل الأعلام.

٢ ــ تحديد أوقات محددة لمشاهدة التليفزيون.

٣ ــ لابد من أن تقوم وسائل الإعلام بمراقبة نوعية الأفلام التى تعرض والقنوات الفضائية التى يشاهدها الأحداث.

٤ ــ تكوين لجنة رقابة مختصة بمراجعة الأفلام التى تعرض فى التليفزيون المحلى بطريقة دقيقة وتحليلها تربويا ونفسيا واجتماعيا.

٥ ــ زيادة اهتمام وسائل الإعلام بالبرامج التى تقوى القيم العربية والإسلامية وتؤيد قيم الأباء والأجداد وتعمل على غرسها فى عقول الأطفال من خلال وسائل الإعلام المختلفة.

رابعا: الدراسات الأجنبية:

وكان لابد من عرض الدراسات الأجنبية أيضا من أجل التعرف على الفكر الأجنبى فى النظر إلى مشكلة البحث، وإحدى الدراسات الأجنبية التى ربطت بين الأطفال المحرومين من ذوى الظروف الصعبة

ووسائل الإتصال هى دراسة لتشارلز رايت Charles R. Wright . بعنوان "الإعلام رؤية اجتماعية" "Mass Communication, A Sociological Perspective" ويتساءل الباحث فى هذه الدراسة هل صحيح أن العنف والجريمة التى تعرض فى الأفلام وعلى شاشة التليفزيون من الممكن أن تضر الأطفال بأن تصبغ سلوكهم بالعنف والعدوان لحد قد يصل إلى الوقوع فى الجريمة؟ وتشرح هذه الدراسة أن التأثر بالعنف التليفزيونى قد تم إقراره فى عدد من الدراسات ولكن يرى الباحث هنا أن هذا التأثير يقع بدرجات وصور مختلفة على الأشخاص الموجودين فى ظروف مختلفة. بمعنى أن الطفل العادى الذى يعيش حياة طبيعية قد لا يتأثر بمشاهد ما من العنف، على حين يتأثر بشدة طفل أخر فى ظروف غير عادية ويعانى من إضطراب نفسى ومن حقد على من حوله، مثل هذا الطفل، طبقا لهذه النظرية، ذو استعداد مسبق ليصبح عدوانيا. وهكذا فإن عملية تأثير العنف التليفزيونى يلزمها أيضا توفر ظروف معينة فى البيئة التى يعيش فيها الطفل.

وتعرض هذه الدراسة وجهة نظر غاية فى الأهمية وهى لبوجارت Bogart الذى قال إن تأثير مادة معينة فى التليفزيون قد لا يحدث وقتيا، وقد يؤثر على الطفل بعد فترة طويلة من إذاعة برنامج ما أو مسلسل ما، ذلك أن هناك تأثيرات كامنة وغير مرئية أو واضحة للعنف التليفزيونى، والتى قد تؤدى إلى أنماط من السلوك، قد تترك أثرها على المجتمع حتى بعد إنتهاء عرض مشاهد العنف. (١)

ويرى بوجارت أن القضية الأساسية التى يجب النظر إليها ليست العلاقة بين مشاهدة العنف والسلوك العدوانى ولكن بدلا من ذلك والأهم

---

(1) Charles R. Wright, "**Mass Communication, A Sociological Perspective**", Second Edition, New York, Random House, Inc,. 1975.

من ذلك هو التأثير ذو المدى البعيد فى تشكيل الثقافية لمجتمع ما، حيث أنها ترتبط بمسألة دور التنشئة الاجتماعية فى حياتنا.

وأما عن طريقة تأثر الأطفال بالعنف الموجود فى وسائل الإتصال فتفسر هذه الدراسة أن هناك طريقتين الأولى: أنه قد تقوم بعض البرامج أو مضمون ما فى التليفزيون بتقديم إثارة مبالغ فيها من خلال مشاهد العنف وتسئ إلى المفاهيم المقبولة إجتماعيا والثانية حينما يقوم الأطفال بتقليد هذا المضمون. ولقد أثبتت العديد من الدراسات حدوث عملية تقليد الأطفال لأبطال الدراما فى السينما والتليفزيون. ويتعدى الأمر التقليد إلى استخدام الطفل لتلك المواد التليفزيونية كمصدر للتعلم ومرشد لإستنباط كيفية التعامل مع المواقف المختلفة.

الدراسة التالية من الدراسات الأجنبية تناقش علاقة مشاهدة التليفزيون بالسلوك المنحرف لجرانت نوبل grant Nobel بعنوان: " الأطفال أمام الشاشة الصغيرة" أو Children In front of the Small Screen[1] . وتقرر هذه الدراسة أن الأطفال ذوى الاستعداد للإنحراف يلجأون للتليفزيون ليس فقط لتعلم أساليب العنف والإجرام ولكن أيضا لتعويض العلاقات الأسرية والإجتماعية المفقودة فى الواقع. وتفترض هذه الدراسة أن الطفل ذو الإستعداد للإنحراف يلجأ إلى وسائل الإتصال كبديل للناس الذين يتعامل معهم. فعلى سبيل المثال قد يلجأ الطفل العادى إلى العم أو الخال أو الخالة فى حالة غياب أبويه ولكن فى حالة الأطفال ذوى الظروف الصعبة فإنهم يلجأون إلى وسائل الإتصال.

ولقد تبين أن الأطفال ذوى الاستعداد للإنحراف كانوا أقل نقاشا من المجموعة الثانية حول ما يشاهدونه فى التليفزيون مما يشير ليس فقط إلى العجز فى التفكير ولكن أيضا إلى ضعف العلاقات بينهم وبين أفراد أسرهم أما بالنسبة للعجز فى التفكير فمعناه أن هؤلاء الأطفال يفتقرون إلى القدرة على التعليق أو نقد أو تحليل ما يشاهدونه فى التليفزيون

---

(1) Noble, Op. Cit.

وبذلك فهناك إحتمال أنهم يفضلون أبطال التليفزيون بسبب مهارتهم وبراعتهم وشجاعتهم فقد تنبأت إحدى الدراسات من خلال إعجاب أطفال ما بين الحادية عشر والثانية عشر فى إستراليا بالعنف بإنتشار حوادث العنف والقتل فى البلاد. ولقد أوضح شرام Schramm أن الأطفال ذوى الفهم القاصر وغير المتعلمين من الأرجح أن يخلطوا بين العالم الحقيقى والخيال ومن الممكن أيضا أن ينفذوا العنف الذى يرونه على شاشة التليفزيون.

ولقد وجدت هذه الدراسة أن ٣٤% من الأطفال المنحرفين الخطرين، و٣٠% من الأطفال المنحرفني غير عدوانين، و ٢٠% من الأطفال العاملين قد ظنوا أن القتال الموجود فى الأفلام حقيقيا وليس تمثيلا. وإذا قلنا إن الخلط بين الحقيقة والواقع التليفزيونى دلالة على الإستغراق فى المشاهدة، وبذلك فإن المنحرفني الخطرين كانوا أكثر إستغراقا وتركيزا لمشاهدة التليفزيون لدرجة أن بعضهم من صغار السن ظنوا أن الإصابات التى لحقت ببعض الممثلين من جراء الضرب إحتاجت للذهاب للمستشفى وقد قرر بعض الأولاد أن العنف الموجود فى الأخبار مجرد تمثيل.

وتناقش هذه الدراسة وجود فجوة كبيرة جدا بين حقيقة الطفل الحالية (Me - now)وحقيقته المثالية غير الموجودة (Me-as I would to be) فالأطفال المنحرفين ولديهم دائما الحاجة لغلق هذه الفجوة والتى عادة تحدث بالأعمال الإجرامية والمنحرفة فهم يملكون صورة محرفة ومشوهة عن أنفسهم بسبب غياب الأشخاص السويين من حياتهم الذي يمثلون المرآة التى يرون أنفسهم من خلالها فى صورة سوية وهذا ما يدعو هذه الدراسة أن تقر أن هؤلاء الأطفال من المنحرفين أن أبطال السينما موجودين فى الحقيقة فى حين ظن ٣١% فقط من الأطفال غير المنحرفين ذلك. ويقل الشعور لدى الأطفال المنحرفين بالإنتماء

وبالصلة لأبطال التليفزيون ومن ثم تزداد صلتهم بأبطال التليفزيون حتى أنهم يجعلوا منهم شخصيات تعيش معهم بالفعل فى الحياة.

وتستخلص هذه الدراسة أن علاقة التليفزيون بالإنحراف علاقة معقدة وليس من السهل التعرف عليها ولكن من الواضح أن التليفزيون يزيد من معدل إنحراف الأطفال بسبب إظهار حياة الأبطال بجاذبية وبطبيعية إلى درجة تجعل المشاهدين يظنون أنهم موجودون بالفعل فى الواقع وأنهم بالفعل يعيشون بنفس المستوى الباذخ الذى يعرض بالتليفزيون.

دراسة بعنوان : "بيئة الاتصال فى الحضر لفقير " [1] . لبراندا ديرفين وبرادلى جرينبرج وتشير هذه الدراسة إلى أنه على الرغم من أن الفقراء ليس لديهم المال إلا أنهم ليسوا فقراء فى الوصول إلى وسائل الإتصال. وقد أوضحت دراسات أخرى أن ٩٥% من البيوت الفقيرة فى الولايات المتحدة لديها تليفزيون واحد لكل بيت على الأقل، وتقريبا ٤٠% لديهم جهازان أو أكثر، وهذه النسبة يتشابه فيها كل الفقراء والأغنياء إلا أن حيازة التليفزيونات الملونة قليلة فى حالة الفقراء كذلك يمتلك ١٠٠% تقريبا من البيوت أجهزة الراديو. ولقد وجد أن الذهاب إلى السينما نادر فى الطبقات الفقيرة أما بالنسبة لنتائج الدراسات الخاصة بتعرض الفقراء لوسائل الاتصال فلقد وجد أن معظم العينة من الفقراء يشاهدون التليفزيون من ٤ إلى ٦ ساعات يوميا. وجد أيضا أن الفقراء السود يشاهدونه بمعدلات أكثر من غيرهم من الفقراء.

وللإجابة على السؤال لماذا يشاهد الشخص الفقير التليفزيون تجيب هذه الدراسة أنه كلما زاد الضغط النفسى والإضطراب لدى شخص ما سواء بسبب الإحباط أو العزلة أو غيرها، زاد إحتمال أن يعرض نفسه

(1) Brenda Dervin & Bradley S. Greenberg, "The Communication Environment of Urban Poor", **Current Perspective in Mass Communication Research** , Editors: F. Gerald Kline and phillip J. Tichenor, Beverly Hills, Sage Publications, Volume 1, 1972.

لمواد ذات طابع خيالى. وبما أن الفقراء يعانون من ضغوط نفسية وإحساس بالعجز والإحباط فهم يلجأون للتليفزيون كمصدر للخيال. كذلك تقرر هذه الدراسة أن الأطفال الفقراء يستخدمون التليفزيون كمدرسة للحياة ليعوضوا حرمانهم من التعليم فمثلا يتعلمون من التليفزيون كيف يتصرفون فى المواقف المختلفة وكيفية حل المشكلات وكيفية التعامل مع الناس على حين تستخدمه الطبقة المتوسطة للتخلص من الملل.

ولقد وجدت إحدى الدراسات التى أجراها بوجارت أن الفقراء أيضا يستخدمون التليفزيون كمادة للحديث فى الجماعة ولربط الأشخاص فى مناقشات وأنشطة إجتماعية وخاصة المسلسلات. أما بالنسبة للمفضل من وسائل الاتصال فقد وجدت الدراسة أن التليفزيون هو الوسيلة الأولى والرئيسية والأكثر مصداقية بالنسبة لهم. وتقرر هذه الدراسة أن التليفزيون قد لا يكون مصدرا كفئا بما يكفى ليسد احتياجات الأفراد المعزولين فى المجتمع الأمريكى ذلك أن كثيرا منهم يلجأون لأفراد آخرين للتقصى عن الأخبار المحلية.

ملخص للدراسات السابقة:

وتعقيبا على ما تم سرده فلقد قدمت الباحثة الدراسات السابقة حول موضوع البحث والتى تطرقت إلى أربعة محاور هى: تأثير وسائل الاتصال على الأطفال بوجه عام، ثم دراسات حول الظروف المختلفة لذوى الظروف الصعبة، ثم الدراسات التى ربطت بين هؤلاء الأطفال ووسائل الاتصال، واخيرا الدراسات الأجنبية.

وأوضحت الدراسات أن التليفزيون يحظى بالنصيب الأكبر من الدراسات، وهذا منطقى نظرا لتأثيره الشديد على الأطفال مقارنة بوسائل الاتصال الاخرى. وركزت الدراسات التى تناولت أحوال

الأطفال ذوى الظروف الصعبة على الظروف الاقتصادية، أو الصحية، أو التعليم، أو الاجتماعية، وكانت وصفية وتحليلية بشكل مدعم بالاحصائيات التى تجعل القارئ يلم بتلك الظروف التى يعيشها هؤلاء الأطفال عن قرب. كذلك تطرقت تلك الدراسات لأبعاد وأسباب إنتشار ظاهرة الأطفال ذوى الظروف الصعبة فى المجتمع المصرى.

ولقد لمست الباحثة قصورا فى كم الدراسات التى تربط الأطفال ذوى الظروف الصعبة بوسائل الاتصال، فيما عدا القليل، مما لا يليق ولا يتفق مع حجم المشكلة. فالدراسات فى هذا الصدد سوف يكون من شأنها فهم أكبر لهؤلاء الأطفال حيث تأتى وسائل الاتصال وخاصا التليفزيون فى مقدمة قنوات التنشئة الاجتماعية لهؤلاء الأطفال. ومن الموضوعات المهمة التى اغفلتها معظم الدراسات، فتح باب الحوار مع معدى، ومخرجى، ومنتجى برامج التليفزيون لتشجيعهم على أن يهتموا بالمشكلة وأن يخاطبوا الأطفال بالمداخل والإستمالات الملائمة.

وأخيرا، جاءت الدراسات الأجنبية عميقة وملمة بنواحى وأبعاد كبيرة تساعد على فهم المشكلة. كإهتمامها بالوصول إلى جذور الظاهرة وكيفية التعامل معها أخذة فى الإعتبار الفروق الفردية. فلم تسلم بالفرض البسيط القائل بأن التعرض للعنف التليفزيونى يؤدى إلى ارتكاب الجرائم، ولكن قررت أن التأثير يقع بدرجات وأنواع مختلفة تبعا لحالة الطفل.

بجانب ذلك لم تكتف الدراسات الأجنبية بسرد إحصائيات عن معدلات مشاهدة الأطفال المنحرفين التليفزيون والفيديو، بل سردت أسباب إرتفاع تلك المعدلات ودلالاتها. كذلك ربطت تلك الدراسات بين الاعلام وعلوم أخرى مثل علم الاجتماع وعلم النفس.

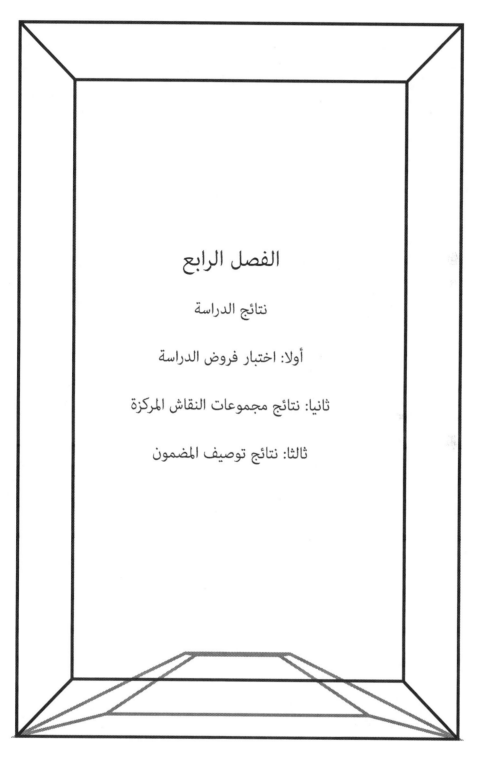

الفصل الرابع

نتائج الدراسة

أولا: اختبار فروض الدراسة

ثانيا: نتائج مجموعات النقاش المركزة

ثالثا: نتائج توصيف المضمون

أولا: اختبار فروض الدراسة

اختبار الفرض الأول:

تعرض الأطفال ذوى الظروف الصعبة للتليفزيون وأفلام الفيديو والسينما يكون أكثر كثافة عنه بين الأطفال العاديين"

وبيانات الجداول التالية استخدمت فى إختبار هذا الفرض وتم حساب كا٢.

جدول رقم (٢)

العلاقة بين حالة الطفل وعدد أيام مشاهدته التليفزيون.

حالة الطفل	الأطفال ذوو الظروف الصعبة								الأطفال العاديون					
أيام المشاهدة	أطفال الشوارع		العاملون		المنحرفون		المجموع		الابتدائية		الاعدادية		المجموع	
	ك	%	ك	%	ك	%	ك	%	ك	%	ك	%	ك	%
كل يوم	١٣	٣٥,١	٥٥	٦٨,٨	٥٦	٧٠,٩	١٢٤	٦٣,٢	٤١	٤١,٤	٢٧	٢٧	٦٨	١٤,١
من ٥,٣ أيام	٧	١٨,٩	٢	٢,٥	٣	٣,٨	١٢	٦,١	٤	٤	٤	٤	٨	٤
من يوم إلى ٣ أيام	٣	٨,١	٧	٨,٨	٣	٣,٨	١٣	٦,١	٨	٨,١	٢٠	٢٠	٢٨	١٤
حسب الظروف	١٤	٣٧,٨	١٦	٢٠	١٧	٢١,٥	٤٧	٢٣,٩	٤٦	٤٦,٥	٤٩	٤٩	٩٥	٤٧,٧
المجموع	٣٧	١٠٠	٨٠	١٠٠	٧٩	١٠٠	١٩٦	١٠٠	٩٩	١٠٠	١٠٠	١٠٠	١٩٩	١٠٠

قيمة كا٢ = ٧٤ درجات حريه = ١٢ مستوى معنوية = ٠,٠٠١

ـ ويتضح من بيانات الجدول السابق أنه بمقارنة حجم مشاهدة الأطفال للتليفزيون بانتظام والمشاهدة حسب الظروف، نجد أن مجموعة الأطفال ذوى الظروف الصعبة أكثر مداومة على المشاهدة كل يوم بنسبة ٦٣,٢%، فى حين انخفضت هذه النسبة فى حالة [*] الأطفال العاديين إلى ٣٤,١% فقط. فى نفس الوقت تزيد نسبة المشاهدة غير المنتظمة بين أفراد المجموعة الأخيرة عنها لدى الأطفال ذوى الظروف الصعبة بواقع ٤٧,٧% مقابل ٢٣,٩% لكل منهما.

ـ وأنه من المثير للانتباه فى بيانات هذا الجدول أن مجموعة الأطفال المنحرفين أعلى نسبة من حيث المداومة على مشاهدة التليفزيون بنسبة ٧٠,٩%، وقد يكون للتعرض الكثيف للتليفزيون دور مزدوج فى حياة هؤلاء الأطفال، فيصبح نتيجة وسببا فى نفس الوقت. أما بالنسبة لكون مشاهدة التليفزيون نتيجة، فإن الظروف التى يعيشون فيها ينتج عنها كثافة المشاهدين لعدة عوامل: ففى تلك الظروف التى يعيشون فيها ينتج عنها كثافة المشاهدة لعدة عوامل: ففى تلك الظروف يقل، بل وينعدم أحيانا، دور الأسرة والمدرسة فى تعلم شئون الحياة وكدليل للسلوك تجاه الناس ولقد أجابت نسبة عالية من الأطفال المنحرفين أنهم يلجأون للتليفزيون من أجل تعلم السلوك وهذه النسبة وصلت إلى ٥٨,٢%. كذلك يزيل الصراع أية علاقات وطيدة تنمو

---

[*] مجموع الحالات فى هذا الجدول هو ١٩٦ لذوى الظروف الصعبة و ١٩٩ للأطفال العاديين، حيث أجابت الخمس حالات الناقصة من مجموع العينة أنهم لا يشاهدون التليفزيون.

بينهم وبين الأقارب أو الأصدقاء (فلقد أقر بعض أطفال هذه المجموعة أن أحدى المشكلات التى يتعرضون لها هى عدم وجود أصدقاء لهم).

ولقد أيدت إحدى الدراسات التى قام بها جرانت نوبل Grant Noble[1]. والتى استخلصت أن الأطفال المنحرفين بالذات تكون علاقاتهم مع الأب سيئة ويشوبها الصراع والافتقار للتفاهم. وتستطرد الدراسة أن ذلك يكون السبب فى لجوء هؤلاء الأطفال للتليفزيون ليعوضهم عن فقر العلاقات الاجتماعية. ومشكلة أخرى يواجهها هؤلاء الأطفال هى كمية التحرش والعنف الموجود فى علاقاتهم سواء من أو تجاه من حولهم، مما يجعل هؤلاء الأطفال بالذات يلجأون للتليفزيون ليكون بمثابة المعلم، وولى الأمر، بل وأحيانا الصديق الذى تعذر الحصول عليه فى الحياة الواقعية. كذلك يصعب وجود وسائل ترفيهية فى حياة هؤلاء الأطفال فليس هناك من يفكر أو يهتم ما إذا كانوا بحاجة للذهاب إلى النادى، أو المتنزه، أو غيرها من الأنشطة الترفيهية، كما هو الحال مع الأطفال العاديين، وهكذا يصبح التليفزيون أيضا الوسيلة التى تحقق لهم الترفيه.

أما بالنسبة لكون التليفزيون سببا فإنه عندما نعلم أن الأفلام التى تتمسك بالعنف هى المضمون الأول المفضل وأنهم يتعلمون حركات الضرب من تلك الأفلام فإنه من الجائز تفسير أن مشاهدة التليفزيون الكثيفة هى أحدى أسباب وجودهم ضمن الأحداث، فالمشاهدة التليفزيونية تسبب أيضا زيادة عزلة هؤلاء الأطفال وارتكابهم بعض التصرفات الجانحة.

ـ ويشير الجدول إلى ارتفاع ملحوظ فى نسبة المشاهدة اليومية لدى مجموعة الأطفال الملتحقين بالمدارس الابتدائية عنها فى حالة أطفال

---

(1) Noble, Op. Cit, pp. 160 - 162.

المدارس الأعدادية، وقد يرجع السبب فى ذلك إلى انجذاب أطفال فى المرحلة الابتدائية للمواد المقدمة للأطفال وأفلام الكارتون.

والدليل على ذلك هو أن حوالى ربع العينة من المجموعة الأولى اجابوا بتفضيلها مقابل ٣ أطفال فقط من المجموعة الثانية. يضاف إلى ذلك شعور أطفال المرحلة الأعدادية بأن بإمكانهم مماسة أنشطة أخرى وبخاصة مع الأصدقاء أو انشغالهم فى المذاكرة.

ولإختبار هذا الفرض تم دراسة العلاقة بين حالة الطفل فى عينة الدراسة وعدد ساعات مشاهدته للتليفزيون خلال يوم المشاهدة.

جدول رقم (٣)

العلاقة بين حالة الطفل وعدد ساعات مشاهدته التليفزيون فى اليوم الواحد.

حالة الطفل	الأطفال ذوو الظروف الصعبة								الأطفال العاديون					
أيام المشاهدة	أطفال الشوارع		العاملون		المنحرفون		المجموع		الابتدائية		الاعدادية		المجموع	
	ك	%	ك	%	ك	%	ك	%	ك	%	ك	%	ك	%
٤ ساعات فأكثر	٨	٢١,٦	٣٣	٤١,٣	٣٠	٣٨	٧١	٣٦,٢	٩	٩,١	٨	٨	١٧	٨,٥
٣,٢ ساعات	١٦	٤٣,٢	٢٥	٣١,٣	٤٠	٥٠,٦	٨١	٤١,٣	٢١	٢١,٢	٣٢	٣٢	٥٣	٢٦,٦

ساعة لساعتين	١٢	٣٢,٤	١٨	٢٢,٥	٩	١١,٤	٣٩	١٩,٨	٣٦	٣٦,٤	٤١	٤١	٧٧	٣٨,٦
أقل من ساعة	١	٢,٧	٤	٥			٥	٢,٥	٣٣	٣٣,٣	١٩	١٩	٥٢	٢٦,١
المجموع	٣٧	١٠٠	٨٠	١٠٠	٧٩	١٠٠	١٩٦	١٠٠	٩٩	١٠٠	١٠٠	١٠٠	١٩٩	١٠٠

قيمة كا٢ = ١١٣ درجات حريه = ١٢ مستوى معنوية = ٠,٠٠١

ـ وتشير بيانات هذا الجدول إلى أن نسبة الأطفال ذوى الظروف الصعبة الذين يشاهدون التليفزيون لأكثر من أربع ساعات تبلغ ٣٦,٢%، فى مقابل ٨,٥% فقط فى حالة الأطفال العاديين. ويعد أحد الأسباب هذا الفارق الشاسع طبقا لما استنتجه هذه الدراسة عدم وجود دائرة اجتماعية من الأب والأم والأخوة والأصدقاء تغطى الإحتياجات الإجتماعية للأطفال ذوى الظروف الصعبة. فى هذه الحالة يصبح التليفزيون هو ملاذهم الأمثل، ليصنعوا من مضامينه عالما خالصا بهم. وقد أجاب أحد الأطفال فى هذا الصدد، حين سئل عن عدد ساعات مشاهدته للتليفزيون قائلا: "باقعد على القهوة أفضل اتفرج على التليفزيون لحد ما فلوسى تخلص ... بعدها أضطر أروح"[*]

ـ وتتفق هذه النتيجة مع نتائج دراسة ميدانية عن الأحداث فى دولة الأمارات العربية المتحدة[1].فلقد تبين أن ساعات المشاهدة لدى عينة الدراسة ٣ ساعات فأكثر بنسبة ٦٠% . فى حين بلغت نسبة الأطفال المنحرفين الذين يشاهدون التليفزيون أربع ساعات ٣٨%.

---

[*] لقد علمت الباحثة بسؤال أصحاب العديد من أصحاب القهاوى أن ثمن مشاهدة التليفزيون أو الفيديو للمترددين على القهاوى هو ٥٠ قرشا للمشروب بما فيه ثمن المشاهدة.

(١) فوزية العلى، مرجع سابق، ص١٢.

ـ كذلك اتفقت مع نتيجة دراسة قامت بها الجمعية العامة للدفاع الاجتماعى حول ظاهرة غياب الصغار من منزل الأسرة[٢].حيث استلخصت أن الغالبية العظمى من عينة الدراسة والتى كان قوامها ٢٨٦ حالة من المقبوض عليهم للتحرى والهاربين من أهلهم، تقضى أمام التليفزيون من ساعة إلى ٤ ساعات يوميا.

ـ كذلك أقرت دراسة لجرانت نوبل[٣].أجريت على عينتين من الأحداث والعاملين أن كلتا المجموعتين تشاهدان التليفزيون ٥ ساعات يوميا.

ـ وترجع الباحثة عدد الساعات الطويلة التى يقضيها هؤلاء الأطفال فى المشاهدة إلى ارتفاع نسبة اندماجهم مع ما يعرض فالفرد المندمج يقضى وقتا طويلا فى المشاهدة والعكس صحيح. ولقد لاحظت الباحثة أن ٤ أطفال من العاملين أجابوا: "أكثر ما يضايقنا من بين مضامين التليفزيون نشرة الأخبار لأنها بتقطع الفيلم".

ـ وطبقا لهذا الجدول تصل نسبة الأطفال ذوى الظروف الصعبة. ومن أسباب ذلك أن عنصر "الاختيار" يتدخل فى مشاهدة الأطفال العاديين. حيث أتضح من اجاباتهم لأحدى الاسئلة المفتوحة بالاستمارة، أن أولياء الأمور يتدخلون فى أغلب الأحيان فى ذلك الاختيار. ومن جهة أخرى فهم أنفسهم يقومون بعملية الاختيار، فلقد قال أحد الأطفال من عينة المدارس الابتدائية وهو فى العاشرة من عمره مجيبا عن أكثر ما يضايقه من مضامين التليفزيون:

"الأفلام الملونة لأن فيها خلاعة كتير". وبذلك فهذا الطفل وهو مازال فى سن صغير يستبعد مشاهدة الأفلام التى ربطها بالخلاعة. أما

---

(٢) مصطفى رزق مطر، مرجع سابق، ص٢٥

(3) Grant Noble, Op. Cit, p. 165.

بالنسبة للأطفال ذوى الظروف الصعبة فليس هناك عملية اختيار فى هذا الاتجاه ولكن الاختيار الذى لمسه هذا البحث هو تفضيل أفلام العنف والضرب. فلقد أجاب ١٢ طفلا من هذه المجموعة فى مقابل طفل واحد من عينة المدارس أنهم يختارون ويفضلون مشاهدة أفلام العنف.

ـ ولقد اتفق ذلك من نتائج الدراسة التى ذكرت سابقا عن الأحداث فى دولة الأمارات حيث أتضح أن معظم أفراد العينة يفضلون مشاهدة أفلام العنف والجريمة بنسبة ٩٠%

ـ وتختلف نتائج هذه الدراسة بالنسبة لعدد ساعات مشاهدة الأطفال المدارس للتليفزيون مع دراسة عن السلوكيات التى قد يكتسبها الأطفال من المواد التى تعرض العنف فى التليفزيون حيث استخلصت أن ١١% فقط من عينة الدراسة والتى بلغت ٢٠٠ تلميذا يشاهدون التليفزيون لمدة خمس ساعات, كذلك يشاهد ٢٨,٥% من العينة التليفزيون لمدة تتراوح ما بين ٣ إلى ٥ ساعات.

اختبار الفرض الثانى

"تختلف أنماط التعرض لدى الأطفال ذوى الظروف الصعبة للتليفزيون وأفلام الفيديو والسينما عن مثيلتها لدى الأطفال العاديين، وخاصة من حيث مكان المشاهدة ودرجة الاندماج فيها ووسيلة ونوعية المضمون المفضل".

وسوف يتم البحث فى عدة نقاط خاصة بأنماط التعرض من أجل اختبار هذا الفرض، وفى النهاية يمكن رسم صورة لأنماط التعرض للتليفزيون والفيديو والسينما لدى الأطفال ذوى الظروف الصعبة ولاختبار هذا الفرض تم تكوين الجداول التالية وحساب كا٢.

وفى الجدول التالى يتم البحث فى العلاقة بين حالة الأطفال ومكان مشاهدتهم للتليفزيون.

جدول رقم (٤)

العلاقة بين حالة الطفل ومكان مشاهدة التليفزيون.

حالة الطفل	الأطفال ذوو الظروف الصعبة								الأطفال العاديون					
أيام المشاهدة	أطفال الشوارع		العاملون		المنحرفون		المجموع		الاتبدائية		الاعدادية		المجموع	
	ك	%	ك	%	ك	%	ك	%	ك	%	ك	%	ك	%
المنزل	٢٣	٥٧,٥	٦٦	٨٢,٥	٦٣	٧٨,٨	١٥٢	٧٦	٩٩	٩٩	٩٨	٨٩	١٩٧	٩٨,٥
القهوة	١٢	٣٠	٤	٥	٥	٦,٣	٢١	١٠,٥						
الأصدقاء	١	٢,٥	٤	٥	٤	٤	٩	٤,٥			١	١	١	٥.
الجيران	٢	٥	٣	٣,٨	٣	٣,٨	٨	٤						
الأقارب			٣	٣,٨	٤	٥	٧	٣,٥						
لا يشاهد	٢	٥			١	١,٣	٣	١,٥	١	١			١	٥.
المجموع	٤٠	١٠٠	٨٠	١٠٠	٨٠	١٠٠	٢٠٠	١٠٠	١٠٠	١٠٠	١٠٠	١٠٠	٢٠٠	١٠٠

قيمة كا٢ = ٩٧ درجات حريه = ١٢ مستوى معنوية = ٠,٠٠١

ويتضح من الجدول السابق أن المنزل هو المكان الأول لمشاهدة التليفزيون لدى المجموعتين من الأطفال (بنسبة ٧٦% للأطفال ذوى الظروف الصعبة وبنسبة ٩٨,٥% للأطفال العاديين). و كانت النسبة للأطفال العاملين ٨٢,٥%، و ٧٨,٨% للأطفال المنحرفين، و

٥٧,٥% لأطفال الشوارع. ومن الملاحظ أيضا من بيانات الجدول المفارقة الجلية بين نسبة مشاهدة أطفال الشوارع للتليفزيون بالقهوة بنسبة ٣٠%، ونسبة الأطفال العاملين ٥%، والمنحرفين ٦,٣%.

وأهمية مكان مشاهدة التليفزيون ترجع إلى أنه فى حالة المشاهدة المنزلية يتواجد الطفل وسط أفراد أسرته مما يتيح فرصة حصوله على توجيهات منهم حول ما يشاهده من مضامين، أما القهوة فهى مكان فى الغالب يتواجد فيه أصدقاء السوء مما يفقده سماع بعض التوجيهات السليمة.

ـ ولم يختلف نمط مشاهدة أفلام الفيديو كثيرا عن مثيله فى التليفزيون حيث إعتاد الأطفال العاديين على مشاهدة الفيديو بالمنزل أو لدى الأقارب بنسبة ٦١%، فى حين أن مجموعة الأطفال ذوى الظروف الصعبة يميلون إلى مشاهدة تلك الأفلام بالقهاوى بنسبة ٣٨,٥%.

أما تفضيل الصحبة أثناء مشاهدة التليفزيون فهو من النقاط الأساسية عند تناول نمط المشاهدة وهذا ما سيوضحه الجدول التالى:

جدول رقم (٥)

العلاقة بين حالة الطفل تفضيله الصحبة فى المشاهدة.

حالة الطفل	الأطفال ذوو الظروف الصعبة								الأطفال العاديون					
تفضيل	أطفال		العاملون		المنحرفون		المجموع		الابتدائية		الاعدادية		المجموع	
	ك	%	ك	%	ك	%	ك	%	ك	%	ك	%	ك	%
الأسرة	١٤	٣٧,٨	٥٤	٦٧,٥	٣٨	٤٨,١	١٠٦	٥٣,٨	٨٩	٨٩,٩	٩١	٩١	١٨٠	٩٠,٤
الأصدقاء	١٢	٣٢,٤	٩	١١,٣	١٧	٢١,٥	٣٨	١٩,٣	٤	٤	٥	٥	٩	٤,٥
زملاء العمل	١	٢,٧	٦	٧,٥	١	١,٣	٨	٤						
الجيران	٣	٨,١			٣	٢,٥	٦	٣						
بمفرده	٧	١٨,٩	١١	١٣,٨	٢١	٢٦,٦	٣٩	١٩,٧	٦	٦,١	٤	٤	١٠	٥
المجموع	٣٧	١٠٠	٨٠	١٠٠	٨٠	١٠٠	١٩٧	١٠٠	٩٩	١٠٠	١٠٠	١٠٠	١٩٩	١٠٠

قيمة كا٢ = ١٠٧ درجات حريه = ١٦ مستوى معنوية = ٠,٠٠١

ـ يتضح من هذا الجدول أنه يختلف تفضيل الأطفال ذوى الظروف الصعبة للصحبة الموجودة أثناء مشاهدة التليفزيون عنه فى حالة الأطفال العاديين فالأسرة هى الصحبة الأولى لكلتا المجموعتين أثناء المشاهدة. ولكن تزيد فى حالة الأطفال العاديين حيث تبلغ ٩٠%، و تقتصر على ٥٣% فقط لمجموعة الأطفال ذوى الظروف الصعبة. ويتضح من الجدول أيضا أنه يحلو الأطفال ذوى الظروف الصعبة المشاهدة مع الأصدقاء بنسبة ١٩%، فى حين لم تتعد هذه النسبة ٤,٥% بين مجموعة الأطفال العاديين، ولقد تقاربت هذه النتيجة مع ما استخلصته إحدى الدراسات التى أجريت على عينة من أطفال المدارس الابتدائية الحكومية بالقاهرة، حيث إتضح أن ٦٠% من الأطفال يشاهدون التليفزيون مع الأسرة، ١٩% مع الأخواة، ٥,٦% مع الوالد فقط، و ٤,٤% مع الأصدقاء [1]

ـ ومما يسترعى الانتباه فى بيانات الجدول السابق الإرتفاع النسبى للمشاهدة الفردية بين الأطفال المنحرفين (٢٦,٦%)، مقارنة بمجموعة الأطفال العاملين (١٣,٨%)، وأطفال الشوارع (٧%).

ومن العناصر الأخرى التى تضمنتها أنماط مشاهدة أفلام السينما معرفة الموعد المفضل، وهذا ما يوضحه الجدول التالى:

جدول رقم (٦)
العلاقة بين حالة الطفل والموعد المفضل للذهاب للسينما.

حالة	الأطفال ذوو الظروف الصعبة								الأطفال العاديون					
وقت الذهاب	أطفال الشوارع		العاملون		المنحرفون		المجموع		الابتدائية		الاعدادية		المجموع	
	ك	%	ك	%	ك	%	ك	%	ك	%	ك	%	ك	%
الصباح	٢	٩,١	٦	١٣	١٤	٢٥	٢٢	١٧,٧	٧	١٧,١	٧	١١,٧	١٤	١٣,٨
فى الظهر	١	٤,٥	٤	٨,٧	٥	٨,٩	١٠	٨	٣	٧,٣	٥	٨,٣	٨	٧,٩

(١) نادية سالم، "قراءة فى بحوث الأتصال الجماهيرى والطفل المصرى. رؤية للحاضر والمستقبل"، القاهرة، **مؤتمر الطفل وآفاق القرن الحادى والعشرين**، القاهرة، المركز القومى للبحوث الاجتماعية والجنائية، ١٩٩٣

العصر	٢	٩,١	٤	٨,٧	٨	١٤,٣	١٤	١١,٢	٣	٧,٣	١٢	٢٠	١٥	١٤,٨
المساء	١٧	٧٧,٣	٣٢	٦٩,٦	٢٩	٥١,٨	٧٨	٦٢,٩	٢٨	٦٨,٣	٣٦	٦٠	٦٤	٦٣,٣
المجموع	٣٧	١٠٠	٨٠	١٠٠	٨٠	١٠٠	١٩٧	١٠٠	٩٩	١٠٠	١٠٠	١٠٠	١٩٩	١٠٠

قيمة كا٢ = ١٠٧ درجات حريه = ١٦ مستوى معنوية = ٠,٠٠١

ـ ويتضح من الجدول تقارب نسبتى مجموعة الأطفال ذوى الظروف الصعبة والأطفال العاديين من حيث تفضيلهم للتردد على دور السينما فى فترة المساء بواقع ٦٢,٩%، و ٦٣,٣% لكل منهما على التوالى. كذلك أقتربت نسبتاهما فى تفضيل الذهاب فى فترة الصباح بواقع ١٧,٧%، و ١٣,٨% لكل منهما على التوالى، أما بالنسبة للظهر فتساوت النسبتين بواقع ٨%.

ـ وما يسترعى الانتباه هو أن ربع عينة الأطفال المنحرفين (٢٥% يفضلون الذهاب للسينما فى فترة الصباح)، ومحتمل أن السبب فى ذلك يرجع إلى أن بعض الأطفال المنحرفين يهربون من المدارس والمذاكرة ويتجهون نحو اللهو وقضاء الوقت فى السينما. كذلك البعض الآخر منهم عاطلون وليسوا مرتبطين بمواعيد عمل، فتكون السينما فى الصباح وسيلة لقتل الوقت.

واستكمالا لبحث درجة اندماج الطفل فى المناقشة كأحد جوانب أنماط المشاهدة، فقد تم تكوين الجدول التالى الخاص بدرجة التركيز أثناء مشاهدة الأفلام الفيديو، ولقد تم توجيه سؤال مباشر للمبحوثين للتعرف على ما إذا كانوا يشاهدون الفيديو بتركيز أم لا.

جدول رقم (٧)

العلاقة بين حالة الطفل مشاهدة الفيديو بتركيز أم لا.

حالة الطفل	الأطفال ذوو الظروف الصعبة								الأطفال العاديون					
هل هناك تركيز	أطفال الشوارع		العاملون		المنحرفون		المجموع		الابتدائية		الاعدادية		المجموع	
	ك	%	ك	%	ك	%	ك	%	ك	%	ك	%	ك	%

نعم	٢٤	٨٨,٩	٥٢	٨٩,٧	٦٢	٨٨,٦	١٣٨	٨٩,٦	٤٩	٧٦,٦	٥٣	٧٧,٦	١٠١	٧٧,٦
أحيانا	١	٣,٧	٥	٨,٦	٧	١٠	١٣	٨,٤	١٢	١٨,٨	١٥	٢٢,٤	٢٧	٢٠,٧
لا	٢	٧,٤	١	١,٧			٣	١,٩	٢	٣,١			٢	١,٥
المجموع	٢٧	١٠٠	٥٨	١٠٠	٦٩	١٠٠	١٥٤	١٠٠	٦٣	١٠٠	٦٧	١٠٠	١٣٠	١٠٠

قيمة كا٢ = ١٠٧ درجات حريه = ١٦ مستوى معنوية = ٠,٠٠١

ـ ويتضح من هذا الجدول أن تركيز الأطفال ذوى الظروف الصعبة أثناء مشاهدة أفلام الفيديو يفوق مثيله لدى الأطفال العاديين، فجاءت نسبة من أجابوا أنهم يشاهدون أفلام الفيديو بتركيز من المجموعة الأولى ٨٩,٦% فى مقابل ٧٧,٦% من الأطفال العاديين.

ويقدم لنا الجدول أيضا نسب المشاهدة بتركيز للمجموعات الثلاث كما يلى: ٨٨,٩% من عينة أطفال الشوارع، و ٨٩,٧% من العاملين، و ٨٨,٦% من المنحرفين، أما بالنسبة لأطفال المدارس: ٧٦,٦% للابتدائية، و ٧٧,٦% للإعدادية. وبذلك تقاربت النسب فى هذا الصدد.

ويعد البحث فى موضوع الاندماج فى المشاهدة تم تكوين الجدولين التاليين للتعرف على أكثر وسائل الاتصال تفضيلا لدى مجموعتى البحث، بجانب نوعية المضمون المفضل.

جدول رقم (٨)

العلاقة بين حالة الطفل وأكثر وسائل الاتصال تفضيلا.

حالة الطفل	الأطفال ذوو الظروف الصعبة								الأطفال العاديون					
وسيلة الاتصال	أطفال الشوارع		العاملون		المنحرفون		المجموع		الابتدائية		الاعدادية		المجموع	
	ك	%	ك	%	ك	%	ك	%	ك	%	ك	%	ك	%
الكتب والمجلات	٥	١٢,٥	١٣	١٦,٣	١١	١٣,٩	٢٩	١٤,٥	٦٢	٦١	٦١	١٢٣	٦١,٥	

التليفزيون	٢٥	٦٢,٥	٦٠	٧٥	٦٣	٧٩,٧	١٤٨	٧٤,٣	٣٢	٣٢	٣٢	٣٢	٦٤	٣٢
الفيديو	٧	١٧,٥	٧	٨,٨	٤	٥,١	١٨	٩	٥	٥	٦	٦	١١	٥,٥
السينما	٣	٧,٥			١	١,٣	٤	٢	١	١			١	٥.
المسرح											١	١	١	٥.
المجموع	٤٠	١٠٠	٨٠		٧٩		١٩٩	١٠٠	١٠٠	١٠٠	٩١	١٠٠	٢٠٠	١٠٠

قيمة كا٢ = ١٠٧ درجات حريه = ١٦ مستوى معنوية = ٠,٠٠١

ـ ويتضح من بيانات هذا الجدول أن الأطفال ذوى الظروف الصعبة يفضلون مشاهدة التليفزيون فى مقدمة تفضيل المجموعة الأولى بنسبة ٧٤,٣%، بواقع ٦٢,٥% بين أطفال الشوارع، و ٧٥% بين الأطفال العاملين، و ٧٩% بين الأطفال المنحرفين الثلاثة التى ضمها البحث.

والجدير بالملاحظة، وبشكل غير متوقع، أن يأتى بعد التليفزيون الكتب والمجلات لأن معظم هذه المجموعة أما أميين أو متسربين من المدارسن وتطلعنا نتائج هذه الدراسة على أن ٤٥% من أطفال الشوارع لم يذهبوا للمدرسة من قبل، فى حين أن ٥٠% منهم تخلفوا عنها. أما بالنسبة للأطفال العامليين فهناك ١٥% منهم لم يلتحقوا بالتعليم أساسا، أما المنحرفون فإن نسبة من لم يلتحقوا بالتعليم الأساسى كانت ١٧,٥%.

ـ لقد جاءت نسبة تفضيل الكتب والمجلات : ١٢,٥% بين أطفال الشوارع، ثم ١٦,٣% بين الأطفال العاملين، و ١٣,٩% بين الأطفال المنحرفين.

ـ وبالنسبة لأطفال الشوارع جاء الفيديو فى المركز الثانى بنسبة ١٧,٥%، من حيث درجة التفضيل. ولقد اختلفت هذه النتيجة مع ما استخلصته دراسة لسكوت وارد Scott Wardعن عادات مشاهدة

التليفزيون لدى الأطفال العاديين حيث وجد أن الأطفال يفضلون أولا: اللعب مع الأصدقاء ثم الذهاب إلى السينما وأخيرا مشاهدة التليفزيون[١]

والملاحظ فى الجدول السابق أيضا أن نسبة تفضيل الأطفال للمسرح من المجموعتين ضئيلة وتكاد لا تذكر. وقد يرجع عدم وجود شعبية للمسرح بين هؤلاء الأطفال إلى أن أغلبيتهم لا يستطيعوا أن يدفعوا ثمن التذاكر، وكذلك لأن الأطفال فى مثل سن عينة الدراسة يسعون لمشاهدة المغامرات والإثارة ولا تستهويهم الكوميديا كثيرا.

والجدول التالى يتناول ما يفضله الأطفال من بين مضامين الفيديو.

جدول رقم (٩)

العلاقة بين حالة الطفل بمضمون الفيديو المفضل لديه

حالة الطفل	الأطفال ذوو الظروف الصعبة								الأطفال العاديون					
وسيلة الاتصال	أطفال الشوارع		العاملون		المنحرفون		المجموع		الابتدائية		الاعدادية		المجموع	
المضمون	ك	%	ك	%	ك	%	ك	%	ك	%	ك	%	ك	%
أغانى ومنوعات	١	٣,٧	١	١,٧	١	١,٤	٣	١,٩	١	١,٦	٢	٣	٣	٢,٢
أفلام	٢٢	٨١,٥	٤٩	٨٤,٥	٥٨	٨٢,٩	١٢٩	٨٣,٢	٣٣	٥١,٦	٥٦	٨٣,٦	٨٩	٦٧,٩
مسلسلات									٤	٦,٣			٤	٣
مسرحيات	١	٣,٧	٢	٣,٤	٢	٢,٩	٥	٣,٢	١٣	٢٠,٣	٣	٤,٥	١٦	١٢,٢
أفلام	١	٣,٧	٥	٨,٦	٥	٧,١	١١	٧	١٢	١٨٠٨	٢	٣	١٤	١٠,٦

(1) Cy Schneider, "**Children's Television**", New York, NTC Business Books, 1986.

كارتون														
مباريات رياضية	٢	٧,٤	١	١,٧	٤	٥,٧	٧	٤,٥	١	١,٦	٤	٦	٥	٣,٨
المجموع	٢٧	١٠٠	٥٨	١٠٠	٧٠	١٠٠	١٥٥	١٠٠	٦٤	١٠٠	٦٧	١٠٠	١٣١	١٠٠

قيمة كا٢ =٥٥ درجات حريه = ٢٠ مستوى معنوية = ٠,٠٠١

ـ ويتضح من هذا الجدول وجود اختلافات بين مجموعتى البحث من حيث مضمون الفيديو الذى يتعرضون له فنسبة ٨٣,٢% من عينة ذوى الظروف الصعبة يفضلون مشاهدة أفلام الفيديو، سواء العربية أو الأجنبية، فى مقابل ٦٧,٩% فقط من الأطفال العاديين، ومن الملاحظ تقارب نسب المجموعات الثلاث كما يلى: ٨١,٥ % لأطفال الشوارع، و ٨٤,٥% للعاملين، و ٨٢,٩% للمنحرفين. وكان هناك اختلاف بين نسبتى المدارس الابتدائية والاعدادية لتفضيلهم للأفلام فكانت الأولى ٥١,٦% والثانية ٨٣,٦%.

ـ وقل تفضيل مجموعتى البحث أن الأفلام سواء العربية أو الأجنبية هى مادة الفيديو المفضلة لأطفال عينات البحث، كان لابد من الاستطراد للتعرف على موضوعات تلك الأفلام المفضلة، هل هى اجتماعية، أم سياسية، أم عنف وإثارة، مغامرات، أم تاريخية، أم عاطفية، وتوضح بيانات الجدول التالى الموضوعات المفضلة:

جدول رقم (١٠)

علاقة حالة الطفل بالموضوعات المفضلة لأفلام الفيديو

حالة الطفل	الأطفال ذوو الظروف الصعبة				الأطفال العاديون		
الموضوع	أطفال الشوارع	العاملون	المنحرفون	المجموع	الابتدائية	الاعدادية	المجموع

	ك	%	ك	%	ك	%	ك	%	ك	%	ك	%	ك	%
اجتماعى	١	٣,٧	٥	٨,٦	٥	٦,١	١١	٧	٢٠	٣١,٣	٢٣	٣٤,٣	٤٣	٣٢,٨
سياسى			١	١,٧	١	١,٤	٢	١,٢	٣	٤,٧	٣	٤,٥	٦	٤,٥
عنف وإثارة	٢٥	٩٢,٦	٤٤	٧٥,٩	٦٠	٨٥,٧	١٢٩	٨٣,٢	١٩	٢٩,٧	٢٥	٣,٢٧	٤٤	٣٣,٥
مغامرات	١	٣,٧	٧	١٢,١	٤	٥,٧	١٢	٧,٧	٢١	٣٢,٨	١٥	٢٢,٤	٣٦	٢٧,٤
تاريخى									١	١,٦			١	٠,٧
عاطفى			١	١,٧			١	٦.			١	١,٥	١	٠,٧
المجموع	٢٧	١٠٠	٥٨	١٠٠	٧٠	١٠٠	١٥٥	١٠٠	٦٤	١٠٠	٦٧	١٠٠	١٣١	١٠٠

قيمة كا٢ =٨٤ درجات حريه = ٢٠ مستوى معنوية = ٠,٠٠١

ـ ويتضح من بيانات الجدول السابق وجود إختلافات فى موضوعات أفلام الفيديو المفضلة لدى مجموعتى البحث. وتأتى أفلام العنف والإثارة فى مقدمة موضوعات الأفلام التى يفضلها وينجذب لها الأطفال ذوى الظروف الصعبة بنسبة ٨٣,٢% مقابل ٣٣,٥% فقط بين الأطفال العاديين. والملاحظ أن أعلى نسبة هى من نصيب أطفال الشوارع حيث بلغت ٩٢,٦% ، ثم تليها مجموعة المنحرفين بنسبة ٨٥,٧%، وأخيرا العاملون بنسبة ٧٥,٩% و يستوقف القارئ هذا الفارق بين أطفال الشوارع والمنحرفين والذى ترجعه الباحثة إلى طبيعة الحياة التى يعيشها كل من المجموعتين، فرغم أن المجموعتين يشتركان فى الظروف الصعبة إلا أن أطفال الشوارع يعيشون فى حرب مع كل من حولهم، والصراع من أجل الحياة هو سمتهم، فهم يحاربون

ويعيشون فى خوف وعالم من الغربة وعدم الثقة تجاه كل من يعيشون حولهم، ولذلك فإن الأفلام التى تعرض العنف والضرب هى أقرب مضمون يشعرون أنه قريب منهم ويتحدث عنهم، واذكر هنا ما قاله أحد أطفال الشوارع الذى أجاب أن أفضل شخصية يشاهدها فى الفيديو هى شخصية فريد شوقى فى فيلم "الفتوة" لأنها "بتتكلم عنى". أما بالنسبة للمنحرفين فلهم وضع مختلف فهناك من كان يعيش مع أهله بطريقة عادية ثم تحول إلى مجرم بسبب خطأ واحد، وبذلك فهو لا يحمل شحنة من العنف والشراسة. ولقد قابلت الباحثة أمثلة بين أفراد عينة المنحرفين، مثل طفل وديع وابن لمدرس وكان يعيش وسط أخواته ولكنه قبض عليه بسبب احراز والإتجار فى المخدرات، وطفل آخر فى الإعدادية بإحدى المدارس الخاصة ولكنه قتل صديقه بطريق الخطأ. وهكذا فليس الانحراف دائما بسبب استخدام خاطئ للقوة أو لإيقاع العنف بالآخرين، وفى المقابل فإن ظروف أطفال الشوارع تحتم عليهم أن يتميزوا بالشراسة، ولذلك تكون النتيجة حبهم للأفلام العنيفة.

ــ ونجد أن نسبتى تفضيل الأطفال العاديين لأفلام الفيديو الاجتماعية يتقارب مع تفضيلهم لأفلام المغامرات، ولقد قل اهتمام الأطفال ذوى الظروف الصعبة بالأفلام الاجتماعية والمغامرات. كذلك قل إهتمامهم بالأفلام السياسية حيث أجاب طفلان فقط من عينتى العاملين والمنحرفين بتفضيلهم لتلك النوعية أما الأفلام التاريخية والعاطفية فلم يكن هنا أى تفضيل من قبل كل أفراد العينة.

ومما سبق نستطيع أن نقبل الفرض القائل بأن "تختلف أنماط تعرض الأطفال ذوى الظروف الصعبة للتليفزيون وأفلام الفيديو والسينما عن مثيلتها لدى الأطفال العاديين من حيث مكان المشاهدة ودرجة اندماجهم فيها ووسيلة ونوعية المضمون المفضل".

وبذلك من الممكن رسم صورة لأنماط المشاهدة وأنواع المضامين التى يفضلها ويتعرض لها الأطفال ذوو الظروف الصعبة:

اولا: بالنسبة للتليفزيون، فمكان المشاهدة غالبا يكون فى المنزل بنسبة ٧٦% تليه القهوة، ثم لدى الأصدقاء.

بالنسبة للصحبة أثناء المشاهدة فتأتى الأسرة فى المقدمة بنسبة ٥٣%، يليها على إنفراد بنسبة ١٩،٥% ، ثم الأصدقاء بنسبة ١٩% بالنسبة للاندماج أثناء المشاهدة فلقد رفض حوالى نصف العينة (٥٢،٥%) ترك المسلسل التليفزيونى لتلبية طلب ما، أما المضمون المفضل لهم فهو أساسا الأفلام والمسلسلات العربية بنسبة ٥١،٥%و ١٧،٥% على التوالى، تليها أفلام الكارتون، ثم برامج الأطفال وأن ذكرت بنسبة ضئيلة.

وعموما جاء التليفزيون فى مقدمة وسائل الاتصال المفضلة بنسبة ٧٤%. أما بالنسبة للفيديو، فهم يشاهدونه غالبا فى القهوة بنسبة ٣٨،٥% ويركزون فى أحداث الأفلام بنسبة ٦٩% و تحتل الأفلام المركز الأول فى تفضيلهم بنسبة ٦٤،٥% والموضوع الأساسى المفضل لديهم من موضوعات الأفلام هو العنف والإثارة بنسبة ٦٤،٥%. أما بالنسبة للسينما فهم غالبا يترددون على دور السينما فى الفترة المسائية بنسبة ٣٩%.

اختبار الفرض الثالث:

تختلف دوافع استخدامات الأطفال ذوى الظروف الصعبة للتليفزيون وأفلام الفيديو والسينما عن مثيلتها لدى الأطفال العاديين".

ترجع أهمية دراسة دوافع استخدامات وسائل الاتصال المعينة فى هذا البحث إلى انه يتم على أساسها إختيار الطفل للمضامين التى سيتعرض لها، وهناك ثلاثة استخدامات يعتم البحث باختبارها وهى

كالتالى : وسيلة لتعلم السلوك ومعاملة الغير، ومدرسة لتعلم حركات العنف وتنفيذها، وأخيرا إستخدام وسائل الاتصال كمجرد وسيلة لقضاء وقت الفراغ.

ويوضح الجداول التالى إستخدام أطفال العينة من المجموعتين للتليفزيون وأفلام الفيديو كوسيلة لتعلم السلوك ومعاملة الغير.

جدول رقم (١١)

علاقة حالة الطفل باستخدام التليفزيون وأفلام الفيديو والسينما كوسيلة لتعلم السلوك ومعاملة الغير

حالة الطفل	الأطفال ذوو الظروف الصعبة								الأطفال العاديون					
هل يتعلم السلوك	أطفال الشوارع		العاملون		المنحرفون		المجموع		الابتدائية		الاعدادية		المجموع	
	ك	%	ك	%	ك	%	ك	%	ك	%	ك	%	ك	%
موافق	٣٣	٨٢,٥	٦٥	٨١,٣	٧٠	٨٧,٥	١٦٨	٨٤	٢١	٢١	٥٥	٥٥	٧٦	٣٨
معارض	٧	١٧,٥	١٥	١٨,٥	١٠	١٢,٥	٣٢	١٦	٧٩	٧٩	٤٥	٤٥	١٢٤	٦٢
المجموع	٤٠	١٠٠	٨٠	١٠٠	٨٠	١٠٠	٢٠٠	١٠٠	١٠٠	١٠٠	١٠٠	١٠٠	٢٠٠	١٠٠

قيمة كا٢ =١١٤ درجات حريه = ٤ مستوى معنوية = ٠,٠٠١

ـ ويبين الجدول السابق أن استخدام وسائل الاتصال كمعلم للسلوك بلغ ٨٤% بين الأطفال ذوى الظروف الصعبة، و٣٨% فقط بين الأطفال العاديين، وبلغت النسب لمجموعات الظروف الصعبة الثلاثة كما يلى: ٨٧,٥% بين الأطفال المنحرفين، ٨٢,٥% بين أطفال الشوارع، و ٨١,٣% بين العاملين، أما المدارس الابتدائية والاعدادية فبلغت النسبتان ٢١ % و ٥٥% على التوالى.

ومن الممكن تفسير هذا الفارق بين المجموعتين بأن فى حالة المجموعة الأولى يضعف، بل وينعدم أحيانا، دور الأسرة والمدرسة كقنوات للتربية وللتنشئة الاجتماعية وتحل وسائل الاتصال محلهما لتلعب دور مدرسة للحياة، فهم يتعلمون من الأفلام والمسلسلات السلوكيات فى المواقف المختلفة وكيفية التصرف تجاه الآخرين بل وطرق حل مشاكلهم أيضا ولقد قال أحد المبحوثين من عينة المنحرفين "كل حاجة فى الأفلام بأتعلم منها" ويلاحظ من الجدول أن عينة المنحرفين هى أكثر من يتعلم السلوك، من الأفلام وكان ذلك أيضا واضحا فى نتائج مجموعات النقاش المركزة. وقال معظمهم أن أفلام فريد شوقى هى أكثر الأفلام التى يستفيدون منها ويتعلمون منها السلوك فى المقابل لمست الباحثة أن الأطفال من عينة المدارس يميزون بين ما يمكن التعلم منه فى الأفلام وما قد يكسبهم سلوكا فاسدا أو يضرهم. وهذا يرجع إلى دور الوالدين أو الأخوة الأكبر سنا أو المدرسين

ـ ولقد أتفقت هذه النتيجة مع دراسة درفين وجرينبرج Brenda Dervin and Bradly S. Greenberg والتى استخلصت أن الأطفال من الطبقات الدنيا فى المجتمع يميلون لاستخدام التليفزيون "كمدرسة للحياة"، أى لمعرفة كيفية حل المشكلات المختلفة التى تواجههم فى

الحياة ولفهم الأشخاص من حولهم، بكلمات أخرى، لتعلم أشياء لم تتح لهم الفرصة لتعلمها من المدرسين[1]

ويوضح الجدول التالى إستعداد الأطفال لإستخدام الأفلام لتعلم أساليب الضرب والعنف.

---

(1) Schneider, Op. Cit, P. 49.

جدول رقم (١٢)

علاقة حالة الطفل باستخدام التليفزيون وأفلام الفيديو والسينما كوسيلة لتعلم السلوك ومعاملة الغير

حالة الطفل	الأطفال ذوو الظروف الصعبة								الأطفال العاديون					
تعلم الضرب من الأفلام	أطفال الشوارع		العاملون		المنحرفون		المجموع		الابتدائية		الاعدادية		المجموع	
	ك	%	ك	%	ك	%	ك	%	ك	%	ك	%	ك	%
نعم	٢٠	٩٠,٩	٤٠	٨٧	٣٣	٥٨,٩	٩٣	٧٥	١١	٢٦,٨	٢٠	٣٣,٣	٣١	٣٠,٦
لا	٢	٩,١	٦	١٣	٢٣	٤١,١	٣١	٢٥	٣٠	٧٣,٢	٤٠	٦٦,٧	٧٠	٦٩,٣
المجموع	٢٢	١٠٠	٤٦	١٠٠	٥٦	١٠٠	١٢٤	١٠٠	٤١	١٠٠	٦٠	١٠٠	١٠١	١٠٠

قيمة كا٢ =١١٤ درجات حريه = ٤ مستوى معنوية = ٠,٠٠١

ــ ويتضح من الجدول السابق أن الأطفال ذوى الظروف الصعبة أكثر استخداما للأفلام لتعلم أساليب الضرب والعنف، فجاءت نسبتهم ٧٥% فى مقابل ٣٠,٦% بين الأطفال العاديين.

ــ والشئ الملاحظ بين بيانات الجدول السابق هى النسبة الساحقة لأطفال الشوارع لتعلم العنف والضرب من الأفلام (٩٠,٩)، وتراجعت النسبة إلى ٨٧% بين الأطفال العاملي،ن ثم ٥٨,٩% بين المنحرفين. ومن الممكن إرجاع هذه النسبة الكبيرة إلى أن أطفال الشوارع هم أكثر مجموعة معرضة باستمرار لمواقف تستدعى استخدامهم للعنف، إما لأخذ حقهم بالقوة أو فى الدفاع عن انفسهم والتصدى للاخطار مثل الهروب من ملاحقة الشرطة، والصراعات فيما بينهم ولا يقتصر الأمر على تعلم ذوى الظروف الصعبة للضرب بالايدى من الافلام بل يصل الأمر إلى استخدام الأسلحة مثل السنجة، والمطوى، والسكاكين، بجانب

ذلك أيضا قال أحد أطفال عينة المنحرفين أنه يتعلم من الأفلام الأسلوب اللفظى للشجار والشتائم باللكنات المصرية المختلفة مثل اللهجة الصعيدية وغيرها.

ـ ولقد اتفقت نتيجة هذه الدراسة مع ما استنتجته دراسة تناولت برامج الشباب: فى أن ٨٧% من عينة الدراسة (وقوامها ٢٠٠ شابا منحرفا من نزلاء السجون) يرجعون السبب فى ارتكاب جرائمهم إلى تعلمهم العنف والضرب من أبطال السينما، الذين قاموا بتقليدهم[(١)].

جدول رقم (١٣)

علاقة حالة الطفل باستخدام التليفزيون وأفلام الفيديو والسينما لقضاء وقت الفراغ.

حالة	الأطفال ذوو الظروف الصعبة								الأطفال العاديون					
كيفية قضاء وقت الفراغ	أطفال الشوارع		العاملون		المنحرفون		المجموع		الابتدائية		الاعدادية		المجموع	
	ك	%	ك	%	ك	%	ك	%	ك	%	ك	%	ك	%
النزهة مع الأهل	٣	٧,٥	٣	٣,٨	١	١,٣	٧	٣,٥	٣٠	٣٠	٣٦	٣٦	٦٦	٣٣,٨
مع الأصدقاء	١١	٢٧,٥	٢٣	٢٨,٨	١٧	٢١,٣	٥١	٢٥,٥	٩	٩	١٦	١٦	٢٥	١٢,٨
مشاهدة التليفزيون	١٥	٣٧,٥	٣٣	٤١,٣	٢٧	٣٣,٨	٧٥	٣٧,٥	١٢	١٢	١٣	١٣	٢٥	١٢,٨
الذهاب للسينما	٣	٧,٥	٤	٥	٧	٨,٨	١٤	٧			١	١	١	٠,٥
مشاهدة الفيديو	٨	٢٠	١٤	١٧,٥	١٩	٢٣,٨	٤١	٢٠,٥	٣	٣			٣	١,٥
النوم	١	١,٣	١	١,٣	٥	٥	٧	٣,٥	١	١			١	٠,٥

(١) أمانى السيد فهمى، **"برامج الشباب فى التليفزيون المصرى"**، دراسة ميدانية وتحليلية ، رسالة ماجستير غير منشورة، القاهرة، كلية الأعلام، جامعة القاهرة قسم إذاعة، ١٩٨٧، ص ٧ ـ ٨.

التحدث مع الأهل					٥	٦,٣	٥	٢,٥	١٥	١٥	٧	٧	٢٢	١١,٥
أخرى			٢	٢,٥	٣	٣,٨	٥	٢,٥	٢٦	٢٦	٢٦	٢٦	٥٢	٢٦,٦
المجموع	٤١	١٠٠	٨٠	١٠٠	٨٤	١٠٠	٢٠٠	١٠٠	٩٦	١٠٠	٩٩	١٠٠	١٩٥	١٠٠

قيمة كا٢ =١٩٨ درجات حريه = ٢٨ مستوى معنوية = ٠,٠٠١.

ـ ويتضح من الجدول السابق أن هناك إختلاف بين مجموعتى الدراسة من حيث استخدامها للتليفزيون وأفلام الفيديو والسينما كوسيلة لقضاء وقت الفراغ.

ـ بالنسبة للتليفزيون : يستخدم ٢٧,٥% من أطفال الشوارع، و٤١,٣% من العاملين و ٣٣,٨% من المنحرفين للتليفزيون كوسيلة لقضاء وقت الفراغ، وهناك ١٢% فقط من أطفال المدارس الابتدائية، و١٣% من الاعدادية يستخدمونه لنفس الغرض.

ـ أما بالنسبة للفيديو، تشاهده نسب متقاربة من مجموعة الأطفال ذوى الظروف الصعبة كما يلى: ٢٠% بين أطفال الشوارع، و ١٧,٥% بين العاملين، و ٢٣,٨% بين المنحرفين لقضاء وقت الفراغ مقابل ٣% فقط بين أطفال المدارس الابتدائية وليس بين أطفال المرحلة الإعدادية.

ـ بالنسبة للسينما، فكانت أقل نسبة مقارنة بالتليفزيون والفيديو حيث يذهب إلى السينما ٧,٥% من أطفال الشوارع، و ٥% من العاملين، و ٨,٨% من المنحرفين لقضاء وقت فراغهم، مقابل ١% بين أطفال المرحلة الاعدادية، ولم تسجل أية حالة تستخدم للسينما لنفس الهدف بين أطفال المرحلة الإبتدائية.

ـ ولقد اختلفت نتائج هذه الدراسة مع دراسة قامت بها هيئة بحث جرائم الأحداث التابعة للمجلس القومى للبحوث، استخدمت عينة مكونة

من ٥٠٣ حدثا. حيث وجدت أن أكثر الأماكن التى يقضون فيها وقت الفراغ من أجل التسلية هى الشارع أو الحارة بنسبة ٨٥,٤%.

وتلى ذلك السينما بنسبة ١٥,٨%، ثم الحدائق بنسبة ١٠,٤%، وأخيرا المقهى بنسبة ٥,٩% [١].

ومن خلال كل ما سبق نستطيع أن نقبل الفرض القائل: "تختلف دوافع استخدامات الأطفال ذوى الظروف الصعبة للتليفزيون وأفلام الفيديو والسينما عن مثيلتها لدى الأطفال العاديين".

اختبار الفرض الرابع

"تختلف الإشباعات المتحققة لدى الأطفال ذوى الظروف الصعبة من مشاهدة التليفزيون و الفيديو والسينما عن مثيلتها لدى الأطفال العاديين".

وبما أن هذا البحث يتناول فئة من الأطفال ذوى الظروف الخاصة والتى تملى بالتالى حاجات خاصة فكان من المتوقع أن تكون أشباعاتهم من وسائل الاتصال أيضا مختلفة عن غيرها من فئات الأطفال العاديين.

ومن أجل ذلك تم تكوين الجدول التالى لاختبار الاشباعات التى تتحقق بين هؤلاء الأطفال من مشاهدة التليفزيون وأفلام الفيديو والسينما.

جدول رقم (١٤)

علاقة حالة الطفل بالاشباعات التى يحصل عليها من مشاهدة التليفزيون والفيديو والسينما.

حالة الطفل	الأطفال ذوو الظروف الصعبة	الأطفال العاديون

(١) عبد العزيز القوصى وسيد عويس محمد، "السرقة عند الأحداث"، الجزء الأول، دراسة إحصائية تحليلية، **المجلس القومى للبحوث الإجتماعية والجنائية**، هيئة بحث جرائم السرقة عند الأحداث، يناير، ١٩٦٠.

أشباعات	أطفال الشوارع		العاملون		المنحرفون		المجموع		الابتدائية		الاعدادية		المجموع	
	ك	%	ك	%	ك	%	ك	%	ك	%	ك	%	ك	%
فضاء وقت الفراغ	١	٢,٧	١٧	٢١,٣	١٤	١٧,٧	٣٢	١٦,٤	٣٨	٣٨,٤	٤٥	٤٥	٨٣	٤١,٧
الضحك والمرح	٣	٨,١	٧	٨,٨	٨	١٠,١	١٨	٩,٢	٢٤	٢٤,٢	٤	٤	٢٨	١٤
المعلومات	٣	٨,١	٨	١٠			١١	٥,٦	٢٤	٢٤,٢	٢٤	٢٤	٤٨	٢٤,١
النصيحة	٢١	٥٦,٨	٣٦	٤٥	٤٦	٥٨,٢	١٠٣	٥٢,٨	٨	٨,١	١٦	١٦	٢٤	١٢
الأنتماء	٨	٢١,٦	١٢	١٥	١١	١٢,٩	٣١	١٥,٨	٤	٤	١٠	١٠	١٤	٧
أخرى	١	٢,٧					١	٠,٥	١	١	١	١	٢	١
المجموع	٣٧	١٠٠	٨٠		٧٩	١٠٠	١٩٥	١٠٠	٩٩	١٠٠	١٠٠	١٠٠	١٩٩	١٠٠

قيمة كا٢ =١٣٧ درجات حريه = ٢٠ مستوى معنوية = ٠,٠٠١

ـ ومن الجدول السابق يتضح أن الإشباعات التى يحصل عليها الأطفال ذوى الظروف الصعبة من مشاهدة التليفزيون والفيديو والسينما تختلف عن تلك التى يحصل عليها الأطفال العاديين. فأكثر الأشباعات التى يحصل عليها ذوو الظروف الصعبة هى الحصول على النصيحة بنسبة ٥٢,٨%، فى مقابل ١٢% بين الأطفال العاديين هذا الفارق الشاسع ينم عن توفر اشباع التوجيه والحصول على النصحية من الأسرة أو المدرسة أو الأقارب بين المجموعة الأخيرة، ولكن يتعذر ذلك فى بيئة تضعف فيها الصلات الاجتماعية بين افراد الأسرة وينعدم فيها تأثير المدرسة، أما بسبب عدم الذهاب إصلا، أو بسبب التخلف عنها. ويلاحظ أن نسبة الأطفال المنحرفين هى أكبر نسبة فى هذا الصدد بنسبة ٥٨,٢%، تليها مجموعة الأطفال الشوارع بنسبة ٥٦,٨%، وأخيرا الأطفال العاملون بنسبة ٤٥%.

ـ وتقاربت نسب اشباع الحاجة إلى الترفيه والشعور بالانتماء بين الأطفال ذوى الظروف الصعبة. والملاحظ بالنظر للمجموعات الثلاث وإنخفاض إشباع الترفيه بين عينة أطفال الشوارع والمحتمل ارجاع ذلك إلى أن طبيعة حياتهم الخشنة لا تعطيهم رفاهية التسلية ولكنهم يشاهدون التليفزيون أو أفلام الفيديو والسينما من أجل الحصول على النصح (٥٦,٨%) ، أو الشعور بالانتماء للمجموعة (٢١,٦%)، ولقد قال أحد الأطفال من عينة الشوارع: "بالاقى نفسى فى الأفلام" باحس إن بعض الأفلام بتحكى عنى وعن حياتى، خصوصا الظلم".

ـ وتبرز بيانات الجدول أن أعلى إشباع يحصل عليه الأطفال العاديون من وسائل الاتصال الثلاثة هو التسلية بنسبة ٣٨,٤% بين أطفال المدارس الابتدائية، و٤٥% بين أطفال المرحلة الإعدادية.

ومما تقدم يمكننا أن نقبل الفرض القائل: "تختلف الاشباعات المتحققة لدى الأطفال ذوى الظروف الصعبة من مشاهدة التليفزيون والفيديو والسينما عن مثيلتها لدى الأطفال العاديين".

اختبار الفرض الخامس

يكون ادراك الواقع الاجتماعى لدى الأطفال ذوى الظروف الصعبة محرفا ومختلفا عنه فى حالة الأطفال العاديين".

ويختبر الجدول التالى مدى خلط الأطفال بين واقعهم الحقيقى الذى يعيشونه والواقع التليفزيونى والسينمائى.

جدول رقم (١٥)

علاقة حالة الطفل بإحساسه أن حياة أبطال السينما تشبه حياته.

حالة الطفل	الأطفال ذوو الظروف الصعبة				الأطفال العاديون		
حياة	أطفال	العاملون	المنحرفون	المجموع	الابتدائية	الاعدادية	المجموع

الابتطال تشبه حياة الطفل	الشوارع													
	ك	%	ك	%	ك	%	ك	%	ك	%	ك	%	ك	%
تشبهها جدا	١٧	٧٧,٣	٢٨	٦٠,٩	٣٥	٦٢,٥	٨٠	٧٢,٧	٣	٧,٣	٤	٦,٧	٧	١٦,٢
بعض الشئ	٤	١٨,٢	١١	٢٣,٩	١٢	٢١,٤	٢٧	٢٤,٥	٧	١٧,١	٢٥	٤١,٧	٣٢	٧٤,٤
لا شبه مطلقا	١	٤,٥	١	٢,٢	١	١,٨	٣	٢,٧	٣	٧,٣	١	١,٧	٤	٩,٣
المجموع	٤١	١٠٠	٨٠	١٠٠	٨٤	١٠٠	٢٠٠	١٠٠	٩٦	١٠٠	٩٩	١٠٠	١٩٥	١٠٠

قيمة كا٢ =١٠١   درجات حريه = ١٢   مستوى معنوية = ٠,٠٠١

ـ ويطلعنا الجدول السابق على أن الأطفال ذوى الظروف الصعبة أكثر خلطا بين حياتهم الحقيقية وحياة أبطال السينما من الأطفال العاديين، حيث أجابت نسبة ٧٢,٧% من المجموعة الأولى بوجود شبه كبير بين الاثنين، مقابل ١٦,٢% فقط من المجموعة الثانية.

ـ ومن الملاحظ من بيانات الجدول أن أطفال الشوارع هم أكثر إحساسا بأن حياة أبطال السينما تشبه حياتهم بنسبة ٧٧,٣% ولقد أجاب جميع أفراد عينة أحدى مجموعات النقاش أن هناك تطابقا بين الأدوار الاجتماعية فى الحقيقة والموجودة فى الأفلام وقد يكون هذا من العوامل التى تجعلهم يشعرون أن حياتهم مثل حياة أبطال السينما فى المقابل جاء

رد بعض الأطفال من مدرسة الزمالك الاعدادية: "حياة أبطال السينما فيها سلبيات كثيرة موش موجودة فى الحقيقة". ويحتمل أن الأطفال ذوى الظروف الصعبة لا يشعرون بذلك لأن الظروف التى يعيشونها مليئة بالسلبيات وبذلك تقترب من واقع الأفلام والمعروف أن الدراما تضخم السلبيات الموجودة فى المجتمع من أجل لفت الأنظار إلى وجودها والوصول لحلول لها.

ومن ضمن العوامل التى تبين مدى خلط الأطفال بين الحقيقة والواقع الموجود فى الأفلام المعروفة مدى تصديقهم لواقعية الضرب الموجود بها، وهذا ما ستوضحه بيانات الجدول التالى:

جدول رقم (١٦)

علاقة حالة الطفل بمدى تصديقه لواقعية الضرب.

حالة الطفل	الأطفال ذوو الظروف الصعبة								الأطفال العاديون					
	أطفال الشوارع		العاملون		المنحرفون		المجموع		الابتدائية		الاعدادية		المجموع	
درجة تصديق واقعية الضرب	ك	%	ك	%	ك	%	ك	%	ك	%	ك	%	ك	%
واقعى	١٦	٧٢,٧	٢٠	٤٣,٥	٢٥	٤٤,٦	٦١	٤٩,٢	١٠	٢٤,٤	٧	١١,٧	١٧	١٦,٨
غير واقعى	٦	٢٧,٣	٢٦	٥٦,٥	٣١	٥٥,٤	٦٣	٥٠,٨	٣١	٧٥,٦	٥٣	٨٨,٣	٨٤	٨٣,١
المجموع	٢٢	١٠٠	٤٦	١٠٠	٥٦	١٠٠	١٢٤	١٠٠	٤١	١٠٠	٦٠	١٠٠	١٠١	١٠٠

قيمة كا٢ =٣٤ درجات حريه = ٤ مستوى معنوية = ٠,٠٠١

ـ يتضح من الجدول السابق وجود اختلافات فى درجة تصديق الأطفال ذوى الظروف الصعبة الموجود فى الأفلام ودرجة تصديق الأطفال العاديين، فالمجموعة الأولى أكثر تصديقا للعنف الموجود فى الأفلام بنسبة ٤٩,٦٩% ، فى حين بلغت النسبة بين الأطفال العاديين ١٦,٨% فقط.

ـ ويتضح من الجدول السابق وجود اختلاف فى درجة تصديق الأطفال ذوى الظروف الصعبة للعنف الموجود فى الأفلام ودرجة تصديق الأطفال العاديين، فالمجموعة الأولى أكثر تصديقا للعنف الموجود فى الأفلام بنسبة ٤٩,٢%، فى حين بلغت النسبة بين الأطفال العاديين ١٦,٨% فقط.

ـ ويظهر بوضوح فى الجدول السابق إرتفاع نسبة مصداقية العنف الموجود فى الأفلام لدى مجموعة أطفال الشوارع بالذات بنسبة ٧٢,٧%، فى حين تنخفض إلى ٤٣,٥% بين الأطفال العاملين وتصل إلى ٤٤,٦% بين المنحرفين.

ـ وتتفق نتيجة هذه الدراسة مع ما إستخلصه جرانت نوبل من أن ٣٤% من الأحداث المصنفين كخطرين و ٣٠% من الأحداث الذين لا يتصفوا بالعنف. ثم ٢٠% من الأطفال غير الأحداث قد أقروا تصديقهم للعنف الموجود بالأفلام [1]

أما موافقة الطفل على أنه من الخطأ هذه الأيام معاملة الناس الخلق الحسن فهو من النقاط الأساسية للكشف عن كيفية إدراك الطفل للواقع الإجتماعى، وهذا ما سيوضحه الجدول التالى:

جدول رقم (١٧)

علاقة حالة الطفل بموافقته على عدم المعاملة الحسنة للآخرين.

حالة	الأطفال ذوو الظروف الصعبة								الأطفال العاديون					
	أطفال		العاملون		المنحرفون		المجموع		الاتبدائية		الاعدادية		المجموع	
	ك	%	ك	%	ك	%	ك	%	ك	%	ك	%	ك	%

---

(1) Noble, Op. Cit., p. 165.

موافق	٣٢	٨٠	٥٦	٧٠	٥٧	٧١	١٤٥	٧٢,٥	٩	٩	١٦	١٦	٢٥	٣١,١
غير موافق	٨	٢٠	٢٤	٣٠	٢٣	٢٨	٥٥	٢٧,٥	٩١	٩١	٨٤	٨٤	١٧٥	٩٢,١
المجموع	٤٠		٨٠		٨٠		٢٠٠		١٠٠	١٠٠	٩٠	١٠٠	١٩٠	١٠٠

قيمة كا٢ =١٤٩ درجات حريه = ٤ مستوى معنوية = ٠,٠٠١

ـ ويتضح من الجدول السابق أن الأطفال ذوى الظروف الصعبة هم أكثر تحمسا لمعاملة الناس بالعنف وليس بالحسنى من الأطفال العاديين، فجاءت نسبة رفض المجموع الأولى التعامل بالحسنى ٧٢,٥%،مقابل ٣١,١% من المجموعة الثانية.

ـ وتوضح بيانات الجدول ايضا أن ٨٠% من أطفال الشوارع، و ٧٠% من العاملين، و ٧١% من المنحرفين يرفضون التعامل بالذوق واللين مع الآخرين، وقلت النسبة لتصل إلى ٩% بين أطفال المدارس الابتدائية و ١٦% بين أطفال المدارس الإعدادية.

ـ وبالرجوع إلى نقطة قد تم طرحها فى نتائج مجموعات النقاش والتى يمكن أن تفسر نتيجة الجدول السابق هى: ما إذا كان أبطال السينما يسلكون طريق العنف أو الذوق والعقل فى التعامل مع الاخرين، وكان رد معظم الأطفال ذوى الظروف الصعبة أنهم يسلكون العنف ويوافقون على ذلك، بل وأجاب بعضهم أن العنف والضرب ضروريان، وتذكر الباحثة أحد تعليقات الأطفال فى هذا الصدد من مجموعة المنحرفين: "الواحد لازم يبقى قوى ويضرب الناس علشان يعرفوا أنه "جامد وقال آخر: " لما أضرب واحد يجيلى على القهوة ويقوللى آسف ولو كلمته بالراحة، يقوللى أنت عاوز أيه ويمسك شومة ويضربنى بيها". ومن هذه العبارة يلمس القارئ كيف أن الظروف الصعبة لهؤلاء الأطفال تضطرهم أن يتعاملوا بعنف مع الناس، ثم

يرون أن أبطال السينما يسلكون نفس السلوك. وهكذا يكون أبطال السينما المثل الأعلى لهم فى تعلم السلوك. وبذلك نصل إلى إستنتاج أن تأثر الأطفال ذوى الظروف الصعبة بالأفلام وسلوك الممثلين هو تأثير بالغ وعميق، ويمثل خطورة على الطفل الذى يعانى من ظروف صعبة وعلى من حوله لانه حين يقلد سلوك الممثلين فهو يقلده بكل المبالغات الدرامية فى الضرب والقتل والانتقام.

وفيما يلى محاولة للتعرف على اعتقاد الطفل فى أن المجرم لابد أن يخسر فى النهاية وهذا ما ستوضحه بيانات الجدول التالى:

جدول رقم (١٨)

علاقة حالة الطفل باعتقاده أن المجرم لابد ان يخسر فى النهاية.

حالة الطفل	الأطفال ذوو الظروف الصعبة								الأطفال العاديون					
المجرم يخسر فى النهاية	أطفال الشوارع		العاملون		المنحرفون		المجموع		الابتدائية		الاعدادية		المجموع	
	ك	%	ك	%	ك	%	ك	%	ك	%	ك	%	ك	%
موافق	٢٠	٥٠	٤٩	٦١,٣	٤٩	٦١,٣	١١٨	٥٩	٩١	٩٦	٩٦	١٨٧	٩٣,٥	
معارض	٢٠	٥	٣١	٣٨,٨	٣١	٣٨,٨	٨٢	٤١	٩	٩	٤	٤	١٣	٦,٥
المجموع	٤٠	١٠٠	٨٠	١٠٠	٨٠	١٠٠	٢٠٠	١٠٠	١٠٠	١٠٠	١٠٠	١٠٠	٢٠٠	١٠٠

قيمة كا٢ =٣٤ درجات حريه = ٤ مستوى معنوية = ٠,٠٠١

ـ ويتضح من الجدول السابق أن اعتقاد الأطفال ذوى الظروف الصعبة بأن المجرم لابـد أن ينـال جـزاءه فـى النهـايـة يختلـف عنه فى حالة الأطفال العاديين، حيث إن كا[٢] = ٦٩، وهى ذات دلالة إحصائية عند مستوى معنوية ٠,٠٠١.

ـ نجد من الجدول السابق أن ٥٩% من ذوى الظروف الصعبة يعتقدون أن المجرم لا يقع في يد البوليس في النهاية، و ٩٣,٥% بين الأطفال العاديين يعتقدون أن المجرم مهما نجح في ارتكاب جرائمه لابد وأن يقبض عليه في النهاية.

ـ والملاحظ تساوى نسبتى العاملين والمنحرفين مرة أخرى في هذا الصدد بنسبة ٦١,٣% لكل منهما. من الملاحظ أيضا بالنسبة لأطفال الشوارع أن نصف العينة يعتقدون أن المجرم لابد أن يقع في النهاية، والنصف الأخر يعتقد عكس ذلك.

وتوضح بيانات الجدول التالى إعتقاد الأطفال في أن الخير ينتصر على الشر في النهاية :

جدول رقم (١٩)

علاقة حالة الطفل باعتقاده في أن الخير ينتصر على الشر في النهاية.

حالة الطفل	الأطفال ذوو الظروف الصعبة				الأطفال العاديون		
المجرم يخسر فى النهاية	أطفال الشوارع	العاملون	المنحرفون	المجموع	الابتدائية	الاعدادية	المجموع

	ك	%	ك	%	ك	%	ك	%	ك	%	ك	%	ك	%
موافق	١٩	٤٧,٥	٤٦	٥٧,٥	٣٧	٤٦,٣	١٠٢	٥١	٩٥	٩٥	٩٦	٩٦	١٩١	٩٥,٥
معارض	٢١	٥٢,٥	٣٤	٤٢,٥	٤٣	٥٣,٨	٩٨	٤٩	٥	٥	٤	٤	٩	٤,٥
المجموع	٤٠	١٠٠	٨٠	١٠٠	٨٠	١٠٠	٢٠٠	١٠٠	١٠٠	١٠٠	١٠٠	١٠٠	٢٠٠	١٠٠

قيمة كا٢ =١٠٤ درجات حريه = ٤ مستوى معنوية = ٠,٠٠١

ويكشف هذا الجدول أن ٤٩% من الأطفال ذوى الظروف الصعبة يعتقدون أن الخير لا ينتصر على الشر في النهاية، في مقابل ذلك ٤,٥% فقط من الأطفال العاديين.

ـ ويتضح من الجدول السابق أن هناك علاقة بين حالة الطفل في المجموعة وبين إعتقاده فيما إذا كان الخير ينتصر على الشر في النهاية، فقد اختلفت مجموعتا البحث في هذا الصدد، ذلك أن كا٢ = ١٠٤ وهى ذات دلالة احصائية عند مستوى معنوية اقل من ٠,٠٠١.

ويكشف الجدول التالى عن إعتقاد الطفل بضرورة أن يتحول الشخص الفقير إلى مجرم:

جدول رقم (٢٠)

علاقة حالة الطفل باعتقاده بأنه ليس من الضرورى أن يتحول الشخص الفقير لمجرم.

حالة الطفل	الأطفال ذوو الظروف الصعبة				الأطفال العاديون		
	أطفال الشوارع	العاملون	المنحرفون	المجموع	الابتدائية	الاعدادية	المجموع

%	ك	%	ك	%	ك	%	ك	%	ك	%	ك	%	ك	يتحول الفقير لمجرم
٨٦,٥	١٧٣	٨٨	٨٨	٨٥	٨٥	٣٦	٧٢	٣٢,٥	٢٦	٣٧,٥	٣٠	٤٠	١٦	موافق
١٣,٥	٢٧	١٢	١٢	١٥	١٥	٦٥,٥	١٢٧	٦٧,٥	٥٤	٦٢,٥	٥٠	٦٠	٢٤	معارض
١٠٠	٢٠٠	١٠٠	١٠٠	١٠٠	١٠٠	١٠٠	٢٠٠	١٠٠	٨٠	١٠٠	٨٠	١٠٠	٤٠	المجموع

قيمة كا٢=١٠٨   درجات حريه = ٤   مستوى معنوية = ٠,٠٠١

ويوضح الجدول السابق موافقة ٦٥,٥% من أفراد المجموعة الأولى على فكرة ضرورة تحول الفقير إلى مجرم مقابل ١٣,٥% بين أفراد المجموعة الثانية.

ـ والملاحظ تقارب نسب المجموعات الثلاث للأطفال ذوى الظروف الصعبة في الاعتقاد بأنه لابد أن يتحول كل شخص فقير إلى مجرم، وبذلك فالفقر بالنسبة لهم يتلازم مع الجريمة. وهذا الاستنتاج ذو أبعاد خطيرة لأنه يجعل الاحتمال كبيرا في أن يكون بداخل هؤلاء الأطفال تبرير للخطأ وللجريمة لمجرد أنهم ولدوا فقراء. وهذا لا يعنى أن الأمر يتم بهذه السهولة، حيث يشاهد الأطفال فيلما عن الجريمة في التليفزيون، أو الفيديو، أو السينما، فيذهبون لإرتكاب نفس الجريمة في الغد، بل أن هناك عوامل وظروف كثيرة وهامة تتفاعل معا لتحدد مدى تأثر الطفل بالأفلام التى يشاهدها. وإن كان هذا الاعتقاد الذى يبحثه الجدول السابق من العوامل المهمة التى تجعل تأثير الأفلام على هذا الطفل أكثر من مثيلتها عند غيره.

والجدول التالى يتناول عاملا آخر من العوامل التى تحدد تأثير الأفلام على الأطفال وهو اعتقاد الطفل في أن التربية الدينية تحمى الإنسان من الوقوع في الخطأ.

جدول رقم (٢١)

علاقة حالة الطفل بكون التربية الدينية تحمى الإنسان من الوقوع في الخطأ.

حالة	الأطفال ذوو الظروف الصعبة								الأطفال العاديون					
	أطفال		العاملون		المنحرفون		المجموع		الابتدائية		الاعدادية		المجموع	
التربية	ك	%	ك	%	ك	%	ك	%	ك	%	ك	%	ك	%
موافق	٢٠	٥٠	٣٤	٤٢,٥	٢٦	٣٢,٥	٨٠	٤٠	٩٦	٩٦	٧٧	٧٧	١٧٣	٨٦,٥
معارض	٢٠	٥٠	٤٦	٥٧,٥	٥٤	٦٧,٥	١٢٠	٦٠	٤	٤	٢٣	٢٣	٢٧	١٣,٥
المجموع	٤٠	١٠٠	٨٠	١٠٠	٨٠	١٠٠	٢٠٠	١٠٠	١٠٠	١٠٠	١٠٠	١٠٠	٢٠٠	١٠٠

قيمة كا٢ =١٠٨   درجات حريه = ٤   مستوى معنوية = ٠,٠٠١

- ويتضح من الجدول السابق أن هناك اختلافا في إدراك الأطفال ذوى الظروف الصعبة لأهمية التربية الدينية لتفادى الوقوع في الخطأ عنه في حالة الأطفال العاديين، ذلك أن كا٢= ١٠٥ وهى ذات دلالة احصائية عند مستوى معنوية أقل من ٠,٠٠١ حيث يكشف الجدول السابق أن نسبة ٦٠% من الأطفال ذوى الظروف الصعبة يعتقدون أن التربية الدينية لا تحمى الإنسان من الوقوع في الخطأ، مقابل نسبة ١٣,٥% فقط بين الأطفال العاديين. وبذلك فالتربية الدينية تحتل مكانة أهم وأكبر لدى أطفال المدارس عنها لدى الأطفال ذوى الظروف الصعبة.

ـ ومن الملاحظ إرتفاع النسبة بين الأطفال المنحرفين عنها بين الأطفال العاملين وأطفال الشوارع وكانت على التوالى: ٦٧,٥%، ٥٧,٥% و ٥٠%. ومعنى ذلك وجود إرتباط أكثر بين الانحراف والتقليل من شأن التربية الدينية في حماية الإنسان من الوقوع في الخطأ.

ومن كل ما تقدم نستطيع أن نقبل الفرض القائل: "يكون ادراك الواقع الاجتماعى لدى الأطفال ذوى الظروف الصعبة محرفا ومختلفا عنه في حالة الأطفال العاديين".

اختبار الفرض السادس:

"الأطفال ذوو الظروف الصعبة أكثر ميلا للتوحد مع الشخصيات التى تقدم في الدارما وخاصة الأبطال والأقوياء عن الأطفال العاديين".

ومن أجل اختبار هذا الفرض قامت الباحثة بالتقصى عن الشخصيات الموجودة في أفلام السينما والفيديو التى تعجب الأطفال ويتمنون أن يكونوا مثلها عندما يكبرون ومدى إستعدادهم لتقليد هذه الشخصيات في حياتهم اليومية.

والجدول التالى يتناول سمات الشخصية التليفزيونية أو السينمائية التى يعجب بها الطفل ويميل إلى تقليدها:

جدول رقم (٢٢)

علاقة حالة الطفل بنوع الشخصية التى تعجبه والتى يحب أن يكونها عندما يكبر.

حالة	الأطفال ذوو الظروف الصعبة								الأطفال العاديون					
	أطفال		العاملون		المنحرفون		المجموع		الابتدائية		الاعدادية		المجموع	
الشخصية	ك	%	ك	%	ك	%	ك	%	ك	%	ك	%	ك	%
لا يوجد	٢	٩,١	١	٢,٢	١	١,٨	٤	٣,٢	٢	٤,٩	٥	٨,٣	٧	٦,٩
بطل	١	٤,٥	٤	٨,٧	٥	٨,٩	١٠	٨	٥	١٢,٢	١١	١٨,٣	١٦	١٥,٨

٨,١٧	١٨	١٣,٣	٨	٢٤,٤	١٠	٨	١٠	٥,٤	٣	١٣	٦	٤,٥	١	رياض
١٣,٨	١٤	٨,٢	٥	٢٢	٩	٩,٦	١٢	٥,٤	٣	١٣	٦	١٣,٦	٣	ابن بلد
١١,٨	١٢			٢٩,٣	١٢	٥,٦	٧	٥,٤	٣	٨,٧	٤			مهنى
٢٥,٧	٢٦	٤٠	٢٤	٤,٩	٢	٣٥,٤	٤٤	٤٤,٦	٢٥	٣٠,٤	١٤	٢٢,٧	٥	عنيف
٧,٩	٨	١١,٧	٧	٢,٤	١	٢٩,٨	٣٧	٢٨,٦	١٦	٢٣,٩	١١	٤٥,٥	١٠	انتهازى
١٠٠	١٠١	١٠٠	٦٠	١٠٠	٤١	١٠٠	١٢٤	١٠٠	٥٦	١٠٠	٤٦	١٠٠	٢٢	المجموع

قيمة كا٢ = ٨٤   درجات حريه = ٢٤   مستوى معنوية = ٠,٠٠١

ــ ويتضح من الجدول أنه ليست هناك اختلاف الشخصيات الموجودة في الأفلام والتى يتمنى الأطفال ذوى الظروف الصعبة أن يكونوا مثلها عندما يكبرون عنها بين الأطفال العاديين، حيث أن كا٢ = ٨٤ وهى ذات دلالة إحصائية عند مستوى معنوية ٠,٠٠١.

ــ والملاحظ في هذا الجدول أنه ليست هناك اختلافات فقط بين مجموعتى البحث من حيث نوع الشخصيات التى يتمنون أن يلعبوها في الحقيقة، ولكن هناك أيضا اختلافات داخل كل مجموعة من المجموعتين، أولا بالنسبة لمجموعة الأطفال ذوى الظروف الصعبة كانت أفضل شخصية لديهم هى شخصية إنسان معدوم الأخلاق يحاول جمع المال بغض النظر عن أى اعتبارات انسانية أو أخلاقية، بواقع ٤٥,٥%. ويندرج تحت هذه الشخصية مما ذكره الأطفال نصاب يستولى على أموال النساء مستخدما مظهره الرقيق، حرامى يختفى أثناء النهار ليسرق الناس دون علمهم، ثم رئيس لعصابة مخدرات، ثم محام مرتشى تنعدم لديه الأخلاقيات في سبيل المادة، ومحتال يخدع الناس ويهرب من البوليس، وأيضا رجل أعمال جشع يبنى ثروته على

أكتف الفقراء ولا يتورع عن أى تهديد لأرواح الأبرياء أما تفضيل العاملين والمنحرفين لتلك الشخصيات فكان ٢٣,٩%، و ٢٨,٦% على التوالى.

ـ بالنسبة لمجموعتى العاملين والمنحرفين فقد اشتركوا فى تفضيلهم لشخصية تتسم بالعنف وتعتمد على القوة أولا وأخيرا فى حل المشكلات والوصول إلى مقاصدها. ومن ما ذكره الأطفال ما يلى: سجين هارب يحاول أن يثبت براءته، ومغامر يدخل فى صراع مع الآخرين للحصول على كنز، مقاتل جسمه من حديد لا يخترقه الرصاص، ومنتقم عنيف يصبح الانتقام سمة أساسية لسلوكه، و "فتوة" عنيف وجبار يسرق أموال وأعراض الناس بالقوة، وقاتل مأجور متوحش يضرب بطريقة القطط المفترسة، وراهابى يشترك فى عمليات ارهابية يروح ضحيتها الأبرياء واخيرا مشبوه يطارده البوليس باستمرار بعد خروجه من السجن، ولقد جاءت نسبة تفضيل الأطفال العاملين والمنحرفين لتلك الشخصيات ٣٠,٤% و٤٤,٦% على التوالى. أما تفضيل أطفال الشوارع لهذه الشخصيات فقد وصلت نسبته إلى ٢٢,٧%.

ـ ومن الواضح أن المنحرفين هم أكثر إعجابا بالشخصيات التى تستخدم العنف والقوة وقد يتم ذلك عن درجة عالية من العدوانية الداخلية بسبب إحساسهم أن المجتمع ينظر لهم كمجرمين فينجذبوا للشخصيات العنيفة التى تعتمد على القوة فى حل المشاكل وللوصول إلى أهدافها ومن ثم يميلون إلى تقليدها. والدليل على ذلك ما قاله أحد أطفال عينة المنحرفين عن أحساسه بعد أن شاهد فيلم "مستر كاراتيه": "حسيت أنى أحمد ذكى بالضبط". أما بالنسبة للأطفال العاملين فهم يتعرضون باستمرار للقهر من أصحاب الورش وأحيانا العنف الجسدى أيضا، وتشهد الجرائد بعدد من الحوادث البشعة لتعذيب الأطفال

العاملين في الورش, ومن هنا فإن إعجاب هؤلاء بالشخصيات القوية هو نوع من التعويض عن العجز الذى يشعرون به تجاه ما يقع عليهم من ظلم، فيستمدون من تلك الشخصيات الشعور بالقوة حتى ولو كان الشعور زائف. بالنسبة لأطفال الشوارع فإن أكثر شئ يعرفونه في حياتهم هو الصراع من أجل الحياة فتعجبهم الشخصيات العنيفة لأنهم يحترمونها ويتمنون أن يكونوا مثلها، فالقوة هى أكثر ما ينفعهم في مواجهة ظروفهم الصعبة. ومن الطبيعى أن ينجذبوا لشخصيات مثل الفتوات ويبتعدون عن شخصيات لسياسى أو لصحفى ناجح في حياته العملية، أو لطبيب ناجح في مهنته..

ـ والانجذاب للشخصية التى تستخدم القوة والعنف ليس مقصورا على الأطفال ذوى الظروف الصعبة، بل ظهر أيضا بنسبة ٤٠% بين أطفال المدارس الإعدادية، وقد يرجع ذلك إلى تميز هذه المرحلة بالاندفاع والقلق. كذلك يحب الطفل في هذه المرحلة أن يظهر قوته أمام أصدقاءه، ولذلك فهو ينجذب للشخصيات التى تستخدم القوة.

ـ وكانت الشخصية المفضلة بين أطفال المدارس الابتدائية شخصية مهذبة ناجحة في أداء عملها ومحبوبة من الناس بنسبة واسطى ميكانيكى، وضابط، ومدرس ولقد انعدم اهتمام أطفال الشوارع بتقليد هذه الشخصيات في الحقيقة.

ـ من الملاحظ أيضا أن ١٣% من الأطفال العاملين تمنوا أن يصبحوا شخصيات رياضية أو فنية مشهورة ومحبوبة، كالمطرب، أو لاعب الكرة، أو لاعب كاراتيه، أو جودو. بالنسبة للأطفال العاديين فحوالى ربع عينة المدارس الابتدائية تود أن تكون مثل هذه الشخصيات

في الحقيقة بنسبة (٢٤,٤%)   (%) ، مقابل ١٣,٣% بين افراد عينة المدارس الاعدادية.

ـ ويبين الجدول أيضا أن نسبة الأطفال ذوى الظروف الصعبة الذين يحبون أن يكونوا شخصيات قيادية وايجابية وتتسم بالعدل وحب الآخرين كانت ضعيفة حيث وصلت إلى حوالى نصف نسبتها بين الأطفال العاديين والتى وصلت إلى ١٢,٢% للمدارس الإبتدائية، و ١٨,٣% بين أطفال المدارس الإعدادية.

ومما سبق نستطيع أن نقبل الفرض السادس لهذه الدراسة والقائل: "الأطفال ذوى الظروف الصعبة أكثر ميلا للتوحد مع الشخصيات التى تقدم في الدراما وخاصة الأبطال والأقوياء عن أطفال العاديين".

اختبار الفرض السابع:

"يتأثر سلوك الأطفال ذوى الظروف الصعبة بنوع مضمون التليفزيون والفيديو والسينما أكثر منه في حالة الأطفال العاديين لغياب توجيه الأبوين أثناء المشاهدة".

وبعد التأكد من صحة الفرض الأول والذى ينص على أن تعرض الأطفال ذوى الظروف الصعبة للتليفزيون والفيديو والسينما أكثر كثافة عنه في حالة الأطفال العاديين، وكذلك بالنسبة للفرض الثانى حيث وجد إختلاف في نوعية ما يتعرض له الأطفال في كلتا المجموعتين واستنادا على ما استنتجته هذه الدراسة من أن معظم المضمون الذى يشاهده الأطفال ذوو الظروف الصعبة هو من الأفلام والمسلسلات التى تتسم بالعنف والشراسة تتجه الباحثة إلى فحص مدى تأثير هذا المضمون على تشكيل سلوك الطفل. كذلك يتضمن اختبار هذا الفرض البحث معرفة تأثير مناقشة أولياء الأمور لهذا المضمون مع أطفالهم.

جدول رقم (٢٣)
علاقة حالة الطفل بدوافع استخدام العنف.

حالة الطفل	الأطفال ذوو الظروف الصعبة								الأطفال العاديون					
دوافع العنف	أطفال الشوارع		العاملون		المنحرفون		المجموع		الابتدائية		الاعدادية		المجموع	
	ك	%	ك	%	ك	%	ك	%	ك	%	ك	%	ك	%
للانتقام	٧	٣٦,٨	١٦	٤٨,٥	٣٣	٦٣,٥	٥٦	٥٣	١	٧,١	٦	٣٧	٧	٢٣,٣
للقبض على المجرمين	٨	٤٢,١	٢	٦,١	٣	٥,٨	١٣	١٢,٥	٣	٢١,٤	٧	٤٣,٨	١٠	٣٣,٣
تحقيقا للأهداف	١	٥,٣	٦	١٨,٢	٣	٥,٨	١٠	٩,٦	٦	٤٢,٩	٣	١٨,٨	٩	٣٠
لكسب احترام الناس	٣	١٥,٨	٩	٢٧,٣	١٣	٢٥	٢٥	٢٤	٤	٢٨,٦			٤	١٣,٣
المجموع	١٩	١٠٠	٣٣	١٠٠	٥٢	١٠٠	١٠٤	١٠٠	١٤	١٠٠	١٦	١٠٠	٣٠	١٠٠

قيمة كا٢ =٤٦ درجات حريه = ١٢ مستوى معنوية = ٠,٠٠١

– ويتضح من الجدول السابق أن هناك اختلافات في مبررات ودوافع استخدام العنف عند كل من الأطفال ذوى الظروف الصعبة والأطفال العاديين، ذلك أن قيمة كا٢= ٤٦،وهى ذات دلالة إحصائية عند مستوى معنوية ٠,٠٠١.

– والملاحظ ارتفاع نسبة استخدام الأطفال ذوى الظروف الصعبة للعنف من أجل الانتقام فكانت ٥٣%، أى أكثر من نصف العينة، في مقابل ٢٣,٣% فقط في حالة الأطفال العاديين وارتفعت النسبة بين الأطفال المنحرفين حيث وصلت إلى ٦٣,٥%. وقد يكون ذلك هو أحد

الأسباب لإيداع المنحرفين لدور الأحداث حيث أنهم يستخدمون القوة من أجل الانتقام من الآخرين.

ـ بالنسبة لاستخدام العنف للقبض على المجرمين جاءت نسبة ذوى الظروف الصعبة ١٢,٥% فقط، في حين ارتفعت إلى ٣٣,٣% لمجموعة الأطفال المدارس. ومن الغريب أن نسبة أطفال الإعدادية جاءت متقاربة جدا مع نسبة أطفال الشوارع بواقع ٤٣,٨% للأولى، و ٤٢,١% للثانية.

ـ ولقد رأى حوالى ربع العينة من الأطفال العاملين والمنحرفين أنه يجب إستخدام القوة من أجل الحصول على إحترام الآخرين بواقع ٢٧,٣%، و ٢٥% لكل منهما. ولقد اقتربت نسبة أطفال المدارس الابتدائية من تلك النسب بواقع ٢٨,٦%.

ويحاول الجدول التالى معرفة السلوك الذى يستخدمه الأطفال ذوى الظروف الصعبة في حالة تعرضهم للعنف. ولقد إتجهت الباحثة إلى إستخدام سؤال إسقاطى لضمام صدق الإجابة.

جدول رقم (٢٤)

علاقة حالة الطفل برد فعله تجاه تعرضه للعنف.

حالة	الأطفال ذوو الظروف الصعبة								الأطفال العاديون					
	أطفال		العاملون		المنحرفون		المجموع		الابتدائية		الاعدادية		المجموع	
رد الفعل	ك	%	ك	%	ك	%	ك	%	ك	%	ك	%	ك	%
يتجنبه	٢	٥	٦	٧,٥	١١	١٣,٨	١٩	٩,٥	٩	٩	٦	٦	١٥	٧,٥
يشستكيه	٤	١٠	١٩	٢٣,٨	١٣	١٦,٣	٣٦	١٨	٤٢	٤٢	٥٦	٥٦	٩٨	٤٩

ينصحه	٧	١٧,٥	٥	٦,٣	٧	٨,٨	١٩	٩,٥	٣١	٣١	٢٢	٢٢	٥٣	٢٦,٥
يهدده	٣	٧,٥	١	١,٣	١	١,٣	٥	٢,٥	١٤	١٤	٧	٧	٢١	١٠,٥
يضربه	٢٤	٦٠	٤٩	٦١,٣	٤٨	٦٠	١٢١	٦٠,٥	٤	٤	٩	٩	١٣	٦,٥
المجموع	٤٠		٨٠		٨٠		٢٠٠	١٠٠	١٠٠	١٠٠	١٠٠	١٠٠	٢٠٠	١٠٠

قيمة كا٢ =١٦٠ درجات حريه = ١٦ مستوى معنوية = ٠,٠٠١

ـ ويتضح من الجدول السابق أن ردود أفعال الأطفال ذوى الظروف الصعبة تختلف عن مثيلتها لدى الأطفال العاديين في حالة تعرضهم للعنف، حيث أن كا٢= ١٦٠ وهى ذات دلالة احصائية عند مستوى معنوية ٠,٠٠١.

ـ ويبني الجدول السابق ميل الأطفال ذوى الظروف الصعبة الكبير إلى الرد على العنف بالعنف بنسبة ٦٠,٥%، مقابل ٦,٥% فقط في حالة الأطفال العاديين . وهذا يدل على توقع العنف منهم بشكل دائم في حين يلجأ الأطفال العاديين إلى الأساليب السليمة كالنصح أو التهديد بالكلام أو الشكوى.

والملاحظ أن هناك نسبة ١٨% فقط من مجموع الأطفال ذوى الظروف الصعبة على إستعداد بالرد على العنف بالشكوى لأحد الكبار ليتخذ الإجراء الازم لما وقع له، في مقابل ٤٩% في حالة الأطفال العاديين، وهو تقريبا نصف العينة. وذلك يدل على ثقتهم في الكبار، على حين أن الأطفال ذوى الظروف الصعبة يميلون إلى رد العنف بأنفسهم حيث لا يحتل الكبار لديهم مكانة تجعلهم ينصتون لأى نصح منهم.

ويوضح الجدول التالى إستعداد الأطفال من المجموعتين للكذب للوصول لهدف ما.

جدول رقم (٢٥)

علاقة حالة الطفل باحتمال الكذب من أجل الوصول للأهداف

حالة الطفل	الأطفال ذوو الظروف الصعبة								الأطفال العاديون					
	أطفال الشوارع		العاملون		المنحرفون		المجموع		الابتدائية		الاعدادية		المجموع	
	ك	%	ك	%	ك	%	ك	%	ك	%	ك	%	ك	%
موافق	١٨	٤٥	٢٦	٤٥	٣٠	٣٧,٥	٨٤	٤٢	٥	٥	١١	١١	١٦	٨
معارض	٢٢	٥٥	٤٤	٥٥	٥٠	٦٢,٥	١١٦	٥٨	٩٥	٩٥	٨٩	٨٩	١٨٤	٩٢
المجموع	٤٠	١٠٠	٨٠	١٠٠	٨٠	١٠٠	٢٠٠	١٠٠	١٠٠	١٠٠	١٠٠	١٠٠	٢٠٠	١٠٠

قيمة كا٢ =٦٤ درجات حريه = ٤ مستوى معنوية = ٠,٠٠١

ـ ويتضح من الجدول السابق أن استعداد الأطفال ذوى الظروف الصعبة للإقدام على الكذب من أجل الوصول للهدف يختلف عنه في حالة الأطفال العاديين، حيث أن كا٢ = ٦٤ وهى ذات دلالة إحصائية عند مستوى معنوية ٠,٠٠١.

ـ وتوضح بيانات الجدول أن ٤٢% من ذوى الظروف الصعبة قد يقدمون على الكذب مقابل ٨% فقط بين الأطفال العاديين. وهذا ينم عن إهتزاز قيم المجموعة الأولى حيث ينظرون إلى الأمور بمنطق "الغاية يبرر الوسيلة". كذلك يتوفر في حالة الأطفال العديين النصح والإرشاد بأن الكذب من الرزائل سواء من الوالدين أو من المدرسة، ولكن في حالة الأطفال ذوى الظروف الصعبة يغيب

ذلك الظروف الصعبة يغيب ذلك التوجيه للسلوك الصحيح ولغرس القيم الحميدة فيصبح كل شيء مباح.

ويوضح الجدول التالى مدى إستعداد الأطفال للغش كوسيلة سريعة للحصول على المال.

جدول رقم (٢٦)

علاقة حالة الطفل بموافقته على الغش للوصول للهدف.

حالة الطفل	الأطفال ذوو الظروف الصعبة								الأطفال العاديون					
	أطفال الشوارع		العاملون		المنحرفون		المجموع		الابتدائية		الاعدادية		المجموع	
إمكانية الغش	ك	%	ك	%	ك	%	ك	%	ك	%	ك	%	ك	%
موافق	١٦	٤٠	٣٤	٤٢,٥	٢٣	٢٨,٨	٧٣	٣٦,٥			٢	٢	٢	١
معارض	٢٤	٦٠	٤٦	٥٧,٥	٥٧	٧١,٣	١٢٧	٦٣,٥	١٠٠	١٠٠	٩٨	٩٨	١٩٨	٩٩
المجموع	٤٠	١٠٠	٨٠	١٠٠	٨٠	١٠٠	٢٠٠	١٠٠	١٠٠	١٠٠	١٠٠	١٠٠	٢٠٠	١٠٠

قيمة كا٢ =٨٨ درجات حريه = ٤ مستوى معنوية = ٠,٠٠١

ويلاحظ من الجدول السابق أن استعداد الأطفال ذوى الظروف الصعبة للغش للحصول على المال يفوق استعداد الأطفال ذوى الظروف العادية مقابل ١% بين الأطفال العاديين.

والجدول التالى يتناول نوع آخر من السلوك وهو إستخدام التفاهم في حل المشكلات

جدول رقم (٢٧)

علاقة حالة الطفل باستخدام التفاهم فى حل المشكلات.

حالة الطفل	الأطفال ذوو الظروف الصعبة								الأطفال العاديون					
	أطفال الشوارع		العاملون		المنحرفون		المجموع		الابتدائية		الاعدادية		المجموع	
إستخدام التفاهم	ك	%	ك	%	ك	%	ك	%	ك	%	ك	%	ك	%
موافق	٢١	٥٢,٥	٣٥	٤٣,٨	٥٢	٦٥	١٠٨	٥٤	٩٤	٩٤	٩٧	٩٧	١٩١	٩٥,٥
معارض	١٩	٤٧,٥	٤٥	٥٦,٣	٢٨	٣٥	٩٢	٤٦	٦	٦	٣	٣	٩	٤,٥
المجموع	٤٠	١٠٠	٨٠	١٠٠	٨٠	١٠٠	٢٠٠	١٠٠	١٠٠	١٠٠	١٠٠	١٠٠	٢٠٠	١٠٠

قيمة كا٢ =١٠١ درجات حريه = ٤ مستوى معنوية = ٠,٠٠١

ـ ويتضح من الجدول السابق أن هناك اختلافات بين الأطفال ذوى الظروف الصعبة والأطفال العاديين من حيث استعدادهم لاستخدام التفاهم فى حل المشكلات، حيث أن كا٢ = ١٠١ وهى ذات دلالة إحصائية عند مستوى معنوية ٠,٠٠١، ففى حين وافق ٥٤% من المجموعة الأولى على استخدام التفاهم إرفعت النسبة لتصل ٩٥,٥٥ بين الأطفال العاديين.

ويختبر الجداولان التاليان الشق الثانى من الفرض السابع وهو مدى تدخل الوالدين فى مشاهدة الأطفال للافلام ومناقشتهم لمضمونها.

جدول (٣٤)

علاقة حالة الطفل بمناقشتهم لما يراه من أفلام بالتليفزيون مع الوالدين (*).

حالة الطفل	الأطفال ذوو الظروف الصعبة								الأطفال العاديون					
	أطفال الشوارع		العاملون		المنحرفون		المجموع		الابتدائية		الاعدادية		المجموع	
مناقشة الوالدين	ك	%	ك	%	ك	%	ك	%	ك	%	ك	%	ك	%
نعم	١٤	٣٧,٨	٤٠	٥٠	٢٠	٢٥,٣	٧٤	٣٧,٧	٧٦	٧٦,٨	٧٦	٧٦	١٥٢	٧٦,٣
لا	٢٣	٦٢,٢	٤٠	٥٠	٥٩	٧٤,٧	١٢٢	٦٢,٢	٢٣	٢٣,٢	٢٤	٢٤	٤٧	٢٣,٦
المجموع	٨٧	١٠٠	٨٠	١٠٠	٧٩	١٠٠	١٩٦	١٠٠	٩٩	١٠٠	١٠٠	١٠٠	١٩٩	١٠٠

قيمة كا٢ =٧٠ درجات حريه = ٤ مستوى معنوية = ٠,٠٠١

ويتضح من الدول السابق أن هناك إختلاف فى درجة نقاش الوالدين للأفلام بين للأطفال ذوى الظرف الصعبة والأطفال العادبين، حيث أن كا٢ = ٧٠ وهى ذات دلالة احصائية عند مستوى معنوية ٠,٠٠١ فقد إتضح أن ٣٧,٧% من مجموع عينة الأطفال ذوى الظروف الصعبة يتناقشون مع الوالدين حول الأفلا م التى يشاهونها مقابل ٧٦,٣ بين المجموعة الاخرى. وكانت نسب المجموعات الثلاثة لذوى الظروف

(*) ولقد تم الاقتصاد على التليفزيون فقط واستبعاد الفيديو والسينما لأنه يصعب تواجد الوالدين مع الطفل فى القهوة لمشاهدة الفيديو أو الذهاب معا لدور السينما، وذلك بالنسبة للأطفال ذوى الظروف الصعبة، أما بالنسبة للأطفال العاديين فالمنزل هو مكان مشاهدة التليفزيون ومكان وجود الأسرة مع بعضها مما قد يسمح بالحوار والنقاش

الصعبة كما يلى: ٣٧,٨ بين أطفال الشوارع، و ٥٠% للاطفال العاملين، و ٢٥,٣% بين المنحرفين.

ـ والجدير بالملاحظة أن المنحرفين هم أقل مجموعة من مجموعات البحث الذين يتعرضون لنقاش الأهل حول ما يشاهدونه من أفلام.

ويوضح الجدول التالى توقيت مناقشة الوالدين لأفلام الفيديو

جدول (٢٩)

علاقة حالة الطفل بتوقيت مناقشة لما يراه من أفلام بالتليفزيون مع الوالدين (*).

حالة الطفل	الأطفال ذوو الظروف الصعبة								الأطفال العاديون					
	أطفال الشوارع		العاملون		المنحرفون		المجموع		الابتدائية		الاعدادية		المجموع	
مناقشة الوالدين	ك	%	ك	%	ك	%	ك	%	ك	%	ك	%	ك	%
أثناء المشاهدة	٢	١٤,٣	١٢	٣٠,٨	٩	٤٥	٢٣	٢٨	٣١	٤٠,٣	١٨		٤٩	٣٢,٣
بعد المشاهدة	٩	٦٤,٣	٢١	٥٣,٨	٨	٤٠	٣٨	٤٦,٣	٣٥	٤٥,٥	٤٩		٨٤	٥٥,٣
فى أى	٣	٢١,٤	٦	١٥,٤	٣	١٥	١٢	١٤,٦	١١	١٤,٣	٨		١٩	١٢,٥

(*) ولقد تم الاقتصاد على التليفزيون فقط واستبعاد الفيديو والسينما لأنه يصعب تواجد الوالدين مع الطفل فى القهوة لمشاهدة الفيديو أو الذهاب معا لدور السينما، وذلك بالنسبة للأطفال ذوى الظروف الصعبة، أما بالنسبة للأطفال العاديين فالمنزل هو مكان مشاهدة التليفزيون ومكان وجود الأسرة مع بعضها مما قد يسمح بالحوار والنقاش

وقت														
المجموع	١٤	١٠٠	٤٨	١٠٠	٢٠	١٠٠	٨٢	١٠٠	٧٧	١٠٠	٧٥		١٥٢	١٠٠

قيمة كا٢ =١١ درجات حريه = ٨ مستوى معنوية = ٠,٠٠١

ـ ويتضح من الجدول السابق أنه يختلف توقيت مناقشة الأهل الأفلام التى يشاهدها فى التليفزيون طبقا لحالة الطفل، حيث إن كا٢ = ١١ وهى ذات دلالة احصائية عند مستوى معنوية ٠,٠٠١.

ـــ إرتفعت نسبة مناقشة أهل الأطفال العاديين للأفلام أثناء وبعد المشاهدة حيث وصلت إلى ٨٧,٤%، مقابل ٧٤% بين أسر الأطفال ذوى الظروف الصعبة.

ـ ويتضح من الجدول أيضا أن التوقيت الأكثر شيوعا لمناقشة الأهل لأفلام التليفزيون بالنسبة لمجموعتى البحث هو بعد الإنتهاء الأفلام مباشرة. ومن الممكن إفتراض أن التوقيت المثالى للمناقشة هو أثناء الفيلم حتى يكون المجال مفتوحا ومباشرا لتصحيح الأفكار الخاطئة أو السلوك غير السوى والثناء على السلوك الصحيح.

ومما تقدم نستطيع أن نقبل الشق الأول من الفرض السابع والقائل : "يتأثر سلوك الأطفال ذوى الظروف الصعبة بنوع مضمون التليفزيون وأفلام الفيديو والسينما أكثر من فى حالة الأطفال العاديين. أما الشق الأخر الخاص بتوجيه الأبوين أثناء مشاهدة أفلام التليفزيون فيجب رفضه حيث أتضح من الجدول السابق أن توجيه الأبوين قد غاب فقط فى ربع عينة الأطفال ذوى الظروف (٧٤% فى مقابل ٨٧% للأطفال العاديين)، وبرغم ذلك إختلف تأثير سلوك هذه المجموعة بنوع مضمون التليفزيون وأفلام الفيديو والسينما عن مجموعة الأطفال العاديين، وعليه

فلابد من أن هناك عوامل أخرى بجانب مناقشة الأهل للأفلام يؤثر على تأثر سلوك الأطفال بمضمون الأفلام التى يشاهدونها.

اختبار الفرض الثامن:

"كلما زاد دخل وسن الطفل الموجود فى ظروف صعبة، تزداد فرصة مشاهدته للتليفزيون وأفلام الفيديو والسينما".

لاختبار هذا الفرض قامت الباحثة بتقسيم الدخل إلى ثلاث مجموعات كما يلى: المجموعة الأولى حتى ٢٠جنيه أسبوعيا، ثم من ٢٠ أقل من ٥٠ جنيه أسبوعيا وأخيرا من ٥٠ فأكثر اسبوعيا. أما بالنسبة للسن فتم تقسيم عينة الأطفال ذوى الظروف الصعبة إلى ثلاث مجموعات عمرية كالآتى: من ٧ ــ ٩ سنوات ثم من ١٠ ــ ١٢ سنوات وأخيرا من ١٣ ــ ١٥ سنوات.

ولقد تناولت الوسائل الثلاثة كلا على حدة لتتبع معدل المشاهدة وعلاقته بالمتغير الأول اختيار الدخل الأسبوعى وليس الشهرى أو اليومى هو أن بسؤال معظم أطفال الشوارع والعاملين والمنحرفين أشاروا أن أسهل طريقة حساب دخلهم بالأسبوع.

أولا: التليفزيون

ويوضح الجدول التالى علاقة دخل وسن الأطفال ذوى الظروف الصعبة بمعدل مشاهدتهم للتليفزيون.

جدول (٣٠)

علاقة دخل وسن الأطفال ذوى الظروف الصعبة بمعدل مشاهدة الفيديو.

الدخل والسن	دخل الطفل الأسبوعى			سن الطفل		
معدل المشاهدة	أقل من ٢٠ جنيه	من ٢٠ ـ ٥٠ جنيه	٥٠ جنيه مجموعة	٧ ـ ٩ سنوات	١٠ ــ ١٢ سنوات	١٣ ــ ١٥ سنوات

التليفزيون يوميا	مجموعة (١)		مجموعة (٢)		فأكثر مجموعة (٢)		مجموعة (١)		مجموعة (٢)		مجموعة (٣)	
	ك	%	ك	%	ك	%	ك	%	ك	%	ك	%
أكثر من ٤ ساعات	١٨	٢٩	٣٤	٤٣,٦	١٢	٣٦,٤	٤	٤٤,٤	١٦	٣٤	٥١	٣٦,٤
من ٢ ـ٣ ساعات	٢٥	٤٠,٣	٢٥	٣٢,١	١٥	٤٥,٥	٣	٣٣,٣	١٩	٤٠,٤	٥٩	٤٢,١
من ١ ـ٢ ساعة	١٧	٢٧,٤	١٦	٢٠,٥	٦	١٨,٢	٢	٢٢,٢	١١	٢٣,٤	٢٦	١٨,٦
أقل من ساعتين	٢	٣,٢	٣	٣,٨					١	٢,١	٤	٢,٩
المجموعة	٦٢	١٠٠	٧٨	١٠٠	٣٣	١٠٠	٩	١٠٠	٤٧	١٠٠	١٤٠	١٠٠

أ ـ علاقة دخل الأطفال ذوى الظروف الصعبة بمعدل مشاهدتهم للتليفزيون:

ـ تشير بيانات الجدول أن أعلى تعرض للتليفزيون كان من نصيب مجموعة الأطفال ذوى الدخل من ٢٠ ــ ٥٠ (المجموعة الثانية) بواقع ٤٣,٦% وفى النهاية ذوو الدخل الأقل بواقع ٢٩%.

ــ أما بالنسبة للمشاهدة غير منتظمة (أقل من ساعتين) فنجد النسبة منعدمة بين المجموعة الثالثة، ثم ضئيلة جدا بيم الأولى والثانية بواقع ٣,٢% و ٣,٨% والملاحظ أن زيادة الدخل لم يصاحبها ارتفاع فى معدل مشاهدة التليفزيون. ويمكن القول أن الأطفال ذوى الظروف الصعبة يتجهون إلى وسائل أخرى لقضاء وقت فراغهم عندما يزداد دخلهم أو يصرفونه فى شرب السجائر أو المساهمة فى أعالة أسرهم.

ب ـ علاقة سن الطفل بمعدل مشاهدة التليفزيون:

ــ ويتضح من بيانات الجدول السابق أنو الفئة العمرية من ٧ ــ ٩ هى أكثر الفئات تعرضا للتليفزيون، حيث بلغت نسبته مشاهدتهم لأكثر

من أربع ساعات ٤٤،٤% . واقتربت نسبتى المشاهدة للفئتين الاخريتين ٣٤% ثم ٣٦،٤% على التوالى.

ـ بالنسبة للمشاهدة من ٢ ـ ٣ ساعات فكانت نسبتها ٤٢،١% بين المجموعة الثالثة ثم انخفضت إلى ٤٠،٤% فى المجموعة الثانية ووصلت إلأى ٣٣،٣% بين المجموعة الثالثة.

ثانيا: الفيديو

وينتقل الجدول التالي إلى وسيلة أخرى من وسائل الاتصال وهي الفيديو فيبين علاقة دخل وسن الأطفال ذوى الظروف الصعبة بمعدل مشاهدتهم له.

جدول (٣١)

علاقة سن ودخل الطفل بمعدل مشاهدته للفيديو.

الدخل والسن	دخل الطفل الأسبوعي						سن الطفل					
معدل المشاهدة التليفزيون يوميا	أقل من ٢٠ جنيه مجموعة (١)		من ٢٠ ـ ٥٠ جنيه مجموعة (٢)		٥٠ جنيه مجموعة فأكثر مجموعة (٢)		٧ ـ ٩ سنوات مجموعة (١)		١٠ ـ ١٢ سنوات مجموعة (٢)		١٣ ـ ١٥ سنوات مجموعة (٣)	
	ك	%	ك	%	ك	%	ك	%	ك	%	ك	%
يوميا	٩	٢٠	١٣	٢١،٧	٧	٢٥	١	٢٥	٧	٢٠	٢٦	٢٢،٤
٤ أيام	٣	٦،٧	٧	١١،٧	٥	١٧،٩	١	٢٥	٣	٨،٢	١٤	١٢،١
ثلاثة أيام	٧	١٥،٦	١٤	٣٣،٣			١	٢٥	٨	٢٢،٩	١٤	١٢،١
يومان	٧	١٥،٦	٨	١٣،٣	٣	١٠،٧			٥	١٤،٣	١٦	١٣،٧
حسب الظروف	١٩	٤٢،٢	١٨	٣٠	١٣	٤٦،٤	١	٢٥	١٢	٣٤،٣	١٦	٣٩،٧
المجموعة	٤٥	١٠٠	٦٠	١٠٠	٢٨	١٠٠	٤	١٠٠	٣٥	١٠٠	١١٦	١٠٠

أ ـ علاقة دخل الأطفال ذوى الظروف الصعبة بمعدل مشاهدتهم للتليفزيون:

ـ وتظهر بيانات الجدول السابق تشابه نسب مجموعات الدخل الثلاثة للمشاهدة اليومية للفيديو وأن زادت المجموعة الثالثة إلى ٢٥%

وانخفضت إلى ٢١,٧% بين الثانية ثم بلغت ٢٠% بين المجموعة الأولى.

ـ أما بالنسبة لمشاهدة الفيديو حسب الظروف فبلغت ٤٢,٢% لمجموعة الدخل الأقل ثم انخفضت إلى ٣٠% بين الثانية، وعادت إلى الإرتفاع فى المجموعة الثالثة حيث وصلت إلى ٤٦,٤%.

ب ـ علاقة سن الطفل بمعدل مشاهدة الفيديو:

ـ والملاحظ من بيانات الجدول أن المشاهدة غير المنتظمة أو حسب الظروف بلغت أقصاها بين المجموعة الأكبر سنا (١٣ ــ ١٥ سنة) بنسبة ٣٩,٧% ، ثم انخفضت إلى ٣٤,٣% فى حالة الثانية، ثم انخفضت مرة أخرى إلى ٢٥% بين المجموعة الأولى. وبذلك يتضح أن معدل مشاهدة الفيديو لا يزيد بازدياد الدخل والسن. وأن المؤشر الذى لابد أن ينذر بالخطر فى بيانات هذا الجدول هو أن ربع عينة الأطفال ما بين ٧ ــ ٩ سنوات يشاهدون أفلام الفيديو يوميا، وهم أعلى نسبة من المجموعنين العمريتين التى تضمنتهما هذه الدراسة، وكلما قل سن الطفل قل تمييزه بين الواقع والخيال مما يزيد ممن درجة تأثره بما يشاهده. وهنا يكمن الخطر فى مشاهدة الأفلام العنيفة التى تستخدم القوة كطريقة للحياة، فيصبح هؤلاء الأطفال فريسة لتقليد العنف فى سن صغيرة.

ثالثا: السينما:

ويتناول الجدول التالى علاقة دخل وسن الأطفال ذوى الظروف الصعبة بمعدل ترددهم على دور السينما.

جدول (٣٢)

علاقة دخل وسن الطفل بمعدل تردده على دور السينما.

الدخل وسن الطفل	دخل الطفل الأسبوعى						سن الطفل					
	أقل من ٢٠ جنيه مجموعة (١)		من ٢٠ ـ ٥٠ جنيه مجموعة (٢)		٥٠ جنيه فأكثر مجموعة (٢)		٧ ـ ٩ سنوات مجموعة (١)		١٠ ـ ١٢ سنوات مجموعة (٢)		١٣ ـ ١٥ سنوات مجموعة (٣)	
معدل التردد	ك	%	ك	%	ك	%	ك	%	ك	%	ك	%
أكثر من ٤ مرات	٨	١٩,٥	٦	١٢,٨	٥	٢٢,٧			٧	٢٢,٦	١٦	١٧,٦
من ٣ ـ ٤ مرات	١٠	٢٤	١٥	٣١,٩	٦	٢٧,٣	٢	١,	٦	١٩,٤	٢٣	٢٥,٣
مرتين	٧	١٧,١	٦	١٢,٨	٢	٩,١			٧	٢٢,٦	١٢	١٣,٢
مرة واحدة	٦	١٤,٦	٥	١٠,٦	٢	٩,١			٢	٦,٥	١١	١٢,١
حسب الظروف	١٠	٢٤,٤	١٥	٣١,٩	٧	٣١,٩			٩	٢٩	٢٩	٣١,٩
المجموعة	٤١	١٠٠	٤٧	١٠٠	٢٢	١٠٠	٢	١٠٠	٣١	١٠٠	٩١	١٠٠

أ ـ علاقة دخل الأطفال ذوى الظروف الصعبة بمعدل الذهاب للسينما

ـ يتضح من الجدول الأقل دخلا (الأولى والثانية) هى التى لا تنتظم فى الذهاب إلى السينما على عكس المجموعة الأكثر دخلا حيث بلغت نسبة ترددها على السينما أكثر من أربع مرات بالشهر ٢٢,٧% ثم أنخفضت إلى ١٢,٨% بين المجموعة الثانية ثم بلغت ١٩,٥% بين المجموعة الأولى.

ـ بالنسبة للتردد على السينما حسب الظروف فلقد بلغت النسبة ٢٤,٤% للمجموعة الأولى، ثم إرتفعت لدى المجموعتين الاخريتين بواقع ٣١,٩%.

ب ـ علاقة سن الطفل بمعدل ذهابه للسينما:

ـ والملاحظ من بيانات الجدول أن طفلين فقط من المجموعة العمرية الأولى (٧ ـ ٩ سنوات) يترددان من ٣ إلى ٤ مرات فى الشهر على دور السينما، فيما عدا ذلك انعدم تردد هذه الفئة العمرية على السينما، وتصبح المقارنة باقية فقط بين المجموعتين الأخريتين. فلقد ارتفعت نسبة التردد لأكثر من أربع مرات بين المجموعة الثانية عن الثالثة بواقع ٢٢,٦% إلى ١٧,٦% على التوالى.

ـ بالنسبة للتردد على السينما حسب الظروف فلقد بلغت النسبة ٢٩ % للمجموعة الثانية، ثم إرتفع بين الثالثة إلى ٣١,٩%.

ومما تقدم كله لاختبار هذا الفرض نرفض الفرض الثامن لهذه الدارسة القائل: "كلما زاد دخل وسن الطفل الموجود فى ظروف صعبة تزداد فرصة مشاهدته للتليفزيون افلام الفيديو والسينما".

وفى الجزء التالى تقدم الباحثة ملخص لأهم النقاط التى إستخلصتها من إختبار الفروض وتم قبول صحة الفروض السبعة الأولى ورفض الفرض الثامن والأخير لهذه الدراسة.

ـ بالنسبة للفرض الأول فقد إتضح أن الأطفال ذوى الظروف الصعبة هم أكثر تعرضا للتليفزيون والفيديو والسينما عن الأطفال العاديين، فعلى حين أن ٦٢% منهم يشاهدون التليفزيون يوميا وبإنتظام، يشاهده تقريبا نصف عينة المجموعة الأخرى بدون إنتظام بنسبة ٤٧,٥%.

ـ أما الفرض الثانى فقد إختلفت أنماط تعرض المجموعتان لوسائل الإتصال الثلاث من حيث مكان المشاهدة والصحبة المفضلة أثناءها

والإندماج فى مضامينها والذى إتضح أنه أعلى فى حالة الأطفال ذوى الظروف الصعبة عن الأطفال العاديين. كذلك إختلف المضمون المفضل لدى المجموعتين. فيميل ذوى الظروف الصعبة للأعمال الدارمية من المسلسلات والأفلام وخاصة أفلام العنف والإثارة وكان تفضيلهم لها بنسبة ٦٤،٥% فى مقابل ٢٢% فقط للأطفال العاديين.

ـ وتناول الفرض الثالث إستخدامات وسائل الأتصال الثلاث وإتضح إختلاف المجموعتان، فإرتفعت نسبة إستخدام الأطفال ذوى الظروف الصعبة للتليفزيون والفيديو والسينما كمعلم للسلوك وللضرب وأساليب العنف، فى المقابل إرتفع إستخدام الأطفال العاديين لهم كوسيلة لقضاء وقت الفراغ.

ـ أما بالنسبة للفرض الرابع الخاص بالإشباعات التى يحصل عليها الأطفال ذوى الظروف الصعبة من وسائل الأتصال فقد إتضح أنها ثلاثة إشباعات أساسية هى: للحصول على النصيحة يليه الترفيه والشعور بالإنتماء للجماعة. أما بالنسبة للأطفال الطبيعين فتمثلت الإشباعات فى التسلية والتزود بالمعلومات.

ـ والفرض الخامس نتاول إدراك الواقع الإجتماعى، وقد جدت هذه الدراسة أن الأطفال الأقوياء وهو الفرض السادس، فلقد إستخلصت هذه الدراسة أن أفضل شخصية لدى الأطفال ذوى الظروف الصعبة هى لإنسان لا أخلاقى يحاول جمع المال بغض النظر عن الإعتبارات الآنسانية أو الأخلاقية وكانت الشخصية المفضلة لدى الأطفال العاديين هى الشخصية المهنية الناجحة فى أداء عملها.

ـ وإستنتجت الدراسة من خلال إختبار الفرض السابع أن سلوك الأطفال ذوى الظروف الصعبة أكثر تأثرا بمضون التليفزيون والفيديو والسينما، فعلى سبيل المثال أظهرت النتائج أنهم أكثر إستعدادا لإستخدام العنف من أجل الإنتقام وللرد على العنف بالضرب فى حين أن أغلبية

الأطفال العاديين يفضلون الحلول السلمية. ولقد تم رفض الشق الثانى من هذا الفرض حيث إتضح أن نسب مناقشة الأبوين للأطفال من المجموعتين متقاربة.

ـ لقد تم رفض الفرض الثامن لهذه الدراسة حيث إستنتجت أنه ليس هناك علاقة إرتباطية بين زيادة سن ودخل الطفل فى عينة الأطفال ذوى الظروف الصعبة ومعدل تعرضه للتليفزيون والفيديو والسينما.

ثانيا: نتائج مجموعات النقاش المركزة Focus Group Discussions

لقد قامت الباحثة بعمل ثماني جلسات للمناقشات المركزة من أجل الوصول إلى معلومات كيفية عن موضوعات البحث. وقد ضمت الأربع جلسات الأولى مجموعات من الأطفال ذوى الظروف الصعبة، أما الأربع الأخرى فقد ضمت أطفال من المدارس الحكومية الإبتدائية والأعدادية. ولقد حرصت الباحثة على وضوح جميع أسئلة محاور النقاش التسعة لجميع الأطفال المشتركين فى كل الجلسات. ولقد قامت بإعادة بعض الأسئلة أكثر من مرة. وبوجه عام داخل المجموعات الأربع سواء للأطفال ذوى الظروف الصعبة أو الأطفال العاديين لم تكن هناك إختلافات كبيرة أو متفاوتة ولكن جاءت الاختلافات الكبيرة بين المجموعات الأربع الأولى ثم المجموعات الأربع الثانية ولقد اتفقت اجابات الأطفال المشاركين مع فروض الدراسة ويمكن استعراض ذلك فى النقاط التالية:

١ ـ كانت درجة الخلط بين الموضوعات والعلاقات والأشياء المعروضة فى التليفزيون والفيديو والسينما وتلك الموجودة فى الحياة الحقيقية أكثر فى مجموعات الأطفال ذوى الظروف الصعبة عنه فى حالة الأطفال العاديين وذلك يعطى دلالة على أن الأطفال ذوى الظروف الصعبة يعتمدون على وسائل الأعلام الثلاثة فى بناء واقعهم الاجتماعى أكثر من الأطفال العاديين. ولقد جاءت مجموعتا الأطفال

المنحرفين فى مقدمة خلط الحقيقة مع ما يشاهدونه من الأفلام. وبذلك يمكن أن يكون ذلك سببا من أسباب وجودهم فى دور الأحداث. فمصداقية الأفلام وما تحويه من عنف وشراسة لدى الأطفال تؤدى بدورها فى الأندماج الزائد الذى يشجعهم على التوحد مع أبطال الأفلام الذين يسلكون مسلك العنف فى تعاملهم مع من حولهم فى مقابل ذلك نجد الأطفال العاديين على درجة عالية من الوعى بالحقيقة ولا يخلطون بين الحياة الحقيقية وما يشاهدونه بالافلام.

٢ ـ جاءت المشكلات التى يعانى منها الأطفال فى المجموعات الأربع الأولى مختلفة تماما فى تلك التى يعانى منها المجموعات الأخرى. فبالنسبة للأولى كانت هناك مطاردة البوليس والمشاجرات والصراعات والاصابات بسبب التحرش المستمر مع الآخرين، ثم المعاناة من الحرمان من الأهل والدفء العائلى. أما الأطفال العاديون فقد كان مصدر مشاكلهم صعوبة المذاكرة أو الخوف الزائد عليهم من قبل أولياء أمورهم مما يقيدهم فى قضاء أوقات الفراغ مع أصدقائهم. ومن الجدير بالذكر أن الأب والأم والأخوة الكبار هم من يلجأ لهم الأطفال فى كل مجموعات النقاش الثمانية لحل مشكلاتهم. ولقد أجاب أطفال جميع الجلسات بالموافقة على أن أفلام والمسلسلات تعرض مشكلاتهم بطريقة صادقة وحقيقية، وأن طرق حلها تعجبهم ولكن مجموعة الأطفال العاملين عارضت ذلك حيث يرون أن الأفلام لا تعرض مشكلاتهم الحقيقية *

٣ ـ أما بالنسبة لموضوع استخدام التليفزيون والفيديو والسينما فقد اتضح أن استخدامات المجموعات الأربع الأولى مختلفة تماما عن تلك للمجموعات الأخرى. وترى الباحثة أنه لابد أن نهتم باختلاف الاستخدامات لأنه سبب أساسى فى اختلاف التعرض لمضامين

---

* هذه المجموعة هى الوحيدة التى رفض جميع مشاركيها الادلاء أو التحدث عن أى مشكلات لهم برغم الحاح الباحثة.

التليفزيون (على وجه التحديد)، ذلك أن أستخدامات الأطفال ذوى الظروف الصعبة كانت تعلم حركات الضرب ولقد تراوح ذلك من الضرب بالأيدى والأرجل إلى الضرب بالأدوات مثل السنجه والمطواة و "المونشاكو" ``والعصيان و "الشومة". كذلك من استخداماتهم الأخرى تعلم لغات وتعبيرات الخناق واللكنات المختلفة فى العراك مثل الصعيدية والبورسعيدية وغيرها. أما استخدامات الأطفال العاديين فكانت أما الاستفادة من البرامج التعليمية أو الحصول على معلومات عن المجتمع أو المجتمعات الأجنبية أو تعلم التعبيرات باللغة الأنجليزية وبذلك كانت مشاهدة الأطفال العاديين برامج مثل البرامج التعليمية و "حديث المدينة" و "كلام من ذهب" و "مين السبب" و "القراءة للجميع" . ولقد اشتركت كل المجموعات فى استخدام المسلسلات الاجتماعية لتعلم بعض السلوك، ولو أن هناك اختلافات فى نوعية السلوك الذى يتعلمه الطفل من تلك المسلسلات.

٤ ـ بالنسبة للإشباعات التى تحصل عليها المجموعات الأربع الأولى من جراء مشاهدة الأفلام والمسلسلات فكانت أكثر وأوضح وأقوى من تلك للأطفال العاديين. فكانت الشعور بالتسلية والإثارة وأشباع شعور الطمو لديهم لانهم دائما يريدون أن يكونوا مثل أبطال الأفلام، أى أنهم مثلهم الأعلى بجانب اشباع شعور الاحتواء حيث يجدوا أنفسهم فى الأفلام، كذلك تكسبهم شعور بالقوة والقدرة على ضرب أى إنسان مهما كان قوى. ولقد وضح الإحساس بالإندماج فى أحداث وشخصيات الأفلام حتى أن ذلك يسبب لهم سعادة و "انشراحا" . أما بالنسبة للمجموعات الأربعة الأخرى فلقد تضمنت الاشباعات اشباع الفضول لمعرفة كيف تعيش الشعوب فى البلاد الأخرى وخاصة الأجنبية ثم أشباع الخيال، كذلك الشعور بالحماس والبطولة، وأخيرا

`` هذه هى أحد أسلحة القتال عبارة عن قطعتان من العصى القوى ويربطهما جنزير من الحديد.

تعطيهم الأفلام التاريخية شعور بالفخر بمصر وبتاريخها. ولقد اتفقت المجموعات الثمانية أنهم يتذكرون الأفلام التى يشاهدونها فقط عندما يحدث موقف مشابهة لأحداث الفيلم. وقد استشفت الباحثة تأثر الأطفال العاديين أكثر من الآخرين بالمسلسلات الاجتماعية ولكن بالنسبة لمجموعة الأطفال المنحرفين هناك فيلم واحد قالوا أنهم لا ينسونه لان هناك دائما الظروف الصعبة فى حياتهم التى تذكرهم به وهو فيلم لعادل أمام "سلام ياصاحبى".

٥ ـ أما بالنسبة لامكانية الاستفادة مما يحدث فى الأفلام فى التعامل مع الآخرين والحياة عموما فقد أجاب الجميع أن ذلك ممكن فى بعض المواقف ولا ينطبق على غيرها، إلا أن المجموعة الوحيدة التى قرر الأطفال فيها أن جميع ما يعرض فى الأفلام والمسلسلات يمكن الاستفادة منه هى مجموعة الأطفال المنحرفين. وبذلك يكون مضمون الأفلام والمسلسلات موجها لبناء الواقع الاجتماعى لهذه المجموعة ولقد كان من الواضح أن مجموعة الأطفال الطبيعيين أكثر وعيا فى اختبار ما يمكن أن يستفيدوا منه وكان للاب والام دورا فى هذا الاختيار.

٦ ـ لقد اختلفت قيم المجموعات الأربع الأولى ومجموعات الأطفال العاديين حول موضوع مصدر قوة إنسان، فيما عدا مجموعة واحدة للأحداث ومجموعة أطفال الشوارع حيث يرى الأطفال فى المجموعتين أن الإنسان من أجل أن يثبت شخصيته وقوته بين الناس لابد أن يكون عنيف وشرس ويضرب الناس بلا هوادة وألا يقع فريسه لهم. وأجابوا أن أبطال السينما دائما يسلكون طريق العنف وأنهم موافقون على ذلك كل الموافقة. أما مجموعات الأطفال العاديين فهم يروا أن مصدر قوة الإنسان هى أخلاقه الكريمة والعقل الراجح والتفوق الدراسى والتفاهم والإيمان بالله وكظم الغيظ والعفو عن الناس.

٧ ـ بالنسبة لتطابق فكرة الأطفال عن الأدوار الاجتماعية وتصرفات وعمل الأب والآم فى الحقيقة مع ما يجدونها فى الأفلام والمسلسلات أجاب الأطفال العاملين أن هناك تطابقا بين الاثنين ولكن أطفال الشوارع أجابوا أنه أحيانا يكون هناك تشابه وأحياناً أخرى يغيب هذا التشابه. أما مجموعتا الأحداث فأجزموا أن هناك تطابق بين سلوك الأهل وادوارهم التى تعرض فى الأفلام إنما هى مجرد أفلام ولا تعكس الواقع.

٨ ـ أما بالنسبة للخلط بين الشخصيات الموجودة فى الحقيقة وشخصيات مماثلة لها فى الأفلام فلم يحدث ذلك لأحد من عينة أطفال الشوارع فى حين أن باقى مجموعات الظروف الصعبة يجدون شخصية "الأسطى" أو صاحب الورشة فى الحقيقة.

٩ ـ أما بالنسبة للتوحد مع أبطال الأفلام فكان هذا من أكثر المحاور اختلافا بين المجموعتين فلقد حدث فى حالة أطفال الشوارع التوحد مع بطل أحد الأفلام وكان بطلا للكاراتيه، أما الأطفال العاملون فلقد توحد معظمهم مع فريد شوقى عندما كان منتقم وعنيف. أما الأطفال المنحرفون فلقد توحدوا مع فاروق الفيشاوى عندما لعب دور شاب منتقم وشرس ويضرب الناس بالحجارة ، كذلك توحد الأغلبية منهم مع عادل أمام عندما كان خارجا على القانون ويهرب من البوليس. فلقد حدث التوحد فقط فى مجموعتين على حين نفى الأطفال فى المجموعتين الاخريتين أن ذلك يمكن أن يحدث لأنهم يعيون أثناء المشاهدة وبعدها أن أبطال السينما هم ممثلين ويختلفون عنهم ولا يشعروا أنهم مثلهم. أما بالنسبة لمن حدث لهم التوحد فكان مع شخصية زعيم وطنى مخلص هو جمال عبد الناصر فى فيلم "ناصر ٥٦" ثم مع عادل أمام فى فيلم "بخيت وعديلة".

ولقد كان الجزء الثاني من المحور التاسع من أكثر نقاط الاختلاف بين الأطفال ذوى الظروف الصعبة والأطفال العاديين. وقد تمنى جميع الستة والعشرين طفلا المشتركون فى المجموعات الأربع الأولى بدون إستثناء أن يتخلوا عن هزيمتهم ويفقدوا شخصياتهم الحقيقية وأسمائهم وأن يتحولوا إلى أبطال سينما فى مقابل ذلك أجاب اللأربعة والعشرون طفلا المشتركين فى جلسات الأطفال العاديين الأربعة أنهم لا يقبلون أن يفقدوا هويتهم وأن يكونوا أى أشخاص غير أنفسهم وشخصياتهم واسمائهم الحالية. وهذا يدل على إندماج الأطفال ذوى الظروف الصعبة فى الأفلام والمسلسلات الذى يصل حد الرغبة فى الزوبان مع أبطال السينما ليصبحوا بدلا منهم، فهم يعيشون واقعا زائفا فى الحقيقة قوامه أحداث وألفاظ ووجهات نظر وحركات أبطال السينما. وفى المقابل نجد الأطفال العاديين وكلهم وعى يفصلون ويضعون حدود بين واقعهم الدرامى الذى يدركون أنه لا يصلح إلا للتمثيل فقط. واستنتاجات مجموعات النقاش المستهدفة تؤيد نتائج البحث الميدانى وتثبت صحة فروض الدراسة .ʼ

ثالثا: نتائج توصيف المضمون

بعد أن تم البحث الميدانى ومجموعات النقاش المركزة قامت الباحثة بعرض لإجابات الأطفال من كلا مجموعتى البحث حول أنواع وصفات المضمون الذى يشاهدونه فى التليفزيون والفيديو والسينما.

وسيتم التوصيف على أساس نوع المضمون طبقا للصفات التالية:

١ ــ درامى: ويندرج تحته الأفلام العربية والمسلسلات العربية والأفلام والمسلسلات الأجنبية والأفلام الكارتون. ٢ــ المضمون

<hr>

ʼ وللإطلاع على النتائج المفصلة لمجموعات النقاش المركزة أنظر ملحق رقم (٢).

التعليمى والثقافى. ٣ ــ المضمون الدينى.   ٤ ــ برامج الأطفال ٥ ــ المضمون الترفيهى. ٦ ــ المضمون الرياضى.

وسوف يتم توزيع كل المضامين على أساس ما إذا كانت تحتوى على عنف أم لا وإذا كانت موجهة للصغار أم للكبار.

أولا: المضمون الدرامى :

أ ــ **الأفلام العربية**: (سواء فى التليفزيون أو الفيديو أو السينما) واتضح من البحث أن الأفلام العربية تتصدر مقدمة مشاهدة وتفضيل كل عينة الدراسة. فهناك ١٠٥ طفلا من مجموعة الأطفال ذوى الظروف الصعبة يفضلون مشاهدة الأفلام العربية أى بنسبة ٥٢٫٥% ويأتى فى المقدمة أسماء أبطال الأفلام التالية على حسب تفضيل مشاهدتهم: اسماعيل ياسين ــ عادل أمام ــ فريد شوقى ــ الشحات مبروك. أما بالنسبة لعينة الأطفال العاديين فلقد أتضح أن ٧٩ طفلا يفضلون مشاهدة الأفلام العربية بنسبة ٣٩٫٥% من العينة.

وبالنسبة لوجود أو غياب العنف فلقد أتضح أن عدد الأفلام العنيفة التى يفضلها الأطفال ذوو الظروف الصعبة بعد رصدها هى ضعف الأفلام التى تخلو من العنف ومن الأفلام المفضلة لديهم والتى تتضمن عنف كانت: "المشبوه" ، "عفريت النهار" ، "أجدع ناس" ، "الغجر"، "شمس الزناتى"، "المولد"، "العفاريت"، "السوق"، "الفتوه" ، "الغاضبون"، "طيور الظلام" ، "اللومنجى"، "عنتره ابن شداد". أما الأفلام التى تعجبهم ولا تعتمد فى مضمونها على العنف: "فيلم "الإرهاب والكباب"، "بخيت وعديلة"، "تفاحة"، "الجنتل" ، "اسماعيلية رايح جاى"، "النوم فى العسل" . وجميع هذه الأفلام موجهة للكبار وليس للأطفال أقل من ١٥ سنة. أى أن أكثر من نصف عينة الأطفال

ذوى الظروف الصعبة تفضل مشاهدة أفلام عربية موجهة للكبار ومعظمها ملئ بمشاهد العنف.

ب ــ المسلسلات العربية الاجتماعية: ولقد اتضح أن ٣٧ طفلا من عينة الأطفال ذوى الظروف الصعبة، أى ١٩% من العينة، يفضلون مشاهدة المسلسلات العربية. رغم أنها موجهة للكبار وليس للأطفال أقل من ١٥ سنة أى بنسبة ٧,٥% فقط من مجموع هذه العينة، ولقد اتضح أنهم اشتركوا مع ذوى الظروف الصعبة فى تفضيل نفس المسلسلات تقريبا.

جـ ــ الأفلام والمسلسلات الأجنبية (سواء فى التليفزيون أو الفيديو أو السينما)، وإتضح أن ميل الأطفال ذوى الظروف الصعبة للأفلام والمسلسلات الأجنبية ضعيف فيفضل مشاهدتها ١١ طفلا فقط، أى بنسبة ٥,٥% فى مقابل ٨ أطفال من عينة الأطفال العاديين، وبنسبة ٤% . جميع أعمال الدراما الأجنبية التى ذكرها الأطفال تتميز بالعنف وجميعا موجهة للكبار ومن أمثلتها: مسلسل "هيرقل" و "زينة" وفيلم "المنتقم"و "المنقذ"و "معركة الزمن المجهول" و"آلة الزمن"و "وحدى بالمنزل".

د ــ أفلام الكارتون: ولقد أتضح أن حوالى ٢٨ طفلا من ذوى الظروف الصعبة يفضلون أفلام الكارتون، أى بنسبة ١٤% مقابل نسبة متقاربة ١٣,٥% بين عينة الأطفال العاديين.

ولا تتقارب المجموعتان فقط فى نسبة تفضيل أفلام الكارتون بل هناك أيضا اشتراك فى أنواع تلك الأفلام وهى كما يلى :"كابتن ماجد" و "ماسنجر" و "سلاحف النينجا" و "توم وجيرى" وجميع هذه الأفلام موجهة للصغار وكثير منها يحتوى على عنف.

ثانيا: المضمون التعليمى والثقافى:

ولقد اتضح أن طفلا واحدا من عينة ذوى الظروف الصعبة يفضل أن يشاهد المضمون التعليمى والثقافى فى التليفزيون فى المقابل ٤ من الأطفال العاديين. وربما يرجع ذلك إلى رغبة النسبة الأكبر فى مشاهدة لمضامين لا ترهق العقل والتفكير، كذلك يميل الأطفال فى هذا السن إلى مشاهدة أفلام الحركة والضرب والعنف. وهذا شئ يشترك فيه أطفال المجموعتين.

ثالثا: المضمون الدينى:

وهناك طفل واحد من عينة الأطفال ذوى الظروف الصعبة يفضل مشاهدة البرامج الدينية فى مقابل ٧ أطفال فى عينة الأطفال العاديين. ولقد إنحصر تفضيل الأطفال فى مشاهدة البرامج الدينية عموما ثم برنامج "العلم والإيمان" وأخيرا برنامج "القرآن الكريم".

رابعا: مضمون برامج الأطفال:

اتضح من البحث الميدانى أن طفلا واحدا فقط (من عينة أطفال الشوارع) أجاب أنه يفضل مشاهدة برامج الأطفال على المضامين الأخرى فى التليفزيون مقابل ٢٦ طفلا من عينة أطفال المدارس أى بنسبة ١٣% وكان من بين البرامج المفضلة: "دنيا الأطفال" و "القراءة للجميع" و "عروستى" و "سينما الأطفال".

خامسا: المضمون الترفيهى والغير درامى (*):

---

* يقصد بالمضمون الترفيهى أى برنامج مقصود منه التسلية والترفيه، مثل برامج المسابقات والأغانى والإستعراضات وغيرها، وقد تم إستبعاد المضمون الدرامى سواء من المسلسلات أو الأفلام فى فئة مستقلة نظرا للعدد الساحق الذى يفضل مشاهدتها قرأت الباحثة ألا تتناولها ضمن المضامين الترفيهية.

يفضل ١٨ طفلا فقط بنسبة ٩% من مجموع عينة الأطفال ذوى الظروف الصعبة مشاهدة البرامج الترفيهية مع إستبعاد الدراما من المسلسلات والأفلام ٢٦ طفلاً من مجموع الأ"فال ال٨عاديين بنسبة ١٣% ومن البرامج الترفيهية التى يشاهدها الأطفال: برنامج "البساط السحرى" و "هذا المساء" و "أمانى وأغانى" و "أنت فين" و"واحد فى المليون" والمسرحيات و الأغانى والإستعراضات.

سادسا: المضمون الرياضى:

تتقارب نسبة تفضيل البرامج الترفيهية بين كل من أفراد عينة الأطفال ذوى الظروف الصعبة وأطفال المدارس.

الاستنتاجات الخاصة بتوصيف المضمون:

١ ـ وتحتل الأفلام العربية المركز الأول فى تفضيل الأطفال ذوى الظروف الصعبة ومعظمها تتسم بالعنف وأساليب الضرب بالإيدى، وباستعمال الأسلحة أما المسلسلات فمن الواضح أن هؤلاء الأطفال ينجذبوا للنوع الاجتماعى منها.

٢ ـ لا يحتل تفضيل المضمون التعليمى والثقافى مكانة تذكر بين أفراد العينتين ويتراجع تفضيل الأطفال ذوى الظروف الصعبة لمشاهدة المضامين الدينية والترفيهية. وتعتقد الباحثة أن السبب فى ذلك هو سيطرة حبهم للمضامين الدرامية التى تطغى على مشاهدتهم للمضامين الأخرى.

٣ ـ تقل مشاهدة الأطفال ذوى الظروف الصعبة لبرامج الأطفال مقارنة بمشاهدة الأطفال العاديين لها. وتعزو الباحثة ذلك إلى أن الظروف الصعبة التى يعيشون فهيا تثقلهم وتنسيهم طفولتهم فيلجأون إلى مضامين عالم الكبار لأن ذلك هو ما تبقى لهم بعد أن نزعت تلك الظروف إحساسهم بأنهم ينتمون لبرامج مثل "دنيا الأطفال" أو "القراءة للجميع"، فهم لم يعودوا أطفالا. ولقد دونت الباحثة من ضمن ملحوظات البحث الميدانى لغة الكبار التى كان يتحدث بها هؤلاء الأطفال وحركات وإشارت الأيدى التى تشبه حركات الكبار إلى حد كبير.

الفصل الخامس

الخاتمة والتوصيات

أولا: ملخص الدراسة

ثانيا: ملخص لنتائج الدراسة

ثالثا: صدق الدراسة والبحوث المقترحة

أولا: ملخص الدراسة

المشكلة البحثية:

تكمن مشكلة هذه الدراسة فى أن الأطفال ذوى الظروف الصعبة بجانب حاجتهم للرعاية الصحية والاجتماعية فهم أيضا فى أشد الحاجة للرعاية الثقافية والإعلامية التى ترسم لهم المسار الصحيح لحياتهم، وتعوضهم عن غياب الرعاية الثقافية والإعلامية التى ترسم لهم المسار الصحيح لحياتهم، وتعوضهم عن غياب الرعاية الأسرية وفرص التعليم التى فاتتهم، وذلك الدور يمكن أن تقوم به وسائل الاتصال. ولن يتم ذلك بدون معرفة كيفية الوصول إليهم من خلال هذه الوسائل وبأى أسلوب ومن خلال أية برامج، وإن ما تهدف إليه هذه الدراسة هو الكشف عن العلاقة بين تعرضهم لثلاث وسائل اتصال هى: التليفزيون، والفيديو، والسينما وإدراكهم للواقع الإجتماعى مما يحدد بشكل كبير نظرة الطفل لنفسه والمجتمع، وكيفية نظرة المجتمع له، وبالتالى يؤثر على ردود أفعاله تجاه المواقف المختلفة والسلوك عموما. وتتم مقارنة بين الأطفال الموجودين فى ظروف عادية للتعرف على الاختلافات بينهما.

فروض الدراسة:

١ـ تعرض الأطفال ذوى الظروف الصعبة للتليفزيون وأفلام الفيديو والسينما يكون أكثر كثافة عنه بين الأطفال الطبيعيين.

٢ ـ تختلف أنماط التعرض لدى الأطفال ذوى الظروف الصعبة للتليفزيون وأفلام الفيديو والسينما عن مثيلتها لدى الأطفال العاديين، من حيث مكان المشاهدة ودرجة الإندماج فيها ووسيلة ونوعية المضمون المفضل.

٣ ـ تختلف دوافع استخدامات الأطفال ذوى الظروف الصعبة للتليفزيون وأفلام الفيديو والسينما عن مثيلتها لدى الأطفال العاديين.

٤ ـ تختلف الإشباعات المتحققة لدى الأطفال ذوى الظروف الصعبة من مشاهدة التليفزيون وأفلام الفيديو والسينما عن مثيلتها لدى الأطفال العاديين.

٥ ـ يكون إدراك الواقع الاجتماعى لدى الأطفال ذوى الظروف الصعبة مختلفا عنه لدى الأطفال العاديين.

٦ ـ الأطفال ذوو الظروف الصعبة أكثر ميلا للتوحد مع الشخصيات التى تقدم فى الدراما وخاصة الأبطال والأقوياء عن الأطفال الطبيعيين.

٧ ـ يتأثر سلوك الأطفال ذوى الظروف الصعبة بنوع مضمون التليفزيون وأفلام السينما والفيديو أكثر منه فى حالة الأطفال العاديين لعدة أسباب منها غياب توجيه الأبوين أثناء المشاهدة.

٨ ـ كلما زاد دخل وسن الأطفال ذوى الظروف الصعبة تزداد فرصة مشاهدتهم للتليفزيون وأفلام الفيديو والسينما.

عينة الدراسة:

تم إجراء الدراسة على عينة عشوائية عدد مفرداتها ٤٠٠ مفردة من الأطفال لا يتعدى عمر الأطفال بها الخمسة عشر عام، ٢٠٠ منها تمثل عينة ذوى الظروف الصعبة و ٢٠٠ للأطفال العاديين وهذه العينة مقسمة بالتساوى بين محافظتى القاهرة والجيزة بالمناصفة. ولقد تم توزيع العينة بالنسبة لذوى الظروف الصعبة على النحو التالى: الأطفال العاملين ٨٠ مفردة أما عينة الأطفال العاديين، فئة منهم تم إختيارها من مدارس القاهرة الحكومية من المرحلة الإبتدائية والإعدادية، والمئة الأخرى من مدارس الجيزة الحكومية أيضا.

المنهج والأدوات:

تعتمد هذه الدراسة على مسح الجمهور بالعينة ومجموعات النقاش المركزة وقد تم جمع بيانات الدراسة من خلال استمارة بحث تم ملؤها من المبحوثين عن طريق المقابلة الشخصية. أما مجموعات النقاش فلقد تم إجراء ثماني مجموعات أربع للأطفال ذوى الظروف العصبة وأربع الأخرى للأطفال العاديين. وقد قامت الباحثة بعمل توصيف وتصنيف لبعض المضمون الذى عرض فى فترة إجراء البحث الميداني فى التليفزيون والفيديو والسينما.

ثانيا: ملخص نتائج الدراسة:

فيما يلى تعرض الباحثة أهم ما أظهرته نتائج هذه الدراسة:

- الأطفال ذوى الظروف الصعبة هم أكثر تعرضا للتليفزيون والفيديو والسينما فعلى حين أن ٦٢% منهم يشاهدون التليفزيون يوميا وبانتظام يشاهده ما يقرب من نصف عينة العاديين (٤٧٥%) حسب الظروف. ويتضح أن عينة الأطفال المنحرفين هم أعلى نسبة مشاهدة للتليفزيون من بين عينات الدراسة، بالنسبة للفيديو هناك ١٧% من ذوى الظروف الصعبة يشاهدونه يوميا، فى مقابل ٣% فقط للأطفال العاديين. ولقد كانت مجموعة أطفال الشوارع أكثر مجموعة فى معدل مشاهدة الفيديو. بالنسبة للسينما فلقد إتضح أن تردد ذوى الظروف الصعبة على دور السينما يفوق ذلك للمجموعة الأخرى.. وتعتبر مجموعة أطفال الشوارع هى اعلى نسبة فى هذا الصدد.

إستنتجت هذه الدراسة أيضا إختلاف أنماط تعرض الأطفال ذوى الظروف الصعبة من حيث:-

- مكان مشاهدة التليفزيون : المنزل هو مكان مشاهدة التليفزيون لعدد كبير من العاملين بنسبة ٨٢٥%، على حين ٧٨٨ % للمنحرفين، و ٥٧٥% لأطفال الشوارع. أما بالنسبة لأطفال المدارس الإبتدائية بلغت نسبة مشاهدة التليفزيون بالمنزل ٩٩%و ٩٨ % للإعدادية.

- مكان مشاهدة: يشاهد ٦١ % من الأطفال العاديين للفيديو بالمنزل وهو مكان المشاهدة ٢٩% فقط من الأطفال ذوى الظروف الصعبة.

- الصحبة أثناء المشاهدة: الأسرة هى الصحبة المفضلة لكلتا مجموعتى البحث وترتفع إلى ٩٠% فى حالة الأطفال العاديين، وتصل إلى ٥٣% فى حالة الأطفال ذوى الظروف الصعبة.

- الوقت المفضل للذهاب إلى السينما بالنسبة لمجموعتى البحث هى فترة المساء.

- وجدت هذه الدراسة أن إندماج وتركيز الأطفال ذوى الظروف الصعبة أثناء مشاهدة الدراما التليفزيونية يفوق مثيله فى حالة الأطفال العاديين.

- زادت نسبة تفضيل مشاهدة التليفزيون والفيديو والسينما لمجموعة الأطفال ذوى الظروف الصعبة عن النسبة لدى الأطفال العاديين الذين يفضلون الكتب والمجلات أكثر.

- بالنسبة للمضمون التليفزيونى المفضل لدى الأطفال ذوى الظروف الصعبة فهو الأفلام العربية بنسبة ٥١,٥%، مقابل ٤٠% بين مجموعة الأطفال العاديين، وتليها المسلسلات العربية. أما بالنسبة لمضمون الفيديو فيفضل ٦٤,٥% من المجموعة الأولى، مقابل ٤٤,٥% من الأطفال العاديين مشاهدة الأفلام بالفيديو.

- تأتى أفلام العنف والإثارة فى مقدمة تفضيل الأفلام لدى الأطفال ذوى الظروف الصعبة بنسبة ٦٤,٥%، مقابل ٢٢% فقط بين الأطفال العاديين، وأعلى نسبة كانت من نصيب أطفال الشوارع.

- بالنسبة لاستخدامات التليفزيون وأفلام الفيديو والسينما، ارتفعت نسبة استخدام الأطفال ذوى الظروف الصعبة لوسائل الاتصال الثلاث كمعلم للسلوك والضرب والعنف عنها فى حالة العاديين.

- كذلك ارتفعت نسبة استخدام المجموعة الأولى لوسائل الاتصال كوسيلة لقضاء وقت الفراغ عنها فى حالة الأطفال العاديين.

بالنسبة للإشباعات التى يحصل عليها الأطفال من جراء مشاهدة وسائل الاتصال الثلاث فلقد استخلصت الدراسة ما يلى:

- أكثر الإشباعات التى يحصل عليها الأطفال ذوى الظروف الصعبة الحصول على النصيحة تليها الترفيه والشعور بالانتماء للجماعة أما بالنسبة لمجموعة الأطفال العاديين فإن أكثر إشباع يحصلون عليه هو التسلية ويليه التزود بالمعلومات.

- بالنسبة لإدراك الواقع الإجتماعى فلقد إستنتجت هذه الدراسة أن الأطفال ذوى الظروف الصعبة أكثر خلطا بين حياتهم الحقيقية وبين حياة أبطال السينما عنه فى حالة الأطفال العاديين، كما أنهم أكثر تصديقا للعنف الموجود فى الأفلام عن الأطفال العاديين.

- يرفض أغلبية الأطفال ذوى الظروف الصعبة التعامل بالحسنى مع الآخرين ويعتقدون بنسبة ٥٧% أن الحظ هو أهم شئ للنجاح فى الحياة مقابل ٤٠% فقط للأطفال العاديين.

- أما بالنسبة لعقاب فى حالة الخطأ، فهناك ٥٩% من الأطفال ذوى الظروف الصعبة يعتقدون أن المجرم لا يقع فى يد البوليس فى النهاية، بينما يعتقد ٩٣,٥% من العاديين أن المجرم مهما نجح فى إرتكاب جرائمه لابد أن يدفع الثمن فى النهاية.

- تعتقد أغلبية عينة الأطفال ذوى الظروف الصعبة أنه لابد أن يتحول الفقير إلى مجرم وأن التربية الدينية لا تحمى الإنسان من الوقوع فى الخطأ، وأن الشر ينتصر على الخير فى النهاية، فى مقابل موافقة نسبة ضئيلة من عينة أطفال المدارس على ذلك وصلت ٤,٥%.

- بخصوص التوحد مع الشخصيات الموجودة فى الدراما وخاصة الأبطال والأقوياء فلقد استخلصت هذه الدراسة أن أفضل شخصية لدى الأطفال ذوى الظروف الصعبة هى لإنسان لا أخلاقى يحاول جمع المال بغض النظر عن الاعتبارات الإنسانية أو الأخلاقية ولقد كانت الشخصية الأولى المفضلة لدى الأطفال العاديين هى الشخصية المهنية الناجحة فى أداء عملها.

- ولقد زادت النسبة بين الأطفال ذوى الظروف الصعبة الذين أبدوا استعداد لتقليد تلك الشخصية فى الحقيقة عنها فى حالة العاديين.

- لقد استنتجت هذه الدراسة أن سلوك الأطفال ذوى الظروف الصعبة أكثر تأثرا بمضمون التليفزيون والفيديو والسينما، فعلى سبيل المثال أظهرت النتائج أنهم أكثر استعدادا لاستخدام العنف من أجل الإنتقام وللرد على العنف بالضرب، على حين أن أغلبية الأطفال العاديين يفضلون الحلول السليمة. كذلك هم أكثر استعدادا للغش والكذب للوصول لأهدافهم.

- ولقد استخلصت الدراسة أن نسب مناقشة الأبوين حول ما يشاهده الأطفال من أفلام التليفزيون بعد انتهائها جاءت متقاربة.

- كذلك استنتجت الدراسة أنه ليس هناك علاقة ارتباطية بين زيادة سن ودخل الطفل فى عينة الأطفال ذوى الظروف الصعبة ومعدل تعرضه للتليفزيون والفيديو والسينما. فقد إحتلت المجموعة العمرية من ٧ إلى ١١ سنوات المركز الأول فى مشاهدة التليفزيون لأكثر من أربع ساعات يوميا. وإتجه الأطفال الأعلى دخلا (٥٠ جنيه فأكثر

أسبوعيا) نحو مشاهدة التليفزيون لأكثر من ٤ ساعات يوميا بنسبة ٣٦,٤%.

بالنسبة للفيديو: بالنسبة للمشاهدة اليومية فلقد بلغت للمجموعة العمرية الأولى ١٥% على حين تطابقت تقريبا بالنسبة للمجموعتين الأخريين بواقع ٢٣٤% و ٢٣٢%.

أما بالنسبة للدخل، فلقد تشابهت المجموعات الثلاث بالنسبة للمشاهدة اليومية بواقع ٢٠% (لأقل من ٢٠ جنيه أسبوعيا) ثم ٢١٧% (من ٢٠ إلى ٥٠ جنيه) ثم ٢٥% (٥٠ جنيه فأكثر) ومعنى ذلك أن الإرتفاع طفيف ومتقارب لنسبة مشاهدة الفيديو اليومية مع ارتفاع الدخل الأسبوعى للطفل ذوى الظروف الصعبة.

أما بالنسبة للتردد على السينما أكثر من ٤ مرات كل شهر فقد احتلت المجموعة العمرية الأولى (٧ ـ ١١ سنة) المركز الأول بنسبة ٢٤% وانخفضت النسبة لمن هم أكبر منهم إلى ٢٠,٧% ثم عاودت الانخفاض بالنسبة للمجموعة الثالثة (١٤ ـ١٥ سنة)إلى ١٥,٧%.

بالنسبة للدخل وعلاقته بالذهاب للسينما فلقد استخلصت هذه الدراسة تساوى نسبتى التردد على دور السينما حسب الظروف بالنسبة لمجموعة الدخل الثالثة (٥٠ جنيه فأكثر) مع المجموعة الثانية (٢٠ إلى ٥٠ جنيه) بنسبة ٣١٨% إلى ٣١٩% على التوالى، وبلغت نسبة المجموعة الأولى (أقل من ٢٠ جنيه) إلى ٢٤,٤%.

ثالثا: الصعوبات التى واجهت الباحثة والبحوث المقترحة:ـ

لقد واجهت الباحثة عددا من المشكلات البحثية والإجرائية خلال المراحل المختلفة بداية من الإطلاع على الدراسات السابقة إلى إجراء البحث الميدانى ومجموعات النقاش المستهدفة وقد توصلت الباحثة إلى مجموعة إقتراحات لأبحاث مستقيلية لتكون هذه الدراسة مفيدة لمن يرغب مواصلة البحث فى نفس الموضوع.

وفيما يلى عرض لأهم تلك الصعوبات:

أ ـ صعوبات خاصة بالدراسات السابقة:

لقد عانت الباحثة عن قلة بل ودرة الأبحاث والدراسات التى تتناول ربد الأطفال ذوى الظروف الصعبة بوسائل الإعلام، فيما عدا الدراسات القليلة التى لا تتعدى عدد أصابع اليد الواحدة، فلقد اهتمت الدراسات التى تدور حول هؤلاء الأطفال بوصف حياتهم وظروفهم، وربما أسباب مشكلاتهم وتعرضت بشكل هامشى لكيفية تأثرهم بمضمون التليفزيون والفيديو والسينما. وتأمل الباحثة أن تكون هذه الدراسة بمثابة الضوء الذى يلفت الإنتباه إلى التعرض الكثيف لهؤلاء الأطفال لمضامين الدراما التليفزيونية والفيديو والسينما بشكل يجعل تأثرهم بها آخذين فى الاعتبار الظروف الصعبة للإجرام أمراً حتميا فى اتجاه سلبى نحو الخطأ ونحو تعلم العنف والضرب والجريمة.

وفى هذا الصدد تود الباحثة أن تطرح بعض الأفكار المتعلقة بهذا الموضوع، والتى يمكن أن تمثل موضوعات لأبحاث خصبة فى هذا المجال، ومنها:

ـ دراسة العناصر الموجودة فى البيئة والتى تجعل تأثر الطفل ذوى الظروف الصعبة بالأفلام والمسلسلات فى اتجاه الانحراف أكثر منه فى حالة الأطفال العاديين. ثم دراسة عميقة للتوحد مع شخصيات أبطال الأفلام التى تتسم غالبيتها بالعنف المبالغ فيه رغبة في الإبهار والجذب. فيجب تحديد العوامل التى تغذي هذه العملية الخطيرة التى تجعل من طفل برئ يميل نحو تقمص هذه الشخصية ويتصرف مثلها حتى لو راح ضحية هذا التوحد آخرون والطفل نفسه.

ـ ايجاد الصيغة المناسبة لمخاطبة هؤلاء الأطفال ويتم ذلك بالاتصال بالأطفال أنفسهم للتعرف على كيفية الوصول إلى عقولهم بالصيغة

والأسلوب الملائمين مما يمهد لتصحيح المعلومات الخاطئة الموجودة أصلاً لديهم مع غرس المعلومات والسلوك الصحيحين.

ـ دراسة العناصر الموجودة فى الدراما نفسها من أفلام ومسلسلات والتى تدعم العنف لدى الأطفال الطبيعين. فمع الاستفادة من نتائج هذه الدراسة نجد أن مضمون العنف فى الدراما مفضل لدى مجموعتى البحث. يجب أن تكون هذه الدراسة للدراما سواء العربية أو الأجنبية محل الاهتمام من الباحثين. ومن الممكن النظر على سبيل المثال إلى المضمون وإلى القصة وإلى المؤثرات الصوتية والمرئية. كل هذه عناصر لابد من إجراء الأبحاث التجريبية عليها لقياس تأثيرها فى غرس أو تدعيم العنف لدى الأطفال وخاصة ذوى الظروف الصعبة.

ـ دراسات تقيس كم المعلومات التى يحصل عليها الأطفال ذوو الظروف الخاصة عن الحياة والمجتمع من خلال وسائل الأعلام، وأهمية قياس هذا الكم هى معرفة حجم العجز والتقصير الذى تقع فيه هذه الوسائل فى تقديم ما يحتاجه هذا الطفل المحروم من توجيه الأبوين والمدرسة من معلومات وثقافة.

ب ـ صعوبات خاصة بالمسح الميدانى:

من الصعوبات التى قابلت الباحثة أثناء إجراء البحث الميدانى ما يلى:

ـ صعوبة إجراء المقابلات مع أطفال الشوارع، فإذا كان عدد عينتهم فى هذه الدراسة ٤٠ طفلا فلقد تمت محاولة إجراء المقابلة مع ١٢٠ طفلا ولكن كانت الباحثة تواجه بموقف من ثلاثة :

أولا ـ أن يجرى الطفل بمجرد محاولة التحدث معه.

ثانيا ـ أن يظل واقفا مجيبا على الأسئلة وفى النهاية تكتشف الباحثة أن كل ما قاله كذب.

ثالثا ـ أن يبدأ بالفعل الطفل فى الإجابة ولكن يأتى زميل له ليحذره ثم يجريان معا بسرعة من المكان. فكان الطفل يشعر بعدم الثقة والنفور بمجرد رؤية الأوراق والقلم.

فى هذا الصدد تقترح الباحثة بعض الدراسات التى قد تسهل الأمور فيما بعد على الباحثين فى هذا المجال. فمن المفيد إجراء الدراسات الخاصة بالتعرف على كيفية اكتساب ثقة أطفال الشوارع ومن أجل ذلك لابد من رسم (بروفيل) Brofile للتركيبة النفسية وما يعانى منه هؤلاء الأطفال ثم إيجاد السبل التى تقتحم هذه التركيبة للوصول إليهم لينفتحوا وليتحدثوا ويعبروا عن أنفسهم للتوصل إلى معلومات أكثر من عالمهم الغامض. وبمقتضى ذلك تسعى تلك الدراسات لفهم الحالة النفسية لأطفال الشوارع حتى يمكن التأثير عليهم على أن يشارك الطفل نفسه فيها، حيث إن طفل الشارع له متطلبات واحتياجات أساسية يجب أن تؤخذ فى الاعتبار.

وإنه لمن المفيد أيضا تشجيع الدراسات التى تكشف عن رضا أطفال الشوارع عن صورتهم المقدمة فى الدراما وفى البرامج التى يشاهدونها فى الأفلام أو المسلسلات وما إذا كانت صورة عادلة لظروفهم الحياتية أم لا لأن ذلك. بجانب أنه سيمدنا بمعلومات قيمة سوف يقوم بإيجاد علاقة بينهم وبين وسائل الاتصال، فيشعرون بأن هناك من يهتم بهم وبآرائهم، مما يبعث فى نفوسهم شعورا طيبا تجاه هذه الوسائل ويجعلهم على استعداد للإقتناع بالرسائل المقدمة.

ـ الموقف المتشدد لأصحاب الورش أو من يكبر العاملين فى السن من زملائهم وحرصهم على إشغال الطفل عمدا حتى لا يستطيع الباحثة التحدث معه، وعندما سمحوا بذلك ظلوا بجانب الطفل يستمعون للأسئلة والأجوبة مما جعل الباحثة تتوقف وتنتقل إلى مكان آخر حتى

يتسنى وجود الطفل العامل الذى يستطيع الإجابة على أسئلة الاستمارة بدون وجود رقيب عليه.

وتقترح الباحثة فى هذا الصدد توجيه الدراسات والبحوث لأصحاب الورش فهناك قصور فى هذا المجال البحثى. فيجب مثلا البحث فى الأسباب التى تجعل معاملتهم لهؤلاء الأطفال سيئة ومعرفة الأسلوب الصحيح لآقناعهم أن يكونوا أكثر إنسانية فى المعاملة مع الأطفال العاملين وتذكيرهم بأنهم هم أنفسهم كانوا أطفالا عاملين فى يوم من الأيام.

ــ عدوانية بعض الأطفال فى عينة المنحرفين هى عدوانية بعض الأطفال، وعصبيتهم الزائدة وترددهم فى تقديم أى اجابات غير مقبولة إجتماعيا فبعضهم كان يسأل بعد الإجابة على كل سؤال من الاستمارة" هو لموآخذة عايزين الكلام ده ليه؟" ولقد حاولت الباحثة أن تصل لإجابات صادقة بعدة طرق: أولا: لم تضع الأطفال المنحرفين فى موقف دفاع عن النفس، ثانيا: لم تعطيهم الإحساس أثناء إجابتهم بأن هذه الإجابات سوف تقيم على أنها صواب أو خطأ، ثالثا: إلتزمت الباحثة بالحياد بحيث لا يؤثر رأيها أو التعبيرات على وجهها على رأى الأطفال، وذلك تضمن عدم العبس حينما أجاب طفل ما بإجابة غير مقبولة إجتماعيا، ولا بالإبتسام تجاه أية أخرى مقبولة.

رابعا: حرصت الباحثة على ألا ينم أسلوبها على أنها تنتمى السلطات. وحاولت طمأنتهم بأن ذلك بحث دراسى وليس له دخل بالشرطة أو بوزارة الشئون الاجتماعية. ولكن كسب ثقتهم لم يكن سهل، وأحيانا امتنع بعض الأطفال عن الإجابة عن بعض الأسئلة نهائيا وحينئذ كانت الباحثة تعيد السؤال عدة مرات حتى تصل إلى الإجابة.

ـ من الصعوبات أيضا التى لاقتها الباحثة مع حوالى عشرة من ثمانين طفلا منحرفا أنهم كانوا حديثى القبض عليهم، فبالأمس كانوا مع أهلهم أو أصدقائهم أو يعيشون خارج مركز التصنيف فى حرية، ولكن فجأة وجدوا أنفسهم مسجونين ووحيدين فكانوا يبكون عدة مرات أثناء الإجابة ثم يقولون فجأة: "و الله العظيم أنا مظلوم"، وبالطبع كان على الباحثة تهدئتهم حتى يسترجعوا هدوءهم ويستطيعون الإجابة على بقية أسئلة الاستمارة، وبذلك إستغرقت هذه الإستمارات حوالى ضعف الوقت والمجهود الذى إستغرقته الاستمارات الأخرى.

ـ كذلك من الصعوبات الأخرى هى وجود عدد من المتهمين بتعاطى المخدرات وحيازتها من بين المقبوض عليهم، فكانوا تحت تأثير الحرمان منها، فكان على الباحثة القيام بالمحاولات المتكررة لكى تساعدهم على التركيز فى فهم الأسئلة للإجابة عليها.

ـ بعض أفراد عينة المنحرفين كانوا أطفال ينتمون لعائلات ذات مستوى اجتماعى مرموق حيث كان هناك فردان من العينة، أحدهما طفل فى السنة الثانية الاعدادية، ١٤ سنة،والده مهندس ووالدته طبيبة وقد قبض عليه بتهمة حيازة وتعاطى المخدرات، والآخر ملتحق بمدرسة خاصة فى الصفة الأول الاعدادى، يمتلك أبوه أحد محلات التحف الكبيرة، وقد قبض عليه بتهمة قتل صديقه، وقد كان هذان الطفلان فى غاية الكتمان خوفا على سمعة عائلاتيهما وكان مما قاله الطفال الأول: "أنا خايف بابا ينزل أسمه فى الجرنال والناس تعرف أنا عملت أيه؟" ولذلك كان من الصعب اقناعهما بالاجابة على اسئلة الاستمارة. ولكن من ملاحظة الباحثة أنه متى اكتسبت ثقة الطفل، يتحدث بعدها بمنتهى الصدق والطلاقة بل أنه يلحق الاجابات بتعليقات وملاحظات تفصيلية.

- تقترح الباحثة فى مجال الأحداث أن تتم الدراسات لتقديم برامج تليفزيونية جذابة تبرز نماذج القدوة الحسنة التى يحتذي بها المنحرفون أو ذوى الاستعداد للانحراف فمثلا تقديم صورة للمواطن الصالح وكيف يؤدى الأعمال النافعة للناس وللأسرة والمجتمع مع إعطائهم أملا فى غد أفضل لهم فى ظل المكسب الحلال والحياة الشريفة الكريمة. تلك البرامج من الممكن أن تكون مسلسلات قصيرة أو أفلام تسجيلية تذاع قبل بداية أفلام السينما أو فى بداية شرائط الفيديو وقبل أفلام السهرة فى التليفزيون.

ج - صعوبات خاصة بمجموعات النقاش المركزة:

حينما بدأت الباحثة دراسة طرق إجراء مجموعات النقاش المركزة وتحليل نتائجها لم تجد المراجع التى تتحدث عن هذا المنهج باللغة العربية برغم أهميتها كأسلوب لحصد بيانات عميقة، قد لا يستطيع الباحث التوصل إليها بطرق البحث الأخرى. ومن المشكلات التى قابلتها فى إجراء الجلسات هى سيطرة طفل واحد من الأطفال الخمسة أو الستة على الحديث ورغبته فى إحتكار الردود. وفى نفس الوقت كان هناك سلبية من بعض الأطفال فى المشاركين.

- وكانت هناك بعض المشكلات التى ترجع لطبيعة سن المبحوثين من حيث، ميلهم للأحاديث الجانبية مما أعاق المناقشة وأحدث التشتيت فى كثير من الأحيان. ولقد تأكدت الباحثة من إشتراك جميع المبحوثين فى المناقشة وتشجيع الجميع للإشتراك فى الحديث، ولقد إضطرت إلى تغيير الأماكن التى جلسوا بها فى بداية الجلسة فى كثير من الأحيان حتى لا تسمح بجلوس صديقين متجاورين لتجنب المناقشات الجانبية.

- وفى هذا المجال تقترح الباحثة تشجيع استخدام مجموعات النقاش المركزة فى الأبحاث والدراسات، حيث يمكن الاعتماد عليها

كأسلوب للبحث فى صياغة الفروض العلمية المحددة من أجل تحديد الأسئلة التى قد تتضمنها استمارة البحث الاجتماعى، ومعرفة الصياغة الملائمة لهذه الأسئلة. كذلك يمكن استخدامها فى فهم بعض نتائج المسوح الاجتماعية وأيضا فى التعرف على كيفية اعتناق مجموعة من الأشخاص لقرارات معينة تجاه ظاهرة ما أو شئ محدد. وأخيرا يجب ألا يغفل الباحثون أن أبحاث المجموعات المركزة يمكن أن تكون شديدة الأهمية فى مرحلة تحديد المشكلة البحثية وصياغة الفروض العلمية والوقوف على الموضوعات والمتغيرات الأساسية والقضايا التى يجب أن تقوم عليها الدراسة الكمية.

ــ ومن الدراسات الأخرى التى تقترحها الباحثة أيضا: الاهتمام بالدراسات الخاصة بالتنشئة الاجتماعية ودور الأسرة والجماعات المختلفة فى هذه العملية الحيوية الهامة التى يتم من خلالها تلقين الطفل أثناء مراحل نموه المختلفة الأنماط المختلفة من السلوك والتفكير والتى يتفاعل بمقتضاها مع المجتمع ويكتسب من خلالها خصائصه وصفاته.

ــ ويعتبر إدراك الواقع الاجتماعى من المفاهيم الهامة، فهو أساسى فى فهم أشياء كثيرة بداية من طرق التفكير إلى المشاعر وحتى السلوك، فترى الباحثة أن هناك حاجة ملحة لاستمرار البحث فى هذا الموضوع، والذى سيكون الطريق الأمثل للوصول إلى الأطفال ذوى الظروف الصعبة، وخاصة وأنهم أيضا ذوو احتياجات خاصة فى حالة مخاطبتهم وإقناعهم.

ــ لمست الباحثة من خلال هذا البحث قلة إهتمام الأطفال ذوى الظروف الصعبة، بالبرامج الثقافية والدينية والتاريخية والإهتمام الطفيف من قبل الأطفال العاديين بها. والدراسات التى تبحث فى

أسباب إنصراف الأطفال عن هذه البرامج هو مجال هام فى مجال البحوث.

- ومن الدراسات أيضا التي لاحظت الباحثة أن بها عجزا وغير كافية تلك البرامج التى تحدد حجم ظاهرة الأطفال ذوى الظروف الصعبة. فليس هناك قاعدة معلومات من الأبحاث والدراسات التى تحصر على سبيل المثال عدد أطفال الشوارع، أو العاملين، أو المنحرفين، فالإحصائيات لا تتم إلا على مدار سنوات متباعدة، وهى غالبا غير دقيقة. ومن خلال تحديد حجم هذه الظاهرة يمكن وضع الحلول المناسبة للمشكلات المحيطة بها.

- كلك لابد من الاهتمام بالدراسات الخاصة بقصور الأداء الموجود فى مؤسسات رعاية الأحداث لأنه هذا القصور يؤدى إلى هروب الطفل منها فيضيع فى الشوارع إذا نجح فى الهروب أو تسوء حالته النفسية والصحية والجسمية إذا ما بقى فى تلك الدراسات.

د ـ توصيات الدراسة ومقترحاتها:

تسعى الباحثة فى هذا الجزء لتقديم عدد من الاقتراحات والتوصيات المستمدة من إجراءات البحث ونتائجه لعلها تكون نافعة ومجدية للأطفال الذين ينثلون الجمهور المستهدف لهذه الدراسة، حيث إن مصلحتهم وسعادتهم تمثل رفاهية المجتمع كله وسلامته فى الغد الذى هو ليس ببعيد.

ومن أجل وضوح الأمر قسمت الباحثة التوصيات إلى ثلاث جهات مختلفة:

أولا: توصيات موجهة إلى الأسرة، هى الحاضر الغائب بالنسبة للأطفال ذوى الظروف الصعبة.

ثانيا: توصيات خاصة بأجهزة الأعلام، التى يقع عليها عاتق كبير وخطير فى هذا المجال.

أخيرا: توصيات لعلها تصل إلى المسئولين فى الإدارات المعنية والجهات الرقابية وفى النهاية فإن الجميع يعمل من أجل هدف واحد لأن المصلحة مشتركة وأطفال اليوم هم رجال الغد.

أولا: توصيات موجهة إلى الأسرة:

١ـ توصى هذه الدراسة بأن يكون للأسرة دورا توجيهيا لمصلحة الطفل، لتبعده عن مخاطر الشارع والانحراف وذلك عن طريق حثه على ممارسة الأنشطة الرياضية والفنية والهوايات المختلفة بجانب التدريب على حرف تصلح له وتبعده عن موطن الخطر. وأن تشجع روح الإبتكار لديه.

٢ـ كذلك لابد أن يكون للأسرة دورها الفعال فى تنشئة أطفالها تنشئة صالحة بعيدة عن الإنحراف. فلابد أن يظهر الأبوان العطف على الطفل وأن يمنحاه الحنان والحب، وأن يظهرا الثقة فيه لكى يتحدث عن نفسه بدون خوف أو خجل. ويجب أن تحذر الأسرة من الشدة الزائدة. أو اللين المبالغ فيه. ويجب كذلك على الأبوين أن يكونا قدوة حسنة لأبنائهما، ولابد من غرس القيم الصحيحة فى نفوس الأطفال، فبعد ما كشفت هذه الدراسة من استعداد عدد كبير من الأطفال ذوى الظروف الصعبة للكذب والغش، فلابد أن يتعلم الطفل الاخلاقيات الحميدة وذلك يقع بشكل أساسى على عاتق الأسرة وهو مسئوليتها الأولى.

٣ ـ كذلك يجب على الأسرة أن تحاول أن تتمسك باستقرارها وعدم تفككها كخط دفاع لأبنائها ضد الضياع والإصابة بالإهمال. ومن الملاحظ زيادة نسب الطلاق بالمجتمع المصرى حاليا، مما يتبعه تمزق للعلاقات ويكون الضحية فى النهاية هم الأطفال وتقع على عاتق الأجهزة المسئولة مسئولية س القوانين وتعديلها ولذلك توصيها هذه الدارسة بأن تقوم بتعديل الأجهزة المسئولة مسئولية سن القوانين

وتعديلها حتى تصعب الطلاق وتحد من التفكك الأسرى. كأحد عوامل وجود الأطفال فى الشارع. فلقد استخلصت هذه الدراسة أنه على حين ٣٢,٥% من عينة أطفال الشوارع يعيشون مع أحد الأبوين، كذلك جاءت نسبة العاملون متساوية مع عينة المنحرفين بواقع ١٨,٨% وذلك يدعونا للشك فى أن ذلك هو السبب فى وجود هؤلاء الأطفال فى هذه الظروف القاسية .

٤ـ لقد أثبتت هذه الدراسة أنه بالنسبة لأطفال الشوارع فإن مشاهدة التليفزيون بمصاحبة الأسرة تتنافس مع المشاهدة بمصاحبة الأصدقاء وهذا به خطورة على الأطفال لأن توجيه الأسره أثناء المشاهدة يتميز بالدراية والتوجيه الصحيح، ولكن الأصدقاء لو كانوا أصدقاء سوء فسوف تكون لمشاهدة التليفزيون آثار ضارة نتيجة تفسيرات وتعليقات الأصدقاء، لذلك توصى هذه الدراسة بأن يكون للأسرة دورها فى توجيه أطفالها بداية من اختيار المضمون الذى يشاهدونه فى التليفزيون وكذلك إلى توجيههم بخصوص ما يشاهدونه بالفعل.

٥ ـ أثبتت هذه الدراسة أن الأطفال ذوى الظروف الصعبة للتليفزيون يميلون إلى مشاهدة التليفزيون لأكثر من أربع ساعات يوميا. ولذلك توصى الدراسة بضرورة تدخل الأسرة فى تحديد فترات وأوقات مشاهدة الأطفال للتليفزيون.

ثانيا: توصيات موجهة إلى أجهزة الأعلام:

١ ـ بعد إستنتاج هذه الدراسة لميل الأطفال ذوى الظروف الصعبة لمشاهدة العنف واستعدادهم لتقليده والتوحد مع الشخصيات العنيفة، تقترح الباحثة أهمية إهتمام معدى ومخرجى ومسئولى البرامج بأن يكون مضمون وسائل الإعلام بناءه، وأن يحث على الفضيلة وأن يقدم المثل الأعلى الطيب للسلوك، على أن يراعى بدقة ألا تقدم أعمال التليفزيون العنف كأسلوب لحل المشكلات فى أغلب الأحوال.

٢ ـ من الطبيعى أن الطفل ذا الظروف الصعبة لا يعيش ولا يتحرك فى عزلة عن المجتمع بل هو فرد منه، يتعامل مع الآخرين، ويتأثر بسلوكهم تجاهه ورأيهم فيه، ويتأثرون هم أيضاً بسلوكه. وبذلك فلابد أن تظهر وسائل الإعلام الطرق السليمة للتعامل مع هؤلاء الأطفال، والأخذ فى الإعتبار أنه ضحية لظروف قاسية وعدم التعامل معه على أنه مجرم. أما إذا كان بالفعل مخطئ فسوف يغوص فى الخطأ ويكون من الصعب حينئذ إنتشاله إلى طريق الصواب.

٣ ـ لابد أن يقوم الإعلام بالدور التربوى البديل لغياب الإهتمام الأسرى من ناحية، والحرمان من المدرسة من ناحية أخرى. فبالنسبة للأطفال ذوى الظروف الصعبة تعتبر وسائل الاتصال هى الأمل، الذى قد يكون الوحيد ، الذى يحمل التوعية لهؤلاء الأطفال بخصوص مضار التدخين والمخدرات حتى لا يقعوا فريسة سهلة للإدمان. وإن نتائج هذه الدراسة الخاصة بالمعدلات الكثيفة لتعرض ذوى الظروف الصعبة لوسائل الإعلام لتؤكد على حيوية دور أجهزة الإعلام فى هذا المجال.

٤ ـ بعد أن أظهرت هذه الدراسة الاهتمام الشديد للأطفال عموما، وعلى الأخص ذو الظروف الصعبة، بالمسلسلات وخاصة العربية، توصى الباحثة بإلقاء الضوء على الدراما وعلى ما تحويه من قيم وسلوك ومفاهيم حتى تتفق وتتمشى مع ما هو مقبول ومطلوب فى المجتمع ويتفق مع أخلاقياته ومبادئه.

٥ ـ لقد أوضحت هذه الدراسة أن المضمون الذى يشاهده الأطفال ذوو الظروف الصعبة ينصب على الأفلام أو المسلسلات فقط دون الاهتمام بالمضامين الثقافية أو التعليمية. لذلك تقترح هذه الدراسة

وتناشد مسئولى الإعلام بتعيين كفاءات واعية لتقديم المعلومة فى صورة تجذب الطفل لهذه النوعية المفيدة من البرامج.

٦ـ كذلك توصى هذه الدراسة بأن يكون دور الإعلام أكثر إيجابية فى التدخل لحل. ولو جزء من مشكلات الأطفال ذوى الظروف الصعبة وعلى سبيل المثال الأطفال العاملون وذلك عن طريق إعداد حملة إعلامية بالإشتراك مع الجهات المعنية لتوعية الأسر المصرية بخطورة عمالة الأطفال، بجانب نصيحة أصحاب الورش بكيفية التعامل مع الطفل العامل الذى يضطر أن يخرج للشقاء صغيرا. كذلك تقترح الباحثة أن يكون لوسائل الإعلام دورها فى علاج المشكلة قبل وقوعها. فمثلا فى حالة هذه الدراسة وجد أن التصدع سلامة إستقرار الأسرة وتعريف الزوج والزوجة بحقوقهما وواجباتهما والبعد عن تناول الصراعات الزوجية وموضوعات الخيانات والقتل على الشاشة الصغيرة والكبيرة، قد يساعد هذا فى القضاء على المشكلة من جذورها.

٧ـ كذلك تقترح الدراسة إهتمام أجهزة الأعلام بغرس الوعى الدينى وتوجيه زكاة الأموال نحو المساعدة الاجتماعية لمن هم فى أشد الحاجة إليها لرفع مستوى الأسر التى تعيش تحت خط الفقر. للاقلال من أو على الأقل عدم زيادة ظاهرة أطفال الشوارع أو عمالة الأطفال العاملين والمنحرفين.

٨ ـ كذلك لابد أن يكون لأجهزة الإعلام دورها فى تعليم الأطفال المهارات الحياتية ومها وسائل الإسعافات الأولية والحث على توفيرها داخل الورش من أجل مواجهة الحوادث التى يتعرض لها الأطفال العاملون.

٩ ـ التأكد على أهمية تناول أجهزة الإعلام لتنظيم الأسرة لإرتباط حجم الأسرة بمقدرتها بالقيام بمسئولياتها المادية والتربوية تجاه أولادها.

ثالثا: توصيات موجهة للمسئولين فى الإدارات المعنية والجهات الرقابية:

١ ـ لقد اتضح من خلال هذه الدراسة أن النمو غير المتكافئ بين المدينة والقرية يؤدى إلى الهجرة من القرية إلى المدينة، مع عدم وجود فرص للحياة فى المدينة، مما يؤدى إلى تزايد أعداد أطفال الشوارع. ومن ثم توصى هذه الدراسة بأن تقوم الجهات المعنية بتحقيق التنمية المتكافئة بين الريف والحضر للحد من الهجرة إلى الحضر.

٢ ـ تدعيم المشروعات التى تهتم بأطفال الشوارع مثل قرية الأمل، مع توعية العاملين بهذه المشروعات بالأساليب الصحيحة الخاصة بالتنشئة الاجتماعية وتعد قرية الأمل التجربة المصرية الوحيدة التى قامت بها الجمعيات الأهلية لاستضافة مؤقتة لأطفال الشوارع.

٣ ـ كذلك تناشد الباحثة المسئولين بزيادة عدد مراكز الشباب والرياضة فى انحاء الجمهورية كأسلوب وقائى وعلاجى فى نفس الوقت يمنع ضياع الأطفال والشباب، حيث من الممكن أن يتعلموا فى هذه المراكز الحرف التى تؤهلهم فيما بعد لن يكونوا عمالا على مستوى راق فى حالة الأسر الفقيرة وتوجيههم لتعلم حرف مفيدة إذا ما كانوا فى المؤسسات العقابية.

٤ ـ يجب أن تقوم الدولة بإتاحة الفرصة لتوفير وتسهيل الحصول على قروض بسيطة للأسر لإنشاء مشروعات صغيرة تضمن عائدا معقولا حتى لا تضطر الأسرة أن ترسل بأطفالها الصغار للعمل.

٥ ـ فى مجال التعليم لابد من تطوير العملية التعليمية حتى تكون المدرسة عنصر جذب للأطفال وليس عنصر طرد ونفور. وتوصى هذه الدراسة الجهات المعنية بضم نوعين من التعليم هما التعليم الزراعى والتعليم الصناعى للتعليم الأساسى مع ضمان التنسيق بين وزارتى التعليم والقوى العاملة والتدريب. ولقد استخلصت هذه الدراسة أن نسب الأطفال ذوى الظروف الصعبة الذين تركوا المدرسة كما يلى : ٥٠% لأطفال الشوارع، ٦٣,٨%، ٦٢,٥% للمنحرفين. هذه النسب عالية بالطبع ولابد أن تكون ناقوسا للخطر وتهدد مستقبل المجتمع لأنها مستقبليا قد تكون عقبه فى وجه التنمية. ولعل أن هذه النسب أخطر من نسبة الأطفال الذين لم يذهبوا من الاصل إلى المدرسة، والتى بلغت ٤٥% لأطفال الشوارع، و ١٥% للعاملين و ١٧,٥% للمنحرفين، وذلك لأن النسب الأولى انما تثبت لحد كبير عدد من العوامل التى قد تكون أما سلبيات فى النظام التعليمى الذى تجعل الطفل يهجر المدرسة بلا رجعه، أو أن هناك عوامل اقتصادية فى البلد تجعل من التعليم أولوية ثانية، أو أن السر لا تستطيع أن تفى بمتطلبات التعليم فى مصر. وايا كانت الأسباب أو المبررات ولكن لابد أن توجه الدولة اهتمام بالغ للحد من كبر هذه المشكلة. كذلك يخب الاهتمام بالتغذية المدرسية وتعميمها بقدر الإمكان بجانب الخدمة الصحية لجذب الأطفال للمدارس وعدم هروبهم منها.

٦ ـ إستخلصت هذه الدراسة أن الأطفال ذوى الظروف الصعبة يفضلون نوعية أفلام العنف والجريمة، ذلك الإستنتاج يلقى بمسئولةي كبيرة على دور العرض السينمائى والجهات الرقابية بضرورة التدقيق فى تحديد الفئة العمرية التى يمكنها دخول العرض لمشاهدة أفلام معينة من الأفلام العنيفة والالتزام الصارم برفض من هم أقل من ١٨ سنة لمشاهدة أفلام الكبار فى دور السينما.

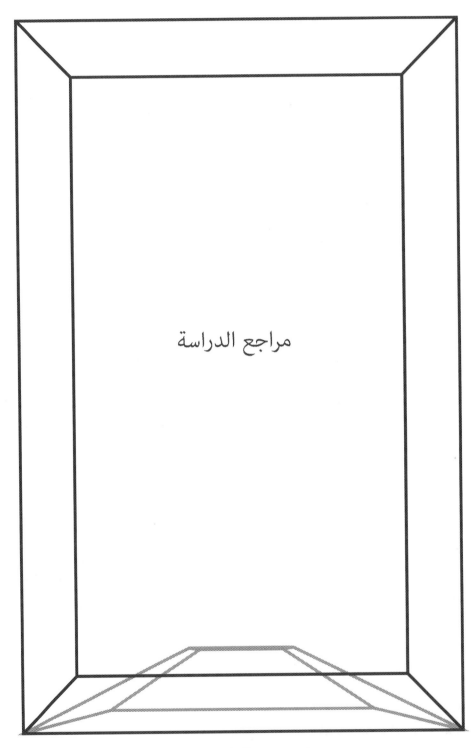

مراجع الدراسة

أولا: المراجع العربية

أ ـ رسائل وبحوث غير منشورة:

١ ـ إبتسام الجندى، "المعالجة الإذاعية والتليفزيونية، الأطفال فى ضوء نظرية وضع الأجندة"، **مؤتمر حق الطفل فى الرعاية والتنمية**، القاهرة، وزارة الشئون الاجتماعية، الإدارة العامة للأسرة والطفولة، يونيو ١٩٩٦.

٢ ـ أمانى السيد فهمى، **"برامج الشباب فى التليفزيون المصرى"**، دراسة ميدانية وتحليلية، راسلة ماجستير غير منشورة، القاهرة، كلية الإعلام، قسم اذاعة، جامعة القاهرة، ١٩٨٧.

٣ ـ حسن عماد، "تحليل الأنماء"، **مجلة بحوث الإتصال**، كلية الإعلام، جامعة القاهرة، العدد العاشر، ديسمبر ,١٩٩٣

٤ ـ رفيقة سليم محمود، "تأثير التليفزيون على الأطفال"، القاهرة، **مؤتمر ثقافة الطفل بين التعليم والإعلام**، كلية رياض الأطفال، سبتمبر ١٩٩٦.

٥ ـ سهير صالح إبراهيم، **"تأثير الأفلام فى التليفزيون على اتجاه الشباب المصرى نحو العنف"**، رسالة ماجستير غير منشورة، القاهرة، كلية الإعلام، قسم إذاعة، جامعة القاهرة، ,١٩٩٧

٦ـ سوزان يوسف القلينى "نحو استراتيجية اعلامية لمخاطبة أطفال الشوارع"، **مؤتمر آفاق جديدة ... لطفولة سعيدة**، القاهرة، قسم طب الأطفال بمركز دراسات الطفولة، جامعة عين شمس، العدد الأول، يناير ١٩٩٧.

٧ ـ سوزان أحمد القلنى، هبة اللـه بهجت السمرى، "تأثير مشاهدة العنف فى أفلام الكارتون بالتليفزيون المصرى على الأطفال"، **المجلة المصرية لبحوث الأعلام**، كلية الأعلام، جامعة القاهرة، العدد الأول، يناير ١٩٩٧.
٨ ـ شهيرة الباز، "أطفال الشوارع ـ السياسات"، القاهرة، **الندوة المصرية الفرنسية: "الطفل ـ الشاعر ـ العمل"**، رئاسة مجلس الوزراء والمجلس القومى للطفولة والأمومة بباريس، ٢٥ ـ ٢٦ أكتوبر، ١٩٩٥,
٩ ـ عدلى سيد محمد رضا، "السلوكيات التى يكتسبها الأطفال من المواد التى ترعض العنف فى التليفزيون"، القاهرة، **مجلة بحوث الاتصال**، كلية الأعلام، جامعة القاهرة، العدد الحادى عشر، يوليو ,١٩٩٤
١٠ ـ عبد الرحمن بن إبراهيم الشاعر، "البعد التربوى فى برامج الأطفال التليفزيونية"، القاهرة ، **مؤتمر ثقافة الطفل بين التعليم والإعلام**، كلية رياض الطفل، سبتمبر ,١٩٩٦
١١ ـ كريمة كريم، "الطفولة والنواحى الاقتصادية"، القاهرة، الندوة المصرية الفرنسية: "الطفل ـ الشارع ـ العمل"، رئاسة مجلس الوزراء والمجلس القومى للطفولة والأمومة، ٢٥ ـ ٢٦ أكتوبر، ,١٩٩٥
١٢ ـ ليل حسين محمود السيد، **"استخدامات الأسرة المصرية لوسائل الاتصال الالكترونية ومدى الإشباع الذى تحققه"**، رسالة دكتوراه، جامعة القاهرة، كلية الإعلام، قسم إذاعة، ,١٩٩٣
١٣ ـ ليلى حسين محمود السيد، "إدراك الأطفال لواقع التليفزيون ... صور ذهنية أم أشياء حقيقية"، **مؤتمر آفاق جديدة** ... لطفولة سعيدة، القاهرة، قسم طب الأطفال بمركز دراسات الطفولة، جامعة عين شمس، إبريل، ١٩٦٦.

١٤ ــ محمود حسين إسماعيل ، "العنف فى أفلام الرسوم المتحركة بالتليفزيون واحتمالية السلوك العدوانى لدى عينة من الأطفال ما قبل المدرسة"، القاهرة، **مؤتمر ثقافة الطفل بين التعليم والإعلام**"، كلية رياض الأطفال، سبتمبر ١٩٩٦,

١٥ ــ نادية سالم، "قراءة فى بحوث الاتصال الجماهيرى والطفل المصرى ... رؤية الحاضر والمستقبل" القاهرة، **مؤتمر الطفل وآفاق القرن الحادى والعشرين**، المركز القومى للبحوث الاجتماعية والجنائية، ١٩٩٣.

أ ــ الكتب والدراسات العربية

١ ــ أحمد بدران، "**العناية الصحية بالأطفال ذوى الظروف الصعبة**"، القاهرة، اليونيسيف، ١٩٩٥,

٢ ــ جيهان أحمد رشتى، "**الأسس العملية لنظريات الإعلام**"، الطبعة الثانية القاهرة، دار الفكر العربى، ١٩٨٥,

٣ ــ رشاد أحمد عبد اللطيف، على حسن زيدان، عفت الكاتب، "**تحليل للسياسات الاجتماعية وبعض الدراسات الاجتماعية الخاصة بالأطفال فى ظروف صعبة**"، القاهرة، اليونيسيف، ١٩٩٥,

٤ ــ شاهيناز محمد طلعت، "**وسائل الإعلام والتنمية الاجتماعية**"، القاهرة، مكتبة الأنجلو المصرية، ١٩٨٠,

٥ ــ عبد العزيز القوصى، سيد عويس محمد، "**السرقة عند الأحداث**"، الجزء الأول، دراسة إحصائية تحليلية، المجلس القومى للبحوث الاجتماعية والجنائية، هيئة بحث جرائم السرقة عند الأحداث، يناير ١٩٦٠,

٦ ــ عبد الفتاح عبد النبى، "**تكنولوجيا الاتصال والثقافة بين النظرية والتطبيق**"، القاهرة، العربى للنشر والتوزيع، ١٩٩٠.

٧ ـ علا مصطفى، عزة كريم، **"عمل الأطفال فى المنشآت الصناعية الصغيرة"**، القاهرة، المركز القومى للبحوث الاجتماعية والجنائية، قسم بحوث التعليم والقوى العاملة، ١٩٩٦,

٨ ـ فاطمة عبد الكريم رضا، مديحة الصفطى، **"حول الطفل ووسائل الاتصال فى المناطق الحضرية المحرومة"**، دراسة حالة لبعض العواصم (القاهرة). المجلس القومى للطفولة والأمومة ، القاهرة، المركز الدولى للطفولة بباريس، فبراير ١٩٩٢,

٩ ـ فرج محمد الكامل، **"" تأثير وسائل الإتصال ـ الأسس النفسية والاجتماعية**، القاهرة، دار الفكر العربى، ١٩٨٥,

١٠ ـ فوزية العلى، **"أثر التليفزيون فى جنوح الأحداث فى دولة الإمارات العربية المتحدة"**، دراسة ميدانية، جامعة الإمارات العربية المتحدة، كلية العلوم الإنسانية والاجتماعية، ١٩٩٦,

١١ ـ مصطفى رزق مط، **"دراسة ظاهرة غيبا الصغار عن منزل الأسرة"**، القاهرة، الجمعية العامة للدفاع الاجتماعى، يوليو ١٩٨١,

١٢ ـ ناهد رمزى، **"الأطفال فى ظروف صعبة"**، التوثيق الشارح للأدبيات المنشورة فى الفترة من ١٩٨٥ ـ ١٩٩٥، القاهرة، اليونيسيف، ١٩٩٥.

١٣ ـ هدى بدران، **"وثيقة إستراتيجية تنمية الطفولة والأمومة فى مصر"**، المجلس القومى للطفولة والأمومة، القاهرة، ١٩٩١.

ج ـ الكتب المترجمة:

١ ـ ملفين ل. بيفلير وساندرا بول ـ روكيتشى، **"نظريات وسائل الإعلام"**، ترجمة كمال عبد الرؤوف، القاهرة، الدار الدولية للنشر والتوزيع، ١٩٩٢.

د ـ الدوريات والصحف:

١ ــ أحمد المجدوب، " الدراما تتقدم بالمجتمع فى طريق خاطئ"، **أخبار اليوم**، صفحة
بعنوان : كونسولتو فى غرفة الإنعاش، ٦ إبريل، ١٩٩٦,

٢ ــ دلال العطوى، "أطفال فى محن"، تحقيق، صفحة تحقيقات، **الأهرام**، ٢٤ يونيو،
١٩٩٧,

٣ ــ فاطمة محمود مهدى، "أبناء الضياع"، تحقيق، **الأهرام**، ٢٢ أغسطس، ١٩٩٦,

٤ ــ نبيل أحمد حلمى، "مع أطفال الشوارع"، تحقيق، **جريدة الأخبار**، الثلاثاء، ٢٤ يونيو،
١٩٩٧.

ثانيا: المراجع الأجنبية:

أــ دراسات وأبحاث أجنبية منشورة   Published Foreign Stdies

1 – Alan M. Rubin, Rlizszeth M. Perse, Donald S. Taylor, "A Methodolgical Examination of Cultivation", **Communication Research**, Beverly Hills, USA, Sage Publications, Volume 15, Number 2, April, 1988.

2 – Brenda Dervin & Bradley S. Greenberg," the Communication Environment of Urban Poor", **Current Perspective in Mass Communication Research**, Editors, F. Gerald kline and phillip J. Tichenor, Beverly Hills, Calfiornia, Sage Publications, Volume 1, 1972.

3 – Brown, Crqmond, Wildre, "Displacement Effects", **the Uses of Mass Communication**, Communication Research, Beverly Hills, USA, Sage Publications, Volume III, 1974.

4 – F. Gerald Kline, peter V. Miller and Andrew J. Morrison, "Adolescents and Family Planning Informaqntion", **Communication Research**, Beverly Hills, USA, Sage Pubnlications, Volume III, 1974.

5 – Jean Fobos,",**Communication Research**, USA, Sage Pubnlications, Volume 19, Number 1, February, 1992.

6 – Jim Van Leuven, "Expectancy Theory in Media and Message selection", **Communication Research**, USA, Sage Pubnlications, Volume 8, Number 4, October 1981.

7 – John J. Galloway, F. Louise Meek, "Audience Uses and Gratifications," **Communication Research**, Beverly Hills, USA, Sage Pubnlications, Volume 8, Number 4, October 1981.

8 – Katz, Blumler, Gurevitch, "Utilization og Mass Communication", the Uses of Mass Communication, **Communication Research**, Beverly Hills, USA, Sage Pubnlications, Inc., Volume III, 1974.

9 – Laurence A. Stone, "Violence An Epidemic", Internationla Child Health, **UNICEF an WHO**, Volume VII Number 3, Califonia, USA, July 1996.

10 – Philip Palmgtreen, Laurence A, Werner, "Grativiaction Discripancies and News Program Choice", **Communication Research**, Beverly Hills, USA, Sage Pubnlications, Volume 8, Number 4, October 1981.

11- Richard L. Allen, Shirley Hatchett, "the Media and Social Reality Effects", **Communication Research**, Beverly Hills, USA, Sage Pubnlications, Volume 13, Number 1, January 1986.

12 – W. James Potter, "Examining Cultivation from a psycholoogical perspective", **Communication Research**, Beverly Hills, USA, Sage Pubnlications, Volume 8, Number 1, february 1991.

ب ــ الكتب الأجنبية : **Foreign Books**

1- Bobby R, Patton, Kim Griffin, "**Comunication in Action**", New York USA, Harper & Row Publishers, Inc., 1977.

2 – Charles R. Wright, **"Mass Commuication, A Sociological Perspecitive"**, Second Edition, New York, Random House, Inc., 1975.

3 – Denis McQuail & Seven Widahl, **"Commuication Theory"**, Beverly Hills, USA, Sage Publications, 1993.

4 - Denis McQuail & Seven Widahl, **"Commuication Models"**, New York , USA, Longman Publications, 1993.

5 – Desmond s. Cart Wright, **"Introduction to Personality"**, Chicago, USA, Rand Mc. Nally College publishing Compay, 1974.

6- Em Griffin, **"Commuication Theory"**, USA, Mc Graw- Hill, Inc., 1994.

7 – Grant Noble, **"Children in Front of the Small Screen "**,United Kingdom, Constable and Company, Ltd., 1975.

8 – Heba Nassar, "Economic Aspects of Vulnerability of Children in Egypt ", Cairo, UNICEF, July, 1995.

9 – Jeffery H. Goldstein, **"Social Psychology "**, USA,Academic Press, Inc., 1980.

10 – Melvin L. De Fleur, Sandra Ball – Rokeach, **"Theories of Mass Communication "**Thrid Edition, USA, Longman , Inc. 1975.

11 – Mona El Baradei, **"Egyptian Children's Affordability to Education "**, Cairo, UNICEF, July, 1995.

12 – Philip Zimbardo & Ebbs B. Ebbesen, **"Influencing Attitudes ansd Changing behaviour"**, Philippines, Addison – Wesley publishing Company, Inc., 1969.

13 – Raymond G. Kuhlen, **"Studies in Educational Psychology"**, USA, Blaisdell Publishing Company, 1968.

14 – Rebecca B. Rubin, Philip Palmgreen and Howard El Sypher, **Communicaiton Research Measures"**, Guilford Press, 1994.

15 – Werner J. Severin amd Jaqmes W. Tankard, JR.," **Communicaiton Theoires"**, New York, USA, Hastings House Publishers, 1984.